湖北省学术著作
Hubel Special Funds for
Academic Publications
出版专项资金

数字传播理论与实践丛书

Research on New Network
Content Publishing Mode

网络新型内容出版模式研究

贺子岳 · 著

WUHAN UNIVERSITY PRESS
武汉大学出版社

图书在版编目(CIP)数据

网络新型内容出版模式研究/贺子岳著.—武汉：武汉大学出版社，2022.9
数字传播理论与实践丛书
湖北省学术著作出版专项资金资助项目
ISBN 978-7-307-22888-7

Ⅰ.网…　Ⅱ.贺…　Ⅲ.电子出版物—出版工作—研究　Ⅳ.G237.6

中国版本图书馆 CIP 数据核字(2022)第 017874 号

责任编辑:刘小娟　郭　芳　　责任校对:杜筱娜　　装帧设计:吴　极

出版发行：**武汉大学出版社**　（430072　武昌　珞珈山）
（电子邮箱：whu_publish@163.com　网址：www.stmpress.cn）
印刷：武汉市金港彩印有限公司
开本:720×1000　1/16　印张:16.25　字数:307 千字　插页:2
版次:2022 年 9 月第 1 版　2022 年 9 月第 1 次印刷
ISBN 978-7-307-22888-7　定价:128.00 元

前　言

本书对数字出版中主要的新型形态进行系统研究。其中,"新型"是相对于"传统"而言的。传统出版物数字化转型后呈现为电子书、电子期刊、电子报纸、内容数据库、增强型出版物等形态,而源于互联网和移动互联网的原生内容产品则为本书所称的"新型"形态。本书的研究对象局限于网络上文图作品的出版活动,网络视频、声频、游戏等未被纳入探讨范围。

目前,网络上规模较大、影响较大的原生出版模式有开放获取出版活动、维基类百科全书、网络文库、移动出版、网络原创文学(以中国为代表),以及自助出版(以美国为代表)等。其中,开放获取出版活动包含开放获取仓储、开放获取期刊、开放式同行评议,以及数据知识仓储、数据期刊等,它们已对世界学术出版行业产生深远影响。维基类百科全书即开放式百科全书,是指维基百科、百度百科、MBA智库百科类型的网民协同编辑的网络百科全书。从开放共享的宗旨上讲,维基类百科全书也属于开放获取出版物,但维基类百科全书有其独特之处,已经成为人们日常工作、生活中常用的工具,故本书单独列章探讨。网络文库是指一类开放式服务平台,用户通过简单的操作将文档上传到文库平台进行共享和售卖,它的诞生对于网络非正式文献的交流有重要意义。国家统计局于2021年2月28日发布的《中华人民共和国2020年国民经济和社会发展统计公报》显示,截至2020年年底,互联网上网人数达9.89亿人,其中手机上网人数已达9.86亿人,与互联网上网人数基本相当。同时,移动应用创新热潮持续,各种移动阅读App大量产生,移动自媒体出版活动如火如荼。移动阅读端不仅是传统出版内容产品和互联网原生作品的分销和推广端口,而且移动原生内容生态已经初步成型。在大众出版方面,自助出版作为一种新兴的作品传播和营销运作模式在美国风靡且获得了成功,激活了世界范围内的出版市场。由于美国的自助出版在全球市场上发展得最为成熟,故本书以美国的自助出版为研究对象。中国的网络原创文学也属于大众出版市场,由于内容较多,将单独一册出版。

本书主要内容由我独自撰写完成。另外,许金平、张子纬参写第 2 章,杨欣参写第 3 章,方雅丽参写第 4 章,姚平参写第 5 章,谢贵萍、张亚楠、冯子君等参写第 6 章。蓝罗浩展和鲍永祥等参与资料查找。在此表示由衷感谢!

　　由于著者水平有限,书中错误之处在所难免,敬请读者指正。

贺子岳

2021 年 11 月 28 日

目　　录

1 网络新型内容出版模式概述

1.1 相关概念辨析

1.1.1 关于本书研究对象的说明

第一,关于"出版"一词。"出版"的英文为 publish,来源于古拉丁语 publi-cattus,原意为"公之于众"。一般认为,将编辑加工的作品大量复制,并通过一定的渠道"公之于众"的社会活动即为出版。传统意义上的出版主要包括三个要素,即编辑、复制(传统出版的复制手段主要是印刷)和发行,三个要素相互依存而又彼此独立。在我国,"出版"一词除了包括"编辑、复制、发行"三个要素以外,从管理的角度来讲,还有资质这个要素。无论是出版社、期刊社、报社等出版机构,还是书号、期刊号,都是有审批流程的,只有经批准才拥有"资质"这个要素。也就是说,获批了的出版机构生产的图书、报纸、期刊等才叫作出版物。这些机构也就是传统出版机构,传统出版物是有载体的出版物,以纸质出版物为主,但也包括音像制品和电子出版物。

第二,关于书名中"新型"的含义。互联网得到发展后,"网络出版"这个词汇逐渐普及。网络出版显然已经突破了传统出版的"编辑""复制"和"发行"。"网络传播"代替了"复制"和"发行"环节,"编辑"的环节简单化,这就意味着只要有一台电脑、一根网线,人们即可实现"出版"①。由于新型业态产生,国家新闻出版总署和信息产业部于 2002 年 6 月公布了《互联网出版管理暂行规定》。该规定指出:互联网出版是指互联网信息服务提供者将自己创作或他人创作的作品经过选择和编辑加工,登载在互联网上或者通过互联网发送到用户端,供公众浏

---

① 贺子岳,郭凌辉.互联网个人出版模式初探[J].情报科学,2006,24(8):1206-1209.

览、阅读、使用或者下载的在线传播行为。其作品主要包括：①已正式出版的图书、报纸、期刊、音像制品、电子出版物等出版物内容或者在其他媒体上公开发表的作品；②经过编辑加工的文学、艺术和自然科学、社会科学、工程技术等方面的作品。这也是早期的网络出版概念，主要指将传统出版物内容上传到互联网供用户阅读和使用的活动。对于网络上新产生的业态，官方不认可它们是出版活动。2016 年，《互联网出版管理暂行规定》被废止，新实行的是国家新闻出版广电总局、工业和信息化部公布的《网络出版服务管理规定》。该规定指出：网络出版物是指通过信息网络向公众提供的，具有编辑、制作、加工等出版特征的数字化作品，范围主要包括：①文学、艺术、科学等领域内具有知识性、思想性的文字、图片、地图、游戏、动漫、音视频读物等原创数字化作品；②与已出版的图书、报纸、期刊、音像制品、电子出版物等内容相一致的数字化作品；③将上述作品通过选择、编排、汇集等方式形成的网络文献数据库等数字化作品；④国家新闻出版广电总局认定的其他类型的数字化作品。从《网络出版服务管理规定》中我们可以看出，官方除了认定传统出版物上传至互联网的内容为网络出版物以外，还指出"其他类型的数字化作品"也可能被认定为网络出版物。《新闻出版总署关于加快我国数字出版产业发展的若干意见》（新出政发〔2010〕7 号）对数字出版下了一个定义，指出数字出版产品形态主要包括电子图书、数字报纸、数字期刊、网络原创文学、网络教育出版物、网络地图、数字音乐、网络动漫、网络游戏、数据库出版物、手机出版物（彩信、彩铃、手机报纸、手机期刊、手机小说、手机游戏）等。这个定义也说明了除传统出版物转型的数字出版物（本书称之为传统数字出版物）之外，其他新型的网络出版物也被纳入新闻出版的管理范围。

第三，关于"模式"一词。模式是指某种事物的标准形式或供人参照的标准样式。传统出版业已经形成了基于纸质出版物的生产流程，形成了标准的运作模式。而新型网络出版活动则很不同，它形成了新的生产方式和商业逻辑。

综上，网络出版物按照"产地"来划分，可分为传统数字出版物和网络原生数字出版物，而后者就是本书所指的"新型"数字出版物，它们依赖互联网和移动互联网生产和传播，已经形成了新的出版业态。其内容产品兼有融合化趋势。虽然这种出版活动还在探索中，但其出版物日趋多样，规模日益扩大，已经有与传统出版分庭抗礼之势。

1.1.2　网络出版和数字出版相关概念辨析

网络出版和数字出版是与本研究密切相关的概念，但欲了解网络出版和数字出版，必须首先从电子出版说起。

　　"电子出版"一词的正式出现最早可追溯到 1978 年 4 月,在卢森堡"科技社会的出版未来"会议上,J. A. Urqart 首次提出了 electronic publishing 一词,指利用电子手段创建、管理、传播出版物的过程①。20 世纪 60 年代,随着计算机技术的发展,美国出现了磁带版《化学题录》,这是一种新型的机读出版物,也是早期的电子出版物。② 电子出版最初的载体是磁带,后来陆续使用软盘、光盘、集成电路卡等作为载体。在我国,1993 年经新闻出版署审批,国内第一批 36 家电子出版单位正式成立。③ 此后,在我国实践界,电子出版一直沿着以磁介质、光介质为主要载体的方向发展,其发行活动是对有形载体——磁带和光盘的售卖。而在学术界,电子出版物则具有更宽泛的含义,包括通过网络传播的数字化内容产品。

　　互联网得到发展后,"网络出版"这个词汇逐渐普及。周荣庭撰写的《网络出版》一书指出,中国在 1994 年初次引入"网络出版"概念。④ 1997 年,黄少卿在论文《电子出版物与电子编辑》中首次谈到网络出版的定义,"所谓电子出版物,包括电子图书和电子报刊,是指以数字代码方式将图、文、声、像等信息存储在磁、光、电介质上,然后通过计算机或具有类似功能的交互设备予以阅读使用,用以表达思想、普及知识和积累文化,并可复制发行的大众传播媒体"。⑤ 电子出版物包括两种形式,一种是单行电子出版物,另一种则是网络出版物。高朝阳指出了狭义的网络出版,即具有合法出版资格的出版机构,以互联网为载体和流通渠道,出售并销售数字出版物的行为。⑥ 关于网络出版的定义说法众多,笔者将网络出版定义为:将经过编辑的文、图、声、像信息存储在磁、光、电等介质上,通过计算机网络和无线通信网络大规模复制传播,读者借助计算机或其他移动阅读终端设备下载或在线阅读、视听的出版活动。

　　对于电子出版,本书则采用实践界的狭义概念,即将文、图、声、像信息存储在光盘等电子介质上,通过有形载体的售卖而传播,以供读者阅读、视听的出版活动。相较于电子出版,网络出版具有内容和载体相分离的特征,内容依靠网络传播。当然,网络出版也分广义的和狭义的。按照周荣庭广义的定义,凡网上的信息传播活动都可以称作网络出版。但学界一般认为属于商业经营范畴的才叫

　　① 周荣庭. 网络出版[M]. 北京:科学出版社,2004:10.

　　② 陈光祚. 电子出版物的特征与范围[J]. 图书馆工作与研究,1995(3):13-16.

　　③ 陈生明. 技术催生产业革命——数字出版发展纪略[EB/OL]. (2009-07-10)[2021-07-21]. http://gbdsj. gd. gov. cn/zxzx/ztbd/2009/dsjsbh/xgbd13/content/post_1761389. html

　　④ 周荣庭. 网络出版[M]. 北京:科学出版社,2004:5.

　　⑤ 黄少卿. 电子出版物与电子编辑[J]. 编辑学刊,1997(5):12-14.

　　⑥ 高朝阳. 关于网络出版中几个基本问题的探讨[J]. 大学出版,2000(4):31-33.

作网络出版。对于仅限于信息和知识公开的行为,学界只作为网络传播活动研究,而不具有"出版"的含义。

数字出版是后来流行起来的概念。检索文献发现,中国在 2005 年正式使用"数字出版"一词。① 目前,关于数字出版的定义有数十种之多,着重点各有不同。归纳起来,有几种代表性的观点。

最早进行数字出版研究的是北京大学的谢新洲教授,他提出,所谓数字出版,是指在整个出版过程中,从编辑、复制到发行,所有信息都以统一的二进制代码的数字化形式存储于光、磁等介质中,信息的处理与传递必须借助计算机或类似设备来进行的一种出版形式。② 谢新洲的定义得到较广泛认可和采用。

学者张立认为,数字出版是指用数字化的技术从事的出版活动。广义上说,只要是运用二进制的技术手段对出版的任何环节进行的操作,都是数字出版的一部分。它包括原创作品的数字化、编辑加工的数字化、印刷复制的数字化、发行销售的数字化和阅读消费的数字化。数字出版在这里强调的不只是介质,还包括出版全流程。所以,数字出版既包括了新兴媒体的出版,也包括了传统媒体的出版。随着数字技术的进一步发展,未来将不再有传统出版与数字出版的划分,数字出版就是未来出版业的全部,也是未来出版业的方向。③ 郝振省在《2005～2006 中国数字出版产业年度报告》一书中指出,运用数字化(二进制)的技术手段从事的出版活动就是数字出版④。

较之谢新洲的定义,张立和郝振省等强调的是技术,而非出版介质。郝振省还指出:把纸介质出版物划分到传统出版领域,把光盘、磁盘等塑料介质或磁介质出版物划分到数字出版领域,是一种认识上的误区,因为纸介质出版同样可能是数字出版的一部分,即不论终端阅读介质是什么,只要记录在介质上的内容是数字化的,并且记录的方式是数字化的,这种出版活动就是数字出版。⑤ 上述定义显然非常宽泛。按照这个定义,数码印刷等都属于数字出版的研究范围。

数字出版的定义林林总总,以郝振省的定义的内涵、外延最为宽泛,只是这个定义虽然有合理性,但缺乏实用性。事实上,数字出版和传统出版的分水岭一直是出版介质,即人们习惯将纸介质出版视为传统出版,而将涉及磁介质、塑料介质、网络等的出版活动列入数字出版的范畴。本书基本采用谢新洲的定义,并稍作修正。所谓数字出版,是指在整个出版过程中,从编辑、复制到发行,所有信

① 佚名. 2011—2012 中国数字出版产业年度报告摘要[J]. 今日印刷,2012(11):53-54.
② 谢新洲. 数字出版技术[M]. 北京:北京大学出版社,2002:12-13.
③ 张立. 数字出版相关概念的比较分析[J]. 中国出版,2006(12):11-14.
④ 郝振省. 2005～2006 中国数字出版产业年度报告[M]. 北京:中国书籍出版社,2007:5.
⑤ 同上.

息都以统一的二进制代码的数字化形式存储于光、磁等介质中,内容传播借助网络或者传统的发行方式(如光盘售卖),而读者通过计算机或其他终端设备来阅读和视听的一类出版活动。笔者认为,数字出版涵盖电子出版、网络出版等概念。

1.1.3 其他相关概念

网络原生书(或原生电子书),是近几年才兴起的提法。网络原生书,英文为E-original,指在 Web2.0^① 条件下,内容产品从生产到发布是以数字化形态呈现的作品。网络原生书实际上就是新型网络出版活动生产出来的产品。当然,网络原生出版物也可以进一步划分,从形式上,可以划分为网络原生图书、网络原生期刊、网络原生报纸、网络原生百科全书等;从市场领域或主题角度,又可以分为网络原创文学、开放获取出版物等。另外,还有其他的网络原生资料,如百度文库中的共享资料,而类似的网络原生内容常被称为用户生成内容(user generate content,UGC)。

技术条件的发展,使得出版物向媒介融合形态发展已成必然。这就涉及数字复合出版的概念,它是指信息内容的全媒体出版,包括多种符号(文字、语言、图形、影像)的复合、多种信息媒体(视听媒体)的复合、多种传播载体(纸质、光盘、网络、磁盘等)的复合、多种传媒形态(报纸、杂志、图书等)的复合、多种显示终端(计算机显示屏、电子阅读器、手机等)的复合,以及多种制作技术的复合。数字复合出版可实现"一次创作,多样展现"的出版理念,突破了单一作品和媒介传播的局限,可实现个性化服务。实际上,数字复合出版就是跨媒体出版,只是说法不同而已。

将传统出版业和新兴出版融合发展是当下传统出版业的目标。国家新闻出版广电总局和财政部印发的《关于推动传统出版和新兴出版融合发展的指导意见》(新广发〔2015〕32号)指出,推动传统出版和新兴出版融合发展的工作目标是:立足传统出版,发挥内容优势,运用先进技术,走向网络空间,切实推进传统出版和新兴出版在内容、渠道、平台、经营、管理等方面深度融合,实现出版内容、技术应用、平台终端、人才队伍的共享融通,形成一体化的组织结构、传播体系和

---

① "Web2.0"是相对Web1.0(2003年以前的互联网模式)的新的一类互联网应用的统称,也是一次从核心内容到外部应用的革命。Web2.0打破了互联网内容单向提供的模式,让用户也能够参与内容写作、评论等。它在传播模式上实现了从单纯的"读"向"写"和"共同建设"的发展。简而言之,Web2.0是实现了用户参与网站内容生产,互动性更强,平民化、草根性更强的新一代互联网。

管理机制。

　　融合出版不仅仅是传统出版业的目标,事实上,网络原生的出版活动也一直朝着融合方向发展。目前,典型的自出版平台的内容形态不仅包括文章、图片,而且兼有声音、视频、动画等多种形态。可以说,新型的网络出版平台已经实现了在内容、渠道、平台、经营、管理等多方面的融合。

　　本书中还常常提到"内容产品"一词。按照欧盟"Info2000 计划"定义:内容产业是指制造、开发、包装和销售信息产品及其服务的产业。内容产业的范围包括各种媒介上所传播的印刷品内容(报纸、书籍、杂志等)、音像电子出版物内容(联机数据库、音像制品服务、电子游戏等)、音像传播内容(电视、录像、广播和影院)、用以消费的各种软件等。内容产业由传媒业主导。传媒业生产出来的产品就是内容产品,是图书、期刊、报纸、音频、视频等的统称。而新型网络出版平台生产出来的内容产品已经不具备图书、报纸、期刊等传统形式,而是直接以文章、图集、小说、音频、视频、动画等形式呈现。

1.2　网络新型内容出版实现的主要方式

　　数字出版的早期实现方式是将纸质出版物数字化后,借助电子介质和网络进行传播。那时的数字出版物实际就是纸质出版物的电子版。进入 21 世纪之后,Web2.0 技术广泛应用。Web2.0 的主要特征是用户生产内容,用户既是网站内容的阅读者,也是网站内容的创作者。在此技术条件下,产生了多种网络出版平台,主要有原创文学网站、博客、维基类百科全书网站等。这些平台都是集生产和传播于一体出版平台,其出版物都是网络原生出版物,其作者具有"草根性"。网络新型内容出版的主要实现方式见表 1-1。

表 1-1　　　　　　　　　　网络新型内容出版的主要实现方式

网络原生出版物类型	网络出版平台	备注
网络原创文学	专业原创文学网站、论坛、门户网站、读书频道等	已经形成商业模式和产业规模,是中国创新的数字出版模式
自助出版电子书	美国亚马逊 KDP 平台等	已经形成商业模式和产业规模,以美国为代表
网络文库出版物	文档共享平台	已经形成商业模式

续表

网络原生出版物类型	网络出版平台	备注
开放获取出版物	开放获取期刊平台、开放获取仓储、数据出版平台	以开放、共享为理念
维基类百科全书	网络百科全书网站	
微信公众号	基于移动端的微信公众号平台	基于移动端的自媒体出版的代表已经形成商业模式
头条号	基于移动端的今日头条 App	
博客	博客网站	未形成成熟的商业模式

以下对表中所列内容进行简要介绍。

1.2.1　网络原创文学

网络原创文学是指在 Web2.0 条件下,网络写手上传的文学作品,由于其首发于网络,又称网络原创文学(作品)。它属于中国人创新的出版模式,国内原创文学发布平台主要有阅文集团旗下起点中文网、百度文学旗下纵横中文网、中文在线旗下 17K 小说网等,它们是集创作、编辑、发行交易于一体的商业化运营平台,有专门的投稿系统、编辑管理制度、发布制度、版权交易制度等。2013 年前,我国网络原创文学商家以盛大文学有限公司(简称盛大文学)为代表,此后,腾讯文学、百度文学等崛起。2015 年,腾讯公司以腾讯文学等为基础,兼并盛大文学,成立阅文集团。目前,我国网络原创文学产业发展已经进入成熟期。

1.2.2　自助出版电子书

以美国为首的数字出版领先国家首先产生了电子书的自助出版活动。2007 年,美国亚马逊成功推广 Kindle 专用电子阅读器,带动了网络自助出版的发展。目前,美国已经出现了较多的自助出版平台,它们的主要功能是实施电子书格式转档、图书直销或第三方营销、作者指导和作者管理,以及读者管理等。目前著名的电子书自助出版平台有亚马逊的 Kindle Direct Publishing(一般翻译为"直接出版",简称 KDP)、巴诺书店的 Pubit! 等。一般来说,大型的电子书营销平台都提供自助出版业务,此外,还有一批专门经营自助出版的网站,如美国的 Smashwords 等。

1.2.3　网络文库出版物

　　网络文库,是指以 Web2.0 技术为基础,面向所有用户,提供文档分享和交易的平台。平台对用户上传的内容只尽版权审查义务,用户自行通过这一平台进行文档的免费共享或付费获取,平台运营商和版权方按照一定的比例对所获得的收益进行分成。

　　网络文库出版物是指用户上传或共享的文档,文档涵盖各个专业领域,包括论文、资料、标准、报告、总结、策划等,文档格式包括. doc、. ppt、. pdf、. xls 等。目前国内的网络文库主要有豆丁网、百度文库、新浪爱问共享资料、道客巴巴、MBA 智库文档、幻客网等。国外比较典型的有 Scribd、Docstoc、Yudu Freedom、Issuu、亚马逊的 Kindle Singles 等。

1.2.4　开放获取出版物

　　开放获取出版物主要包括开放获取仓储、开放获取期刊和数据出版,它们都是在开放科学背景下发展起来的学术出版活动,秉承的是"开放""共享""自由"宗旨。开放获取仓储即研究机构或作者本人将作品作为开放式的电子档案存储在专门的网站平台上供用户免费使用。开放获取期刊即作者论文经过同行评审后,发表于开放获取式的期刊平台,供用户免费使用。数据出版,简单地说,就是以数据论文、数据集等方式,通过互联网平台公开发布科学数据,使得这些数据能被使用者获取和利用的出版活动。

1.2.5　维基类百科全书

　　维基类百科全书是基于 Web2.0 技术、Wiki 引擎和 GNU 自由文档协议证书[①]的由网民自愿编辑的百科全书。最典型的维基类百科全书有美国的维基百科(Wikipedia)和我国的百度百科、互动百科、MBA 智库百科等。由于维基百科

----

　　① GNU 自由文档协议证书(GNU Free Documentation License,简称 GFDL)是一个版权属左(或称"反版权")的内容开放的版权协议,它是由自由软件基金会于 2000 年发布的。GNU 自由文档协议证书将 copyleft 的形式应用于手册、说明书或者其他文档,以确保任何人都有复制和重新分发文档的自由,无论是否修改过,无论是否用于商业目的。该协议适用于所有计算机软件文件以及其他参考和指导材料。协议还规定,所有使用了该协议的材料的衍生品,不论是修改还是转载,都必须采用 GNU 自由文档协议证书。

是所有这类百科全书的蓝本,所以学界以"维基类百科全书"统称此类百科全书。也有人称维基类百科全书为开放式百科全书,因其基本特点是开放、免费、共享和多人协作编辑。从开放、免费的宗旨上讲,维基类百科全书属于开放获取出版物,已经成为人们日常工作、学习及生活中必备的工具,其影响力远远超过开放获取运动本身。

1.2.6　微信公众号和头条号

微信公众号和头条号是基于移动端而诞生的一类出版活动,属于自媒体出版,二者也是自媒体出版的典型案例。作者通过这类自媒体出版平台,可对文字、图片等作品进行编辑加工,并通过网络广泛传播。微信公众号和头条号分别由腾讯和北京字节跳动科技有限公司(简称字节跳动)两个顶级互联网公司推出,在出版运作方面,二者有不同的特点。

1.2.7　其他新型网络出版物

网络上常见的其他新型网络出版物还有博客、网络社区报刊、网络原生多媒体电子杂志等。博客以私人日志为内容,历时积累。博客的内容极其个人化,可积累为一部个人发展史。博客内容中含有文学作品,但从整体上来说比较零散,不具备传播效应,因此,博客不作为本书的研究对象。

1.3　对网络新型内容出版市场领域的分析

与传统出版一样,上文列举的六种主要的形态也可以按照市场来划分,具体如表 1-2 所示。

表 1-2　　　　　　　　网络新型内容出版形态所属的市场领域

网络新型内容的出版形态	所属市场领域
网络原创文学	以中国网络原创文学为代表,属于大众市场
自助出版电子书	以美国自助出版为代表,主要属于大众市场
网络文库出版物	以中国网络文库为代表,主要涵盖非正式资料
开放获取出版物	主要面向学术出版市场

续表

网络新型内容的出版形态	所属市场领域
维基类百科全书	属于工具书出版领域,面向大众市场
微信公众号和头条号	二者还是我国代表性自媒体出版平台, 属于面向大众市场的出版活动

数字出版按来源划分只有两类:传统出版物的数字化和新型网络原生作品的出版。而出版市场一般划分为三大市场,即大众市场、教育市场和学术出版市场。从表 1-2 可以看出,革新传统出版制度而诞生的新型网络出版活动,其主题领域仍然向三大市场集中。但鉴于教材的权威性和在编辑制度上的严格性,本书不把新型网络教材纳入讨论范畴,而网络文库出版物涵盖许多有一定教育功能的学习参考资料。开放获取期刊、开放获取仓储和数据出版是典型的网络学术出版模式;另外,网络文库出版物和开放获取仓储都具有非正式资料传播功能,在传统出版中非正式资料传播越来越困难的情况下,二者具有重要意义。维基类百科全书在网络条件下形成特殊的生产方式和传播方式,也是面向大众市场的。自助出版电子书以美国自助出版为代表,主要面向大众市场;自媒体出版也主要面向大众市场;中国的网络原创文学出版已经形成成熟的商业模式,相关研究将在另一本著作中阐述。

2 开放科学背景下的出版活动

开放科学背景下的出版活动属于网络学术出版范畴,是一种秉承"开放""共享""自由"宗旨的出版模式。从 20 世纪 90 年代末至当下的研究看,首先是开放获取出版(主要是开放获取期刊和开放获取仓储)受到广泛关注。大约在 2008 年后,针对开放数据和开放科学的研究和实践逐渐增加。虽然开放科学成为研究焦点的时间晚于开放获取,但它一经提出,即展现出丰富的内涵。一般认为开放获取、开放数据、开放同行评议等是开放科学运动的支柱力量。本章即围绕这类出版活动展开研究。

2.1 从开放获取、开放数据到开放科学

20 世纪 70 年代以来,西方发达国家的大型学术出版机构开始不断地进行兼并和重组,以达到垄断某学术领域出版市场进而提高出版物价格的目的。首先,在学术传播活动中,学者一般依赖图书馆向出版商订购的书刊等科技资料来进行科学研究,而出版商为了保证自己的利润,不断抬高书刊价格。出版商的行为使得图书馆面临的经费危机日益升级。这一现象被称为"学术期刊危机",这种危机严重阻碍了学术传播。其次,期刊和图书出版周期较长,也影响科学交流效率。如期刊论文因为版面等条件的限制,常常要"排队"等候半年以上,而图书的出版周期就更长了。最后,网络的运用使学术传播效率大大提高。作为一种开放的信息交流平台,网络使学术传播的速度更快、范围更广。从理论上来说,信息可以通过网络传播至世界上的任一地方。而学者普遍希望能无障碍地传播自己的学术成果。在这种情况下,欧美一些科研工作者和开放获取运动的支持者提出了"将科技出版归还给学者"的口号,开放获取运动的序幕就此拉开。

开放获取的核心概念起源于 2002 年的《布达佩斯开放获取先导计划》(*Budapest Open Access Initiative*,BOAI)。随后,在 2003 年的《百思达开放获

取出版宣言》(*Bethesda Statement on Open Access Publishing*,也称《百思达声明》)和 2003 年的《关于自然和人文科学知识的开放存取的柏林宣言》(*Berlin Declaration on Open Access to Knowledge in the Sciences and Humanities*),开放获取的概念得到充实和完善,主要被应用于学术文献的出版和传播领域。以上三个文件简称"3B宣言"。"3B宣言"之后,开放获取运动从理论研究到实践活动,进入了快速发展时期,包括联合国(U. N.)和国际图书馆协会联合会(IFLA)在内的许多组织都对开放获取表示了支持。

开放数据(open data,OD)运动始于美国。2009 年 1 月,美国总统奥巴马签署了《开放透明政府备忘录》(*Memorandum on Transparency and Open Government*),要求建立更加开放透明、参与合作的政府,体现了美国政府对开放数据的重视。同年 5 月,美国的"data. gov"正式上线,囊括了交通、经济、医疗、人口等方面的数据。之后,开放数据运动在全球范围内迅速兴起,众多国家加入开放政府数据的行列。

开放科学(open science,OS)可以溯源至 17 世纪的启蒙运动,科学家们为了满足获取科学知识的需求相互共享资源、集体协作,推动了开放科学的诞生。2008 年,欧洲科学开放论坛(EuroScience Open Forum,ESOF)网站上发布了由科学共同体起草的开放科学的目标。美国的开放科学肇始于美国国立卫生研究院 2009 年颁布的全面拨款法案,2012 年后上升到政策层面,包括开放数据、学术出版物、数据访问等。之后,一些研究机构和管理部门开展了一系列开放科学的尝试。开放科学运动的蓬勃发展,使科研环境产生了深刻的变化,使科学更加开放、透明、全球化、不可分割,更加协作,更贴近公民。

从实践活动和学者的研究进程来说,首先是开放获取获得关注,然后才是开放数据和开放科学。但开放科学一经明确提出就体现出更加丰富的内涵。学者一般认为开放科学是科学研究的理想、愿景和目标,它通过提高透明度、加大开放性、扩展网络协作来促进科学的发展。而开放获取、开放数据、开放同行评议则是开放科学的重要支柱力量。四者之间的关系可以具体概括为:开放获取是所有开放科学运动的前提,适用于大学、科研机构、出版社、文化机构等;开放数据是开放科学的重点,也是社会需求的体现,适用于政府部门、商业机构、图书馆等;开放同行评议的目的在于提升评议透明度,确保学术质量,应用于出版和学术领域等。

2.2 开放科学概述

2.2.1 开放科学的内涵

开放科学至今还没有统一的定义,但它涵盖了一系列旨在促进科学发展的原则,并阐明了公众对知识的需求。众多学者和机构对开放科学的概念进行了解读。

欧盟委员会(European Commission,EC)认为开放科学是通过数字工具、网络和媒体,传播科研并转变科学研究的方式。它通过为科学合作、实验、分析提供新的工具,促进科学知识的获取,并使科学研究过程更加高效、透明和有效。它依赖于技术发展和文化变革对科研合作和科研开放的共同影响。[①] 经济合作与发展组织(Organization for Economic Co-operation and Development,OECD)将开放科学解读为科研人员、政府、科研资助机构或科学界努力使公共资助的科研成果(出版物和科研数据)在没有或最小限制的情况下以数字形式公开获取,以提高科研的透明度,促进科研协作和科研创新。[②] 我国学者陈秀娟、张志强认为现代意义上的开放科学是将概念、工具、平台和媒体结合起来,以自由、开放和更具包容性的方式促进知识创造和传播,从而能从科研中获取更大的效益。[③] Elsevier 将开放科学描述为一个更加包容、合作、透明的研究世界。

各种解释不一一陈述,这些定义虽然在表达方式与侧重点方面各有不同,但都渗透着开放、合作、共享的开放科学理念。

与开放获取和开放数据不同的是,开放科学不仅仅局限于文献和数据的自由获取,还聚焦于知识传播和知识应用,加强科研工作者甚至是公民间的科研交流,拓展各主体间交流协作的深度和广度,从而极大地推动科学的发展。有学者从开放的内容、形式、渠道、环节,以及知识流向、读者参与、读者费用等方面,将开放获取、开放数据及开放科学进行了对比,见表2-1。

---

① 转引:易志军,庄岩,江丽辉. 拟定全球"开放科学"准则:促进后疫情时代的国际科学合作[J]. 科学观察,2020,15(5):63-67.

② 同上。

③ 陈秀娟,张志强. 开放科学的驱动因素、发展优势与障碍[J]. 图书情报工作,2018,62(6):77-84.

表 2-1　　　　　　　　开放获取、开放数据及开放科学的对比 ①

项目	开放获取	开放数据	开放科学
开放内容	科研成果	实验数据、科研成果	科研成果、实验数据、实验笔记、实验设备、实验材料、实验空间
开放形式	期刊文献	期刊文献、数据仓储	期刊文献、数据仓储、互动空间、网络平台
开放渠道	网络	网络	网络、实地
开放环节	科研完成之后	从科研进行中到完成后	从科研开始、进行中到完成
知识流向	从作者到读者单向流动	从作者到读者单向流动	双向流动
读者参与	—	数据验证	在线交流、实验补充等
读者费用	免费		

2.2.2　开放科学的发展简述

2008 年,欧洲科学开放论坛网站上发布了由科学共同体起草的开放科学的目标,即受资助研究文献的开放获取、受资助研究工具(包括细胞系、动物模型、DNA 工具、试剂等)的有权使用、公共领域受资助研究数据(包括研究数据、数据集、数据库、协议等)的开放、投资的基础设施的开放等。2009 年,美国国立卫生研究院的全面拨款法案颁布,它被认为是美国开放科学运动的肇始。2012 年后,美国的开放科学上升到政策层面,公布了包括开放数据、学术出版物、数据访问等方面的政策。

2018 年 2 月,欧洲开放科学云计划(European Open Science Cloud,EOSC)提出了开放科学的框架;2018 年 7 月 4 日,法国国家科学院发布了国家开放科学计划;2018 年 7 月 17 日,美国国家科学院发布了《开放科学规划》(*Open Science by Design*)。这些国家战略和政策,都具有如下共同特征:

①加强科研主体交流、协作。科研主体包括科研机构、高校、图书馆、政府、企业,甚至公民。由于存在行业和利益的壁垒,这些主体在以往的科学研究中都处于独立的状态。开放科学希望能够加强各主体之间人力、经费、技术和思路的合作。

---

① 赵艳枝,龚晓林. 从开放获取到开放科学:概念、关系、壁垒及对策[J]. 图书馆学研究,2016(5):2-6.

②注重资源开放平台建设。资源开放平台建立在文献和数据自由获取的基础之上,以往由于存在技术、政策和利益的壁垒,平台建设一直处于滞后状态。开放科学政策则立足于打通交流网络、确立公平数据原则和强制传播规范来推动平台建设。

③立足国家创新战略部署。立足于国家层面来整体部署开放科学的发展,各国在资源全面开放、科研数据库平台的建设、国际交流与合作机制、知识产权保护等方面都制定了具体的宏观性和指导性规范。

2.2.3 我国开放科学的发展现状

2014 年 5 月,国家自然科学基金委员会和中国科学院发布开放获取政策,明确指出受到资助的项目需要向社会开放。2014 年 9 月,科技部颁布《关于加快建立国家科技报告制度的指导意见》。2018 年 12 月,在第 14 届柏林开放获取会议上,我国的国家自然科学基金委员会、国家科技图书文献中心、中国科学院文献情报中心发布立场声明,明确表示我国支持 OA2020(即开放获取 2020倡议)计划和开放获取 S 计划(OA2020 和 S 计划见 2.3.3.3 节),表明了我国对开放科学的支持态度,并已从国家层面重视开放科学的建设问题。

我国的开放科学目前仍然处于起步阶段,在国家宏观政策引导、科研主体的重视程度和管理能力、各方利益的综合协调与版权保护等方面仍然存在许多挑战,严重制约了我国开放科学的发展,概括起来主要有以下三点[①]:

①国家政策的宏观布局欠缺。我国虽然已经在国家层面表明了对开放科学的支持态度,但是缺少具体国家战略和政策的顶层设计,从而导致开放科学的发展缺少纲领性的指引,呈现出一种无序的状态。

②科研主体的重视程度不够。我国的学术评价体系仍以最终科研成果为导向,没有把开放科学的思想纳入进来,而且存在利益和竞争的考量,所以科研主体在思想层面没有强烈的驱动力来重视开放科学。

③开放平台的建设水平较低。我国目前虽然已经有国家社科数据库、国家自然科学数据库、中国科学院 OA 科技期刊等平台,但平台仅能发挥期刊论文数据存储的功能,不具备服务于科研全过程的能力,知识服务的能力和水平滞后。

---

① 陈晓峰,可天浩,施其明,等.开放科学:概况、问题与出路[J].中国传媒科技,2019(1):16-18.

2.3　开放获取出版

2.3.1　开放获取的含义及特征

开放获取(open access,OA)通常还可称为开放存取、开放访问、开放使用、公开获取、公开取用等。目前,国内大多学者采用"开放获取"一词。

《布达佩斯开放获取先导计划》将开放获取描述为:作品可以通过公共互联网免费获取,即允许任何用户阅读、下载、复制、传播、打印和检索作品的全文,或者对作品进行链接、为作品建立本地索引、将作品作为数据传送给相应的软件,或者对作品进行任何其他出于合法目的的使用,而不受经济、法律和技术方面的任何限制,除非网络本身造成数据获取障碍。《布达佩斯开放获取先导计划》对版权的唯一约束是,作者保留保护其论文完整性的权利,并要求他人在使用该作品时注明论文的出处。

2003年6月通过的《百思达开放获取出版宣言》认为开放获取应满足以下两个条件:①作者和著作权人赋予世界范围内所有用户免费获取论文的权利;只要恰当地注明原著者,就可以在任何数字媒介上公开复制、使用、传播和展示原作品,以及在原作品基础上创作和传播其衍生作品。允许打印作品供个人使用,但份数不可过多。②作品发表后,应以标准的格式将完整作品及版权声明存入开放获取仓储中,这些仓储通常由声望较高的科研机构、学术团体、政府机关或其他机构支持和维护,实现资源的开放获取、无限传播和长期保存。

2003年10月22日,德国、法国、意大利等多国科学研究机构在柏林签订了《关于自然和人文科学知识的开放存取的柏林宣言》。该宣言指出:开放获取的出版物包括原创科研成果、原始数据和元数据、原始资料、图片和图像材料的数字表达,以及多媒体学术材料。该宣言重申了《百思达开放获取出版宣言》中关于开放获取必须满足的两个条件,并且明确强调开放获取的对象和覆盖的学科范围,从自然科学领域向人文科学领域和社会科学领域延伸。

尽管《布达佩斯开放获取先导计划》对开放获取的界定广为学界所接受,但学者对开放获取是否是一种出版模式存在疑问。例如,李武、刘兹恒认为"将开放获取定位于学术出版模式是为了区别于营利的商业出版机制"①。关于这个问题,其他开放获取支持者还对这些定义进行了延伸,例如,英属哥伦比亚大学的 John Willinsky 认为:将商业出版模式与开放获取模式折中似乎可以解决一些冗余问题。如果期刊文档在初始发表前 6 个月或 1 年内是开放的,或者期刊对发展中国家读者是开放的,仍属开放获取模式。此扩展定义包括了当前许多由传统出版商出版的期刊。

综上所述,可将开放获取的定义归纳为:作者将自己的学术著作或者其他作品发布在领域内具有认可度的网络期刊或者网络作品数据库中,读者可以通过相应的阅读终端,不受任何经济和法律条件限制,免费地在线阅读、下载、复制网络期刊或者网络作品数据库中的作品的一种在线出版方式。

我们可以从定义中看出,开放获取的核心特征在于:其一,作者和著作权人允许用户免费获取和传播其作品,前提是其著作权得到尊重。其二,完整的作品应存储在一个稳定、可靠的数据库中,以确保用户免费阅读和不受约束地传播,并实现资源长期保存。虽然,开放获取和商业的学术出版模式有很大区别,但从实质上讲,开放获取仍然是一种出版模式,是学术出版的创新。本书中,将"开放获取"和"开放获取出版"视为同义词。

一般认为,实施开放获取有如下好处:①对作者而言,开放获取能提升作品的影响力,缩短出版时间,方便检索和获取,从而大大提高文章的利用率。②对读者而言,可无经济负担地在网上获取目标文献。③对教师而言,开放获取文献的作者或著作权人释放复制权或传播权,教师将不会再有"合理使用"的困扰或侵犯版权的担忧。④对图书馆而言,可缓解学术出版造成的经费危机,形成科学交流的良性循环。

2.3.2 开放获取的实现途径

《布达佩斯开放获取先导计划》提出了两种模式:BOAI-1 自建文档(self-archiving,也翻译为"自行文档")模式和 BOAI-2 开放获取期刊模式。一些专家认为开放获取的实现路径还有个人网站、电子图书、博客、维基百科等。

其中,个人网站是指存放作者学术论文的网站,包括个人网站和个人博客(指学术内容的博客),作者存放论文的目的是供读者免费检索和使用。电子图书开放获取的代表是免费数字图书馆,是指由政府、社会机构或个人捐资建设的

---

① 李武,刘兹恒. 一种全新的学术出版模式:开放存取出版模式探析[J]. 中国图书馆学报,2004,30(6):66-69.

数字图书馆,收集经典公版书,或捐赠版权图书,向全世界用户免费开放。如1971年由米切尔·哈特发起的"古登堡计划",就是历史最悠久的免费提供网络图书下载和阅读的开放运动。博客等网站则是著名的"五零"制度,即"零编辑""零技术""零体制""零成本""零形式",博客主要是按照时间顺序展现日志。维基百科是指开放式百科全书,其主要功能是查阅参考。

上述各类型网站的共同特征是开放,基本取消了付费阅读,提倡知识共享和自由交流,这都与开放获取的理念一致,但这些网站的学术传播功能不强。因此,一般认为,最为典型的开放获取出版活动是《布达佩斯开放获取先导计划》推荐的开放获取仓储和开放获取期刊。在这两种途径的框架下,又诞生了多种运作方式,形成了不同类型的开放获取出版物。

2.3.2.1　开放获取仓储

开放获取仓储(open access archives or repositories)即研究机构或作者本人,将未曾发表的预印本(pre-print)或后印本(post-print,也称"刊后本")自存在学科仓储(disciplinary archives)或机构仓储(institutional repositories)中。这种作品传播模式被称为绿色开放获取(green OA)。绿色开放获取的初衷是通过学者自存储实现研究成果的开放获取。开放获取仓储模式的优势在于成本较低,研究成果能够更快面世。

学科仓储是指某些学科为了让学者相互分享彼此的研究成果而建设的开放获取仓储。机构仓储是指以机构为单位来建设的知识仓储。为了能够长期保存机构内部研究人员的科研成果,让公众免费使用,许多大学、科研机构都建立了自己的知识仓储,形成了这类开放获取平台。预印本一般没有经过同行评议,作者上传这些文献的目的是希望在线征求意见或者提醒同行注意自己的研究成果。后印本与预印本的主要区别在于是否经过了同行评议制度的考验。作者提交给期刊的预印本,经过同行评议和期刊的编辑后发表,就成为后印本。

绿色开放获取能让出版商根据自身情况对开放获取的程度进行控制,即作者是否可以存储预印本、后印本或出版商 PDF 版本,以及是否受其他条款限制。开放获取出版通常用颜色代表不同的运作模式,细分如下:

①深绿色 OA(solid green OA)。意味着作者可以随意将预印本、后印本或出版商 PDF 版本存档。如,美国的杂志《家庭社会》(*Families in Society*)允许作者自由存档预印本、后印本和出版商 PDF 版本,并且对预印本和后印本没有附属条款限制。

②浅绿色 OA(pale green OA)。该类平台对预印本进行了限制。以美国数学科学研究所(American Institute of Mathematical Sciences,AIMS)为例旗下所有的 15 种期刊采取绿色自存档模式,允许作者将预印本、后印本以及出版商

PDF 版本自由存档。但是,AIMS 有其他条款规定:预印本可放在作者个人网站、雇主网站或者相关主题领域的公共服务器上;预印本必须在论文被期刊接受出版之前发布;最终出版版本刊登在期刊上后,作者不得更新或替换之前的预印本;等等。

③蓝色 OA(blue OA)。采取蓝色开放获取政策的出版商,允许作者存储后印本或出版商 PDF 版本,但是不允许作者将预印本放入开放获取知识库。例如,美国生物科学研究所(American Institute of Biological Sciences,AIBS)拥有的两本期刊《生物科学》(*BioScience*)和《自然资源和生命科学教育》(*Journal of Natural Resources and Life Sciences Education*)都不允许作者存档预印本。荷兰阿姆斯特丹大学出版社旗下的 11 本杂志也是如此。

2.3.2.2 开放获取期刊

开放获取期刊(open access journal,OAJ),是类似传统期刊的网络连续出版物,基于开放获取模式而产生,供大众免费使用开放、自由的信息。在开放获取期刊上发表文章被称作实现开放获取的"金色之路"(golden road to open access)。与开放获取仓储不同,开放获取期刊采用同行评议制度对论文的质量进行控制。

金色开放获取(gold OA)模式意味着读者不需要支付任何费用即可自由地浏览文章,而作者可能需要支付出版费用。采取这种模式的有著名的英国生物医学中心(BioMed Central,BMC)和非营利性的美国科学公共图书馆(Public Library of Science,PLOS),等等。金色 OA 期刊又可以细分为以下几种:

(1)完全 OA 期刊(full OA journals)

完全 OA 期刊是开放获取期刊的理想模式,期刊论文自出版之日起提供免费的访问。美国的 PLOS 期刊和英国的 BMC 期刊均采用这种模式。开放获取期刊目录(directory of open access journal,DOAJ)也只收录这种类型的期刊。

(2)延时 OA 期刊(delayed OA journals)

采用延时 OA 的期刊在出版后,先采用传统的订阅模式提供阅读,一段时间之后,再实行网络上免费开放。美国 HighWire 平台的较多期刊属于这种情况。OA 期刊的延时被称为"开放获取时滞",英文为 embargo period。OA 政策通常允许 12 个月的开放获取时滞,以确保期刊出版商的商业利益,但这造成了学术成果传播的滞后。2014 年以来,世界多个著名学术团体联合签署声明,要求取消 OA 时滞,实现学术论文的立即开放获取。签名机构包括学术出版与学术资源联盟(The Scholarly Publishing and Academic Resources Coalition,SPARC)、欧洲研究型图书馆协会(Association of European Research Libraries,LIBER)、开放获取知识库联盟(COAR)、中国国家科学图书馆等。盖茨基金会 2015 年宣布,自 2017 年起,对其资助研究所发表的论文,不再允许 12 个月的开放获取时滞。因此,未来延时 OA 的发展,尚待观之。

(3)部分 OA 期刊(partial OA journals)

部分 OA 期刊是订阅期刊出版商采用的一种折中方法,作者支付了出版费用,就可选择 OA 模式,该作者的文章可马上免费访问,反之,文章会被锁在付费墙(journal paywalls)之内,这种模式被称为混合模式。大量的订阅期刊出版商采纳了这种模式。但欧盟的 S 计划已经宣布不支持混合模式,因此,混合期刊(hybrid journal)的未来也充满变数。

(4)白金开放获取(platinum OA)

选择白金开放获取的出版商不收取作者的任何费用。他们通过政府、个人或一些公共机构的志愿活动、捐赠、补贴等形式来获得资金。然而政府或其他机构的赞助具有不稳定性,例如,不同国家对于开放获取的支持程度和政策不同、其他类型机构对资助目的或支持程度的改变等,都会对依赖它们的开放获取出版商造成影响,使走白金开放获取出版道路的出版商面临着严峻的财务考验。

(5)巨型期刊(mega journal,MJ)[1][2]

巨型期刊走的是金色 OA 道路,但鉴于社会需求和受商业利益驱动,又产生了新的特点,形成了巨型期刊。巨型期刊并没有准确的定义,根据 *PLOS ONE* 等典型巨型期刊的特点,有学者将巨型期刊描述为大型、学科范围广泛、仅采用"科学合理性"同行评议的开放获取期刊。

巨型期刊的发展从 *PLOS ONE* 开始。2006 年 12 月,OA 出版商美国科学公共图书馆推出了一种新型的 OA 期刊 *PLOS ONE*,其最主要的特点在于它特殊的同行评议政策。它不采纳传统的同行评议政策(审核文章是否符合期刊编辑范围及文章的新颖性、重要性等),仅以文章所含技术的健全性来决定取舍,如技术是否过关、实验设计是否严谨等。*PLOS ONE* 具有收录论文的学科范围较广、出版量较大、作者支付论文处理费(article processing charge,APC)等特点。*PLOS ONE* 模式取得了成功,2011 年之后,逐渐有更多类似的期刊诞生。

巨型期刊产生和发展的背景:首先,大量文章出版的需求。当下,开放获取出版在全球发展迅猛,开放获取期刊和开放获取论文逐年增加,其中一部分原因是学术晋升的高压使作者有强烈的发表论文的需求。其次,大科学的发展背景。巨型期刊的快速发展部分归因于大科学的进步。科研活动复杂化、专业化和学

---

① 许洁,吕江建. 争议中发展的巨型期刊(Mage Journal)[J]. 出版广角,2017(24):24-27,30.

② 陈秀娟,陈雪飞,郭进京,等.巨型开放获取期刊发展现状及未来影响分析[J].编辑学报,2017,29(5):505-510.

科交叉化趋势越来越明显,这使得科学家和学者常常苦于没有合适的期刊以供投稿。加之,大多数科研成果是多学科合作的结果,使得巨型期刊这种涉及多学科的开放获取期刊更具实际意义。最后,经济利益的推动。由于开放获取期刊收入的主要来源是作者支付的论文处理费,因此,出版机构的收入直接来源于OA论文的发表数量。以PLOS为例,在2010年之前,PLOS一直处于亏本状态。依靠 *PLOS ONE* 巨大的文章发表量及向作者收取的论文处理费,2012年PLOS实现了750万美元的盈余,2013年利润更是突破了1000万美元。①

目前,普遍认可的巨型期刊有:*PLOS ONE*、自然科学和临床医学方面的 *Scientific Reports*(Springer Nature 于 2011 年创办)、医学刊物 *BMJ Open*(British Medical Journal 出版集团于 2011 年创办)、生物科学和医学领域的 *Peer J*(Peer J 于 2013 年创办)、物理学领域的 *AIP Advances*(American Institute of Physics 于 2011 年创办)、社会科学领域的 *SAGE Open*(Sage Publications 创办于 2011 年)、基因学刊物 G3(Genetics Society of America 创办于 2011 年)、*Biology Open*(The Company of Biologists 创办于 2012 年)、分子科学领域的 *FEBS Open Bio*(Elsevier 于 2011 年创办)、电子学的 *IEEE Access*(IEEE 于 2013 年创办)、*MDPI*、*Cell Reports*(Cell Press 于 2012 年推出),等等。

巨型期刊普遍具有下述特征:

①采取向作者收取论文处理费的出版模式,以促使期刊快速上线,期刊的收入规模与其论文输出量直接相关。APC 成为 OA 出版商的主要收入。

②发文量偏大。*PLOS ONE* 2006 年创刊时发文 137 篇,此后发文量飙升,到 2013 年发文 31501 篇;*Scientific Reports* 的发文量也逐年上升,有取代 *PLOS ONE* 地位之势。②

③轻触同行评议(light-touch peer review)。轻触同行评议是 *PLOS ONE* 基于快速评审和出版的需求首先采用的一种同行评议方式。与传统同行评议的要求不同,轻触同行评议强调被评审论文"方法学上的正确性和原创性,但不评判科学发现的重要性",每篇论文同行评议专家的数量也有所减少,一般为一位。这一评议方式被 Springer Nature 采纳,*Scientific Reports* 就采用了轻触同行评议。

④快速出版。以 PLOS 旗下的开放获取期刊 *PLOS ONE* 和传统期刊 *PLOS Genetics* 为例做比较,作者投稿后的接收时间分别为 117 天和 140 天,出版时间分别为 36 天和 55 天。

① 许洁,吕江建. 争议中发展的巨型期刊(Mage Journal)[J]. 出版广角,2017(24):24-27,30.
② 陈秀娟,陈雪飞,郭进京,等.巨型开放获取期刊发展现状及未来影响分析[J].编辑学报,2017,29(5):505-510.

⑤拒稿率低。由于巨型期刊采取轻触同行评议的质量控制方法,对论文的新颖性和重要性不做评价,因此未被接收的稿件比例维持在最低限度。譬如,*PLOS ONE* 最终会出版 65%～70% 的投稿,*BMJ Open* 的收稿率也在六成左右。①

巨型期刊的质量一直是业界和学界关心的焦点。就影响因子来说,2010 年 *PLOS ONE* 曾达到 4.4,此后,由于发文量过大,影响因子持续走低,近三年在 2.7 左右徘徊。巨型 OA 期刊论文处理费相对高于普通 OA 期刊,但影响因子普遍不高。例如,*PLOS ONE* 就比 PLOS 系列其他刊物影响因子低得多。因此,对于巨型期刊这种创新模式,一直有质量把关不严、标准各异、专家水平不一等诟病。有学者甚至认为巨型期刊与掠夺性期刊界限模糊。掠夺性期刊(predatory journals),有时也被称为写即出版(write-only publishing)或掠夺性开放获取出版(predatory open access publishing),是一种为了高昂的出版费而发表作者文章,不提供合法期刊所提供的其他服务的期刊。

2.3.3 开放获取出版的发展历程

笔者认为开放获取出版的发展历程可以分为萌芽期(20 世纪 60—90 年代初期)、形成期(20 世纪 90 年代初期—2001 年)、发展期(2002 年至今),三个阶段呈现不同的特征。

2.3.3.1 开放获取出版的萌芽期

20 世纪 60—90 年代初期是开放获取出版的萌芽期。这一阶段的开放获取活动主要包括:①免费数字图书馆,如诞生于 1971 年的由米切尔·哈特创建的旨在"让全世界所有人都能够自由地获取为数众多的著名重要文献"的"古登堡计划"。②一些预印本数据库问世,如高能物理领域的斯坦福公共信息检索系统(Stanford public information retrieval system,SPIRES)。③同行评议电子刊问世。20 世纪 70 年代末,美国新泽西技术研究所建成了电子信息交换系统。美国国家科学基金会在该系统中开办了一个经同行评议的期刊 *Mental Workload*,该期刊是世界上最早的纯网络期刊,创办 *Mental Workload* 的目的在于提高出版的效率并降低费用,但它很快就失败。20 世纪 80 年代初期,大英图书馆研究与发展部门在英国的 Birmingham and Loughborough Electronic Network Development(BLEND)项目(1980—1985)也创办了一个经同行评议的

---

① SPEZI V,WAKELING S,PINFIELD S, et al. Open-access mega-journals:The future of scholarly communication or academic dumping ground? A review[J]. Journal of Documentation,2017(2):263-283.

期刊 *Computer Human Factors Journal*。然而，它还是难以逃脱与 *Mental Workload* 同样的命运。1987 年，美国雪城大学（Syracuse University）研究生 Michael Ehringhaus 创办了免费的同行评议电子期刊 *New Horizons in Adult Education*，一年出版 2～3 期。1991 年，万维网的发明为电子期刊发展创造了条件，更多采用同行评议的免费电子期刊问世。如 1991 年 Edward M. Jennings 创办的 *E Journal* 等。

这一时期的特征是诞生了许多学术期刊，它们具有免费、共享等特点，后来都被叫作"开放获取期刊"，但实际上，开放获取的概念尚未产生。

2.3.3.2 开放获取出版的形成期

通常认为，真正意义上的开放获取运动可以追溯到 20 世纪 90 年代初期。这一时期诞生的由物理学家 Paul Ginsparg 建立的高能物理领域的印本仓储 arXiv.org 被视为开放获取的雏形。

开放获取作为一种理念被提出，始于 1998 年的"自由扩散科学成果运动"，该运动要求减少科学文献版权限制条款，反对将作品复制权由作者转让给出版商。同一年，September 1998 论坛创建，学者们开始就在线免费提供学术文献问题进行全面探讨。这两个事件的发生说明"开放获取"开始从个别科学家的想法变成科学家群体共同关心的话题，这标志着开放获取初步形成。1999 年，哈罗德·瓦尔缪斯（Harold E. Varmus）博士提议建立公共医学中心（PubMed Central，PMC），这是一个发布生物医学领域论文的开放获取网站。由于 PMC 并不成功，2001 年初哈罗德·瓦尔缪斯博士牵头成立了美国公共科学图书馆。

总而言之，在形成期，开放获取的雏形产生，并且形成了开放获取理念的主要内容。科学家开始群体性关注开放获取。

2.3.3.3 开放获取出版的发展期

21 世纪开始，开放获取出版逐渐进入发展期。2001 年 12 月，开放社会研究所（Open Society Institute，OSI）在布达佩斯召开了一次会议。会议商定了《布达佩斯开放获取先导计划》，并于 2002 年正式发布。前文所述的开放获取的基本含义和实施途径，就是这次会议的成果。

2003 年 4 月 11 日，在霍华德·休斯医学研究所（Howard Hughes Medical Institute，HHMI）的一次会议上，与会者起草了《百思达开放获取出版宣言》，并在 2003 年 6 月 20 日公布。

2003 年 10 月 20—22 日，由德国马克斯·普朗克协会（Max-Planck-Gesellschaft）发起的"科学与人文知识开放获取大会"在柏林召开。会上，多国科研机构和基金会依据开放获取精神签署了《关于自然和人文科学知识的开放存取的柏林宣言》。该宣言的主要内容有:鼓励科研人员在"开放使用"的原则下公开研究成果,鼓励文化机构通过网络公开他们的资源来支持"开放使用"。

经过"3B宣言",开放获取的内涵和外延被明确和完善。此后,开放获取运动从理论研究到实践活动,都进入了快速发展时期,包括联合国和国际图书馆协会联合会在内的许多组织对开放获取表示了支持。

2004年初,经济合作与发展组织的一次大会上,共有30多个国家签署了《关于公共资助的研究数据开放宣言》(*Declaration on Access to Research Data from Public Funding*),承认对研究数据的开放获取有助于提高世界范围内科研系统的质量和效率①。2008年6月,38个国家在韩国首尔签署《世界科学联盟协议》,为世界各国的多种科学资源和专业知识提供一个单一、精确的接入点,任何连接互联网的人都可以通过该网站查询44个国家的32个国家级科学数据库②。2013年,全球研究理事会(Global Research Council,GRC)通过了《科技论文开放获取行动计划》③。

德国马克斯·普朗克协会等机构于2016年3月21日发起OA2020倡议,邀请全球高校、研究机构、资助者、图书馆和出版商共同努力,将大部分传统订阅期刊转型为开放获取模式。截至2018年12月15日,已有36个国家(包括中国)或地区的114家机构签署了加入该倡议的意向书④。

近年来,各国越来越强化开放获取政策。2018年9月,科学欧洲(Science Europe)团体发起了一项重要的里程碑式的开放获取倡议,名为"S计划"。"S"代表科学(science)、速度(speed)、解决方案(solution)、冲击(shock)。"S计划"表示:从2020年1月1日起,所有由欧洲研究委员会(European Research Council,ERC)和签署国拨款支持的科研项目,都必须将研究成果发表在完全开放获取期刊或完全开放获取出版平台上,让研究论文一旦被发表就能够免费获取,且要允许其他人下载、翻译或以其他方式重复使用这些论文。"S计划"明确表示"任何科学都不应该被锁在付费墙之内"。

① 开放科学体系有助于提高创新效率[EB/OL]. (2021-06-10)[2021-08-10]. https://baijiahao. baidu. com/s? id=1702141343667399937&wfr=spider&for=pc.

② 开放科学主体初探[EB/OL]. (2020-04-11)[2021-08-10]. https://www. sciping. com/34167. html.

③ Nature:中国机构宣布实行论文开放获取政策[EB/OL]. (2014-05-21)[2021-08-10]. http://www. ebiotrade. com/newsf/2014-5/2014520110953840. htm.

④ 文献中心率先签署OA2020倡议意向书 加快实现更平衡更充分的知识获取[EB/OL]. (2017-10-27)[2021-08-10]. https://www. cas. cn/yx/201710/t20171027_4619514. shtml.

根据 2017 年 12 月的一项调查分析(图 2-1),在 2012 年和 2016 年的统计中,只有约 12.4% 和 15.2% 的期刊以 OA 的方式发表文章,有 49.2% 和 37.7% 的订阅期刊(subscription only journal)将发表的文章置于"付费墙"内,且通常会延迟至少 6 个月才发表文章的在线免费阅读版本(符合美国国立研究院的基金资助政策)。还有 36.2% 和 45% 的期刊采用了混合出版模式。依据这种模式,只要作者愿意,文章可以立即免费阅读,但是大部分研究文章仍需要付费。然而,根据"S 计划",研究者们甚至不被允许在这类混合模式期刊上发表文章。2019 年,由于出版商及各方对"S 计划"充满质疑和困惑,制订"S 计划"的 S 联盟(Coalition S)做出了一定让步。S 联盟决定,在宗旨、原则不变的前提下,对"S 计划"的具体实施方法进行修订,给学术界和出版界更多的时间来适应论文发表制度的变革。2019 年 5 月 31 日,欧洲 15 国政府和 4 个基金会把"S 计划"实施的时间从原定的 2020 年推迟到 2021 年。

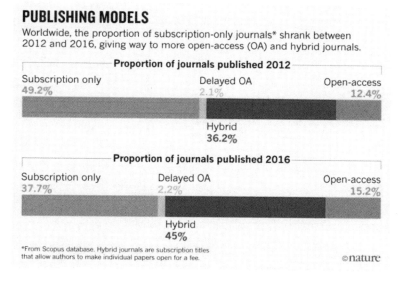

图 2-1 2012 年和 2016 年订阅期刊、混合期刊和开放获取期刊比例

(资料来源:Universities UK,转引自 NATURE NEW)

对于"S 计划",在德国马克斯·普朗克协会召开的第 14 届柏林开放获取 2020 会议(2018 年 12 月 3—4 日)上,中国国家自然科学基金委员会、国家科技图书文献中心、中国科学院文献情报中心在会议上发布立场声明,明确表示中国支持 OA2020 和开放获取"S 计划",支持公共资助项目研究论文立即开放获取,同时强调"我们将采取灵活的措施达成这一目标"。

总而言之,开放获取运动已经得到各国政府、商业公司、文化机构等的大力支持,而且政策支持力度越来越大。

2.3.4　国外著名的开放获取平台

开放获取的信息自由共享理念得到了众多的支持后,出现了一批大型开放获取网络平台。国外著名的开放获取平台如下:

①arXiv. org。美国高能物理研究所理论部在 1991 年 8 月创建了 arXiv. org,它是公认的最早的电子预印本库。arXiv. org 最早出现在美国的洛斯·阿拉莫斯国家实验室(LANL),2001 年移交于康奈尔大学,已成为传播物理学、数学、非线性科学、计算机科学及生物学、金融学、统计学的主要论坛。由于它按学科收录、整理和检索论文预印本,并主要在同一学科或相关学科专家之间进行科学交流,因而被称为学科仓储。在 arXiv. org 上,作者可自由上传文献,无须经过编辑或同行专家评议。作者也可以将已上传的论文投稿到学术期刊上正式发表。

②英国生物医学中心(BMC)。BMC 成立于 1999 年,是生物医学领域一家独立的新型出版社,是最重要的开放获取期刊出版商之一。BMC 坚持在官网为读者提供免费信息,其出版的网络版期刊可供全球的用户免费检索、阅读和下载。BMC 采用同行评议制度,其部分刊物有较高的影响因子,涉及健康、生物、环境等学科。

③美国科学公共图书馆(PLOS)。美国科学公共图书馆成立于 2000 年 10 月,由生物医学科学家哈罗德·瓦尔缪斯、帕克·布朗(Patrick O. Brown)和迈克尔·艾森(Michael B. Eisen)创立,致力于向全世界免费提供科技和医学领域文献。最初,PLOS 号召科技和医学领域的期刊出版机构通过在线知识仓库(如 PubMed Central)为研究人员提供免费文献。2001 年 PLOS 认识到,更为有效和实际的方法应该是自行创建提供免费获取的高质量 PLOS 期刊。此后,PLOS 创建了 7 种生命科学与医学领域的开放获取期刊,即 *PLOS Biology*、*PLOS Medicine*、*PLOS Computational Biology*、*PLOS Genetics*、*PLOS Pathogens*、*PLOS ONE*、*PLOS Neglected Tropical Diseases*。目前,这 7 种期刊已成为国际上顶级水平的科学期刊。*PLOS ONE* 为 PLOS 系列期刊之一,是一个综合类的巨型期刊。关于 *PLOS ONE* 的介绍,详见 2.3.2.2 节。

④HighWire Press。HighWire Press 成立于 1995 年,由斯坦福大学图书馆组建,是全球提供免费全文的学术文献出版商之一。HighWire Press 于2020 年被收购,现在由 MPS Limited 支持。出版物涵盖物理、生命科学、医学、社会学

等领域。

⑤学术出版与学术资源联盟(SPARC)。该机构于 1998 年 6 月正式创建,由大学图书馆和相关教学研究机构共同建设。SPARC 本身不是出版机构,它试图通过支持和赞助的方式,扶持学会或者小型出版商出版的非营利或低价刊物,作为对高价商业期刊的替代产品,以引导学术传播系统回归正轨。

⑥viXra.org。viXra.org 是预印本库,出版物主要涵盖物理、数学、生命科学、化学、人类学等领域,提供免费全文下载。viXra.org 的建设目的是替代 arXiv.org 预印本库。arXiv.org 预印本库储藏的文章日益增多,为了保证质量,arXiv 采取了系列审核措施,因而限制了一部分科研人员向 arXiv.org 投稿。为了更好地满足更多用户的需求,viXra.org 被建立。它采取更包容和开放的措施,鼓励科研人员上传自己的文稿,以便广泛传播。

⑦MDPI。MDPI(Molecular Diversity Preservation International)是瑞士的巨型开放获取期刊出版商,创立于 1996 年。旗下学术期刊,涵盖自然科学、医学、工程技术和人文社科所有学科领域。论文经过同行评议,可免费下载、阅读。到 2020 年底,MDPI 已有 80 种期刊被纳入 Web of Science 的科学引文索引扩展(SCIE)。

⑧Bioline International。Bioline International 是一个非营利的学术出版公司。平台采用同行评议制度,向全球提供中国、孟加拉国、巴西、土耳其、智利、哥伦比亚、埃及、乌干达、加纳、尼日利亚、印度、马来西亚、伊朗、肯尼亚、坦桑尼亚、委内瑞拉等发展中国家学术刊物的开放获取期刊,目的是使国际学术界了解发展中国家的生命科学研究成果。

⑨Biovisa。Biovisa 是由一群生命科学领域的研究工作者利用业余时间建成的。该网站收录期刊 1601 种,其中 187 种可以免费下载全文,其他的只能免费看摘要。

⑩DOAJ。DOAJ 建于 2003 年,是由瑞典隆德大学图书馆创建和维护的开放获取期刊列表,该列表旨在覆盖所有学科、所有语种的高质量的开放获取同行评议期刊,涵盖商业经济和食物科学、生物和生命科学、化学、数学与统计学、法律和政治学、语言学等学科主题领域。DOAJ 列表初建时仅有 300 种期刊,截至 2019 年底,列表含来自 130 个国家的 14075 种期刊,学术论文超过 400 万篇。

2.3.5 开放获取出版模式分析

开放获取的实现途径为开放获取期刊和开放获取仓储,即金色 OA 和绿色 OA,以下分述其出版模式。

2.3.5.1 开放获取期刊出版模式

开放获取期刊和开放获取仓储都实现了对传统学术出版模式的革新和颠覆,其中,开放获取期刊(OAJ)出版业务流程更为复杂、更具有代表性,其流程示意图如图 2-2 所示。

图 2-2 OAJ 出版业务流程

开放获取期刊出版过程中,由作者提交有关文章,然后经同行评议,作品发布后,要接受读者的在线评议。作者可根据读者意见对文章进行修订,然后重新发布。在这个模式中,作者必须付费发布文章,作者所付费用是为了维持平台运转和支持专家评议等。而这个出版模式的终点——读者,则可免费阅读文章。

图 2-3 显示了基于订阅的期刊出版模式。其中,论文发表受限于版面的篇幅,以及同行评议的速度,因而影响了传播效率;并且传统学术出版中的出版机构有垄断之嫌,往往会将出版物价格定得非常高,致使订阅环节受阻,有可能导致传播的中断或者传播面的减小。当今研究人员对文献日益增长的需求与传统学术出版模式中的垄断行为形成了尖锐的矛盾,而开放获取则是对传统学术出版模式的一种修正和挑战。

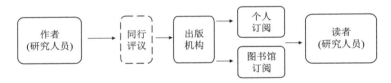

图 2-3 基于订阅的期刊出版模式

2.3.5.2 开放获取仓储出版模式

开放获取的"绿色道路"——开放获取仓储出版模式较为简单,其差别主要在于不采用同行评议制度,而是通过读者反馈来提高文章质量,见图 2-4。作者选择仓储作为发布平台多为追求发表速度,提醒同行注意自己的科研成果。也有作者在仓储发表文章后,因文章内容不够成熟而撤稿。已在仓储中发表的文章也可再投稿期刊。

2.3.5.3 开放获取出版的要素

出版的内容、开放获取出版运动的支持者、经济收入模式,以及版权方案是开放获取出版的构成要素。

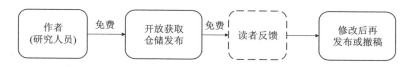

图 2-4　开放获取仓储出版模式

（1）出版内容

开放获取出版的内容早期局限于科技领域，后向人文社会科学领域扩展。开放获取期刊一般发表论文。开放获取仓储不但包括论文、研究数据、图书、会议演讲、教学资料，还包括大量图片、图像资料，音频、视频、多媒体学术资料等原始科研成果。开放获取为灰色文献①的学术交流提供了方便的渠道。

（2）支持者

开放获取网站在建设内容的时候受到科学研究资助机构等方面的大力支持。在欧美，一些国家政府和科研资助机构积极倡导由公共投资支持的科研成果应该为全社会所免费利用和共享，并通过制定政策来加以保障。如 2005 年 2 月世界上最大的医学研究资助单位——美国国立卫生研究院（National Institutes of Health，NIH）正式发布政策，要求作者在发表由 NIH 支助的研究成果时，将成果提交给 NIH 的国家医学图书馆（National Library of Medicine）。该成果将被存入公共医学数据库中心。英国资助科学研究的主要公共基金机构——英国研究委员会也规定：从 2005 年 10 月起，所有接受资助的科研人员都须将论文提交到免费公共数据库。

开放获取的网络平台一般由科学家及其组织机构、图书馆，以及传统出版机构搭建。如 arXiv.org 由洛斯·阿拉莫斯国家实验室的物理学家 Paul Ginsparg 创建。又如 SPARC 最初由美国十所大学图书馆联合创建。在我国，由于开放获取期刊多为刊后本，参与搭建开放获取平台的期刊社等有很多。

（3）经济收入模式

开放获取出版模式与基于订阅的传统学术出版模式的最大区别在于主要收入来源方式。传统学术出版模式主要向图书馆和读者收取订阅费，而开放获取出版模式则向作者或作者所属机构收取论文处理费，对读者是完全免费的。此外，开放获取网站平台通过接受资金赞助、向会员收费、广告投放收费及提供增值服务收费等多种方式来实现经营收入，以满足其可持续发展的需要。需要说明的是，作者付费模式并不意味着作者从自己的腰包掏钱，而通常是指作者从项

---

① 国外将正式出版的文献称为"白色文献"，而将不通过常规出版渠道发行，介于公开正式出版物和保密文献（黑色文献）之间的文献称为"灰色文献"（grey literature），这些文献出版迅速，信息量大，发行范围狭窄，不易获取，但极具参考价值。

目或课题经费中抽取部分经费用于出版研究成果。

（4）版权方案

传统期刊运作中，期刊社一般通过协议的形式让作者把版权转让给出版机构，也有的版权转让协议规定版权归双方共同所有。开放获取期刊提倡由作者部分保留版权，同时与公众共享一部分版权，以便尽可能减少读者和信息服务提供者使用文献时的版权限制。作者长期持有版权的唯一目的是保证作品的完整使用。

2.3.6 开放获取同行评议制度分析

目前，科学界十分推崇的审稿制度是同行评议制度。学者普遍认为，只有采取高标准的同行评议制度，才能保证学术期刊的质量。因为严格的同行评议制度可以使期刊不受外界干扰地筛选和发表所提交的论文。许多开放获取期刊，包括 PLOS 和 BMC，都在努力运行同行评议系统。然而，传统期刊订阅出版模式下，出版费用主要由读者和图书馆支付，商业因素对于稿件是否被采用影响较小。而在作者付费模式下，期刊直接受惠于作者，发稿越多，收益越高。因而，对于许多需作者付费的期刊，同行评议的规则不可避免地会受到作者付费模式的影响。面对来自各方的质疑，许多开放获取平台采取相应的措施，对开放获取期刊的质量进行了控制。与传统同行评议制度相比，开放获取出版的同行评议制度有一定的特点，值得我们探讨。

2.3.6.1 传统的同行评议制度

开放获取同行评议制度是在传统同行评议制度上建立的，因此我们首先对传统同行评议制度进行一些基本阐述。同行评议是科学界普遍采用的对科研项目进行评议和对科学研究成果或论文进行评估的一种基本方法，是由相关学科领域的专家，按照一定的评议准则，对科学问题或科学成果的潜在价值或现有价值进行评价，对解决科学问题的方法的科学性及可行性给出判断的过程。从1665 年法国的《学者杂志》（*Journal des Scavans*）算起，同行评议制度应用于学术期刊已有 300 多年历史。时至今日，同行评议制度在学术界仍被广泛采用。

同行评议制度虽然得到科学界的认可，但它仍然有"主观评议"的缺陷。作为网络时代的新型学术期刊，开放获取期刊也普遍采用同行评议制度来保证期刊的质量，同时也致力于改进这种学术评价制度。

（1）传统的同行评议方法

在传统的学术期刊出版机构中，编辑的主要任务不是对论文内容进行审核，而是负责期刊运转的日常事务。编辑部会聘请相关学科领域的权威专家为特约编辑，负责对收到的论文内容进行评价、审核。同行评议一般由两位或者两位以上的资深专家进行,当专家意见不一致时再请其他专家进行评议。

评议分为单盲评议、双盲评议和公开评议三种基本方法。单盲评议是指作者姓名对评议专家公开,但评议专家匿名。双盲评议是指作者和评议专家都不知道彼此身份的匿名评审。公开评议是作者和评议专家知道彼此的身份。这三种评议方法各有自己的优缺点。不过,传统学术期刊采用的同行评议方法主要是单盲评议和双盲评议,而很少采用公开评议。

(2)传统的同行评议方法存在的问题

在现实的操作中,传统的同行评议制度存在着很多问题,具体表现为:

①稿件审理过程中存在透明度不高的问题。这种问题会导致编辑、作者与评议专家之间的信任缺失。当多名评议专家之间产生较大意见分歧时,这种模式会明显降低期刊的审稿效率、提高运营成本。

②个人偏见。每位评议专家在个人学识、修养、世界观,以及对评议标准的理解程度和把握尺度上都有所不同,这些都不可避免地会对评议过程和结果产生一定的影响。此外,单盲评议可能会对女性作者、年轻科学家、改换专业者,以及来自非著名大学和研究机构或发展中国家的学者存有偏见,不够客观、公正。

③难以支持创新。传统的同行评议常常采用"以多取胜"的方式,因此在评议中对原始创新的作品形成"非共识"在所难免。在实践中,同行评议专家往往是某学科领域的权威专家,受其规范的知识结构影响,一般青睐在规范知识体系中的论证和研究,而排斥有创见的学术思想和新的知识生长点。因此,那些存在风险的创新性研究计划难以得到同行评议专家的支持。

④人情关系。同行评议在实际操作中,特别在单盲评议中,有时不可避免地存在评议专家和作者是同学、朋友、同事或师生关系的情况;也可能两者在工作中有矛盾,或在学术上有分歧等。这就使得评议专家在评议过程中可能会受到感情和利益的驱使,而使评议结果出现偏差。

⑤存在"瞎审"。在双盲评议中,有些评议专家马虎大意、应付差事、不负责任和不作为,使得"盲审"失去了应有的作用,蜕变成"瞎审"。"瞎审"表现为:评议专家根本没认真审阅就写评审意见;收到文章不管专业是否对口,随便审稿;喜欢唱赞歌,以次充好;审阅的文章与自己的研究具有竞争性,就胡乱找理由否决掉;等等。

⑥审稿人缺乏积极性。审稿人自愿式的评审行为报酬低,匿名情况下也不会提升他们的名誉度,并不能有效激发其审稿积极性。

尽管传统的同行评议方法存在一些问题,但是早期的开放获取期刊还是沿用了这套方法。如,BMC的大部分期刊均采取传统的匿名同行评议方式。BMC在出版《艾滋病研究和治疗》(*AIDS Research and Therapy*)时,就规定收到的原稿将在两周内分别交给三位评议专家进行同行评议。一般来说，如果三位评议专家中有两人支持这篇论文，那么它就会被出版；反之，则被拒绝。当有争议发生时，编辑部拥有最后决定权。PLOS 拥有一流的专业编辑团队，它出版的每种期刊都有优秀的编辑人员。编辑人员包括专业编辑、训练有素的科学家等。提交到 PLOS 系列刊物的论文都要经过领域的权威编辑和专家审核评论，最后由期刊编辑在专家评审意见的基础上决定是否出版论文。为了使编辑的最后决定合理，PLOS 要求专家提供详细的评审意见。PLOS 主页上提供有详细的同行评议意见模板，以便于指导专家撰写评语。

2.3.6.2　开放同行评议制度[①]

（1）开放同行评议的含义

为了克服传统同行评议方法的弊端，许多开放获取期刊也在积极改进同行评议方法。开放同行评议（open peer review，OPR）就是开放获取期刊采用的一种新的同行评议方法。所谓开放同行评议，就是把评议专家的身份、姓名透露给所评审论文的作者的方式，有的还将评审报告向读者公开，供读者交流。

为了评估开放同行评议制度的可行性，Walshe 等人针对《英国精神病学杂志》（*British Journal of Psychiatry*）的评议专家进行了一次调查研究，随机送审的 408 份稿件中（送给了 332 位评议专家），询问评议专家是否同意将自己的姓名透露给其所评审论文的作者，同时考查评审质量、语气、发表建议、审阅时间等内容。结果表明，总计有 245 位评议专家（占 74%）同意签署姓名；而且，与不署名的评审相比，署名的评审报告质量高、措辞更谦恭、花费在论文评审上的时间更长；署名的评议专家更倾向于推荐发表。研究证实了开放评审体系的可行性。事实上，开放评审专家的身份有利于增强评议专家的责任感，有利于公众和读者参与监督，有利于敦促评议专家更加认真、客观、公正地评审论文。这就能够有效地避免上述"瞎审"情况的出现。

BMC-series 的部分期刊就是采取开放同行评议制度，即要求评议专家在评审报告上签名。BMC-series 期刊的开放同行评议系统包括作者提交的版本、评议专家的意见、作者的修改稿和修改回复等发表前记录的链接，随同正式发表的文章一起在网上登载。

以 *BMC Clinical Pharmacology* 为例，该刊是由 BMC 出版的临床药理学领域的开放获取期刊。评议专家需要对论文提出自己的见解，并同意实施开放同行评议。如图 2-5 所示，如果原稿出版了，作者可以收到并直接查阅评议专家

---

① 贺子岳,张子纬,陈晓峰. 学术期刊出版后开放式同行评议模式研究[J]. 传媒,2019(17):32-34.

签名的报告。一般而言,作者可以在评议专家的意见基础上对原稿进行两次修改。最后,论文的初稿、评议专家的意见和签名、作者的修改稿连同论文的终稿都在网络上发布。

Peer Review reports

From: Human physiologically based pharmacokinetic model for ACE inhibitors: ramipril and ramiprilat

Original Submission		
6 Sep 2005	Submitted	Original manuscript
	Author responded	Author comments
	Reviewed	Reviewer Report
	Reviewed	Reviewer Report
Resubmission - Version 2		
	Submitted	Manuscript version 2
	Author responded	Author comments
Resubmission - Version 3		
	Submitted	Manuscript version 3
	Author responded	Author comments
	Reviewed	Reviewer Report
Resubmission - Version 4		
	Submitted	Manuscript version 4
Publishing		
6 Jan 2006	Editorially accepted	
6 Jan 2006	Article published	10.1186/1472-6904-6-1

图 2-5 *BMC Clinical Pharmacology* 一篇论文出版前的开放同行评议历史

开放同行评议制度为作者提供了直接与评议专家就关键问题进行讨论的机会。根据评议专家的意见和建议,作者可对自己的稿件进行再修改。另外,读者也可以针对专家的评议意见和作者的修改情况发表意见,指出问题与不足。这就使文章的发表过程成为一个编者、审者、作者、读者互动的动态过程,有利于促进文章质量的提高。

(2)开放同行评议的特点

无论是采用传统的同行评议方法,还是采用开放同行评议制度,开放获取期刊都致力于增强同行评议的公正性。开放同行评议的特点是:

①缩短评议周期。时间问题是传统同行评议的一大问题,从选取评议专家、寄送评议材料到反馈评议结果都需要很长一段时间。而网络环境下的同行评议可以及时收到专家的反馈意见,对于无法进行评议的专家进行及时的调整,缩短了同行评议的周期。

②突破地域限制。网络环境下,评议专家无论在世界的哪个角落,只要能登录互联网,就可以对期刊论文进行评议。开放获取期刊还可以通过建立评议专家数据库,邀请全球的本学科和相关学科的专家参与评议。

③便于意见反馈。在开放同行评议环境下,网上评议加快了反馈的速度,也有利于同行评议专家与论文作者之间的学术交流。评议报告对被评议作者是公开的,这就要求同行评议专家更加认真、负责,以客观、公正地评价科研成果。

2.3.6.3　发表后同行评议

(1)发表后同行评议的提出背景和含义

传统的发表前同行评议的一般流程为:期刊编辑在收到论文之后,首先对论文的适宜性和相关性进行初步筛选,然后将这些论文送交同行评议(选择同行评议专家的依据通常是他们的兴趣、专长、出版记录及以前审稿的质量);同行评议专家花上几个小时去阅读论文,查阅现有文献并写出评审报告;经过同行评议之后,提交的评审报告会由期刊编辑进行慎重的审查,并做出是否发表的决定;确定论文发表之后,论文初稿还可能被要求修改,以保证论文的准确性和科学性;在审稿后期,作者经常会被要求对论文中涉及的材料和数据做出解释。在大多数情况下,这一系列的编辑检查流程可以取得很好的效果。而事实上,这种方法并非十全十美。如黄禹锡(Hwang Woo-suk)在《科学》《自然》等需要经过严格同行评议的顶级学术期刊中发表造伪论文,这严重挑战了学术期刊同行评议制度的有效性,同时也增加了公众对科学权威的怀疑。

对于大多数学术期刊来说,期刊编辑和同行评议专家的审稿工作通常从作者提交的论文和附带的其他资料(比如调查手段、图表和数字)入手,他们设法确保论文反映了原始的规范设计和分析。然而,据此几乎无法发现这些资料是否真实,或者是否缺少关键因素。因为,对于期刊编辑来说,他们很少有特定研究课题的专门知识,这些使他们无法准确地察觉论文是否作假。而评议专家虽然有一定的专业知识,但不一定有时间详细地审查论文,而且,他们只能评估论文作者实际提交的数据,无法察觉数据背后的操作。

为弥补同行评议制度的缺陷,发表后同行评议被提出。发表后同行评议(post-publication peer review,PPPR)也被称为"出版后同行评议"或"出版后的OPR"等,一方面是指论文经过编辑快速的非限制性审查后,便可进行公开发表,再邀请专家或公众进行评议,如 *PLOS ONE*、F1000Research、The Winnower、中国科技论文在线等即采用这种发表后同行评议方法;另一方面是指论文经过严格评议得到发表后,鼓励公众进一步参与讨论,如 PubPeer、Peer J 等。二者都尝试引入更多评价指标,以弥补当前科研成果评价体系的明显不足,前者更重视先发表再进行公开评议,意图使学术出版回归发挥思想交流作用的初衷,而后者则将出版后的 OPR 作为传统同行评议模式和出版前 OPR 模式的一种补充或改进措施。这种学术评价方法是对传统同行评议制度的颠覆,不注重发表前的同行评议,而强调"先发表,后评议"。开放获取期刊正在积极尝试采用这种评议方法。

(2)发表后开放式同行评议平台

目前,主要的发表后开放式同行评议的平台见表2-2。

表 2-2 国内外发表后开放式同行评议平台列表

平台	创办者	国家	成立时间	发展目标
The Winnower	Josh Nicholson	美国	2014	打破科学传播障碍,实现科学革命
F1000Research	BioMed Central	英国	2012	向生命科学家提供即时发表的论文和其他研究成果
ScienceOpen	Alexander Grossmann、Tibor Tscheke	美国、德国	2013	为科研人员提供一个自由访问、分享和评价科学信息的网络平台
PubPeer	Brandon Stell、George Smith、Richard Smith	美国	2012	通过促进社区互动的创新方法,提高科学研究质量
Peer J	Jason Hoyt、Peter Binfield	美国、英国	2012	降低出版成本,改善整体流程,为作者提供一个 21 世纪的出版平台
ResearchGate	Ijad Madisch、Sören Hofmayer、Horst Fickenscher	德国	2008	连接科学世界并向所有人开放研究
PLOS ONE	Public Library of Science	美国	2006	加快科学发展,展现科学价值
中国科技论文在线	教育部科技发展中心	中国	2003	阐述学术观点、交流创新思想、保护知识产权、快捷论文共享
OSID 开放科学计划	国家新闻出版署出版融合发展(武汉)重点实验室	中国	2018	推动科研诚信建设,提高期刊论文影响力

　　在发表后同行评议的实践中,开放获取期刊 *PLOS ONE* 是具有代表性的,它是率先采用"发表后同行评议"的出版平台,其做法得到了众多学者的支持。美国麻省理工学院高级研究员张曙光说:"这是非常好的主意。论文的发表意味着真正的评判才开始,而不是结束。如果论文真的很好,大家知道得就更快,可以节省很多时间、精力和金钱。同样,如果一篇论文有问题或是造假,那么也能

很快被发现。从长远来看,这有利于科学的发展。"①

前文已经介绍,*PLOS ONE* 是 PLOS 系列刊物中的巨型期刊,它在出版前采用的是轻触同行评议。在具体操作上,*PLOS ONE* 的审稿人只核查论文中的实验方法和分析是否有明显、严重的错误,而不注重对研究结果的审查。*PLOS ONE* 开发了在线评论系统和一个简单的评级系统(1~5 级)。在线评论系统包含撰写文本说明、提出意见和疑问的功能,同时,与一般 Web2.0 相兼容,能够添加引用的功能以及链接来自博客引文的机制。

当然,改进学术评价制度是一件非常困难的事情。实际上,许多开放获取期刊也注意到发表后同行评议的重要性,只是目前还不敢贸然放弃原来的同行评议制度,但在发表后对论文的评论和评级方面也进行了一些积极的尝试。

(3)发表后同行评议的特征

①跟踪评价。例如,The Winnower 引入 Altmetrics 指标,通过跟踪单篇论文在社交媒体、报纸、政策文件、博客、专利、维基百科等数据源的引用状况,显示出由不同颜色组成、类似于甜甜圈图形的替代计量关注度分数(Altmetric Attention Score)。ScienceOpen 也为每一个用户提供基于 ORCID 识别码(open researcher and contributor ID,ORCID,开放研究者与贡献者身份识别码)的个人档案,并可查询论文的引用情况、分享次数和 Altmetrics 分数。*PLOS ONE* 反对完全依赖影响因子的评价方式,通过记载每一篇论文的浏览、下载、分享和引用次数,帮助说明论文影响力。中国的"OSID 开放科学计划"则通过为单篇论文配备 OSID 码,利用二维码制作成本较低、便于移动传播的轻量化优势,记录扫码量、浏览量、读者分布等读者数据,同时建立基于移动端的学术信息库。

②公开交流。公开交流可以保证作者在通过编辑的非限制性审查后,审稿人出于自身信誉考虑,倾向于给出更加公正、可靠的审稿意见。The Winnower 的作者可自行邀请专家或同事在选定时间内参与评议,作者再根据评审意见反复进行修改,最终存档和注册数字对象唯一标识符(digital object unique identifier,DOI)时再收费。Peer J 则允许作者和审稿人选择是否公开身份和审稿意见,不允许用户匿名或使用假名。F1000Research 要求作者在提交论文时推荐不少于五位评议专家,并鼓励作者根据审稿意见不断更新版本,每个版本都有不同的 DOI,可单独引用。而出现在 PubPeer 上的论文因为允许用户匿名进行评论而导致相当一部分论文受到批评和质疑,因此颇受争议,甚至遭到起诉,认为这是对作者的不尊重。ResearchGate 更像是一个连接世界科学家的社交网络,

---

① 科学网:什么是发表后同行评议(post-publication peer-review)?[EB/OL].(2009-03-13)[2021-08-29]. https://blog. sciencenet. cn/home. php? do=blog&id=219983&mod=space&uid=39731.

注册用户可编辑个人档案,上传论文、数据、演示文稿等最新研究成果,与其他用户公开讨论与互动。

③公众参与。是否允许公众参与是判断出版后 OPR 模式的主要依据,目前主流出版后 OPR 平台都允许用户免费浏览、下载、分享论文,但部分平台只允许注册用户或认证专家进行评论,而不同平台对于注册用户的资格也有一定要求。为了最大限度地保证评论内容的专业性和可靠性,PubPeer 的注册用户必须是曾有论文被 PubMed 收录的第一作者或通讯作者。ScienceOpen 的用户分为四个等级,只有绑定自己的 ORCID 识别码,同时提供有效邮箱,才能对已发表论文进行评论和打分,并且发表 5 篇以上经过同行评议论文的专家才可正式参与评议。"中国科技论文在线"只允许认证学者和专家参与评议,并且所有的评议需要经过编辑审核才会得到展示。"OSID 开放科学计划"则不限制用户资格,任何读者扫码进入文章开放科学资源与服务页面后,都可使用语音或文字实时向作者提问或进行探讨,并与其他读者进行交流。

(4)发表后同行评议的价值

传统同行评议模式和出版前 OPR 模式默认论文得到发表后,即根据期刊的影响因子或学术影响力完成发表结果的等级评估,同行评议在整个出版过程中只发挥审核作用,忽视了读者对学术交流的强烈需求或只能私下联系作者。这无疑不利于促进整个科研环境的良性发展,客观上也浪费了许多优质学术资源。

出版后 OPR 模式通过已发表论文的跟踪评价,公开访问与公开交流,鼓励公众参与讨论等方式,提升了学术期刊价值链的效率,完善了科研成果的评价体系,有利于推动科研诚信建设,并可充分挖掘学术场景下的作者和读者需求,为研究人员提供研究方向参考和指导,实现学术资源效果最大化。

①完善科研评价体系。科研评价是指按照一定的价值导向,对科研人员从事的科学研究工作及在此过程中取得的科研成果与业绩进行的价值评判。科研评价也具有强烈的导向、激励与督促作用。对论文、著作、专利等科研成果的客观评价,是提高整体科技创新实力、推动科研工作可持续发展的必然要求。当前,我国科研成果评价体系的滞后发展与科研实力的快速增强严重不匹配,一篇论文的学术价值绝不应该仅仅体现在其所发表期刊影响因子的高低上,亟须建立一种定量指标与定性评价相结合的综合评价体系。出版后 OPR 模式通过建立已发表论文的个人档案,跟踪论文发表后在社交网络上的浏览、评论、转发等行为数据,并引入各种量化指标,同时允许公众参与讨论,可帮助作者提升单篇论文的学术影响力,深化推进代表作评价制度改革,解决传统同行评议模式和出版前 OPR 模式中客观性、公正性不足的问题,从而更加客观、准确地评价科研成果的价值。

②加强科研诚信监督。科研诚信是科技创新的基石。我国论文发表总量已跃居全球前列,但科研诚信问题仍较为突出。对此,2018 年 5 月,中共中央办公厅、国务院办公厅印发了《关于进一步加强科研诚信建设的若干意见》,地方上也出台了一系列规范和政策,合力遏制学术不端倾向,落实科研诚信体制改革,促进科研诚信体系建设。尽管不同平台的出版后 OPR 模式的具体实施情况存在一些差异,但都最大限度地鼓励作者和审稿人开放审稿流程,允许公众参与各个环节,提出自己的意见和建议,甚至还出现 PubPeer、PubMed Commons 等专门的讨论平台,并用邮件提醒作者及时回复公众的质疑,客观上对整个学术出版过程产生了不可或缺的监督作用。事实上,仅仅依靠编辑来扮演好科研诚信的"把关人"角色是不现实的,应该高度重视公众反馈,完善论文发表后的学术不端监督机制,从而营造一个更加良好的科研生态环境。

③加快学术出版流程。我国学术期刊普遍采用"三审制",即编辑初审、专家外审和主编终审,审稿周期长,发表速度慢,一篇论文从投稿到刊登往往要三到五个月甚至数年之久。有学者对此展开了分析,认为论文发表效率低的原因包括编辑与审稿专家信息不对称、送审方式落后、审稿专家工作负担重等。此外,对审稿专家缺乏有效的评价与激励机制、作者与审稿专家沟通不畅等都会影响学术期刊出版流程的效率。出版后 OPR 模式通过先发表后评议的方式,率先确立作者的优先权,并且只关注研究内容的科学性和研究方法的严谨性,审稿专家被要求完全根据研究的合理性和有效性来推荐接受或拒绝稿件,确保所有有用的结果都能发表,防止对研究的重要性或相关性进行主观评估。作者还可根据审稿专家与公众的意见不断修改论文,最终达到各方预期效果。

④挖掘学术场景需求。场景理论可追溯到苏格拉底"原始的城市场景"。situation、context、scenes、scenarios、setting 等英文单词的基本含义各有侧重,但都强调场景对人们行为特点和需求特征的影响与塑造。学术场景下的作者需求即论文得到发表,审稿人需求即工作得到认可,读者需求即获取经验参考和研究指导。长期以来,学术场景下的读者需求基本处于被忽视状态,不仅移动服务需求得不到满足,就连浏览论文都会受到种种限制。出版后 OPR 平台上发表的论文一般遵守 CC 协议 4.0,读者只要进行正确的引用,就可浏览、下载、分享与论文有关的数据、演示文稿、审稿意见等,并与作者进行探讨和交流,帮助研究人员掌握学术前沿动态。同时,读者可在移动端随时访问论文界面和个人档案,这也是实现当前学术期刊移动化、社交化传播的重要举措。

(5)发表后同行评议的缺陷

在理想状态下,出版后 OPR 模式相比传统同行评议模式在公平性、透明度等方面具有明显优势,但也并不能应对所有问题,还存在着许多缺陷。

①各方参与积极性较低。2018 年 2 月 1 日,由于较低的参与度和公开讨论替代场所的增加,美国国立卫生研究院宣布关闭运行 5 年的 PubMed Commons 平台。在繁重的日常工作下,缺乏有效的审稿人激励制度是阻碍审稿人参与的关键所在,作者在高度竞争的科研环境中也缺乏公开审稿流程的动力。此外,公众面对诸如 PubMed Commons、ResearchGate、PubPeer 等日益增多的评论平台,在精力有限的前提下也可能产生参与疲劳。这些问题都会影响研究人员的参与积极性,降低平台的活跃度。

②存在恶意或不实评论。读者出于竞争利益,有可能对论文内容肆意诋毁,并有机会在掌握确凿证据的情况下私自联系作者进行要挟。作者为达到自身目的,也可能邀请同事或朋友发表溢美之词,过分吹嘘研究成果。此外,公开评论会使公众对做出负面评价的后果产生担忧,匿名评论又看似对作者不太公平和不够尊重,因此是否公开评论者的身份也值得考量。

③缺乏统一的评价指标。基于单篇论文的定量指标层出不穷,目前较为普遍认可的是 2010 年 Priem 提出的替代计量学指标(Altmetrics),但各个出版后 OPR 平台的具体采用方式都有所差异,在缺乏统一标准的情况下,其影响效果大打折扣,仅仅作为一种定性评价的补充参考,不具备实际价值,无法纳入正式的科研成果评价体系。此外,对于国内来说,文化与语言的差异难以跨越,套用国外标准是不可能行之有效的,需要进一步探索符合国情的统计方式。

2.3.7　我国开放获取出版的发展状况

2004 年 5 月,路甬祥与陈宜瑜分别代表中国科学院与国家自然科学基金委员会签署了在德国发布的《关于社会科学和人文科学领域知识的开放获取柏林宣言》,使我国两大主要研究机构参与世界范围内的开放获取运动。这标志着开放获取在我国正式起步。2005 年 7 月,50 余所高校图书馆馆长在武汉召开的"中国大学图书馆论坛"上签署了《图书馆合作与信息资源共享武汉宣言》,宣言中包括遵循布达佩斯会议中规定的原则①。开放获取在国内最早见于 2004 年李丽、张成昊撰写的一篇名为《开放文档先导及其对学术期刊数字化传播方式的影响》文章。随后,相关研究文献逐渐增多,很多学者在对开放获取的有关知识进行介绍和传播方面做出了贡献。但在开放获取运动实践方面,我国和西方领先国家相比有较大的差距。以下对我国综合性开放获取仓储、开放获取期刊库

---

① 郑建明,陈雅,陆宝益.数字时代图书馆的合作与资源共享——写在《图书馆合作与信息资源共享武汉宣言》发表之后[J].大学图书馆学报,2006(2):8-15.

和开放获取机构仓储的实践状况作一个介绍。

2.3.7.1　综合性开放获取仓储

在国外,发展得比较好的是开放获取期刊。在我国,人们对于开放获取期刊的认识和实践还处于起步阶段,而开放获取仓储则发展得快一些。1997年,山东大学高能物理研究室提供的预印本服务被认为是我国最早创建的预印本文库。但其规模很小,只是利用Web超级链接功能建立了一些包含论文预印本链接的网页。目前,中国科技论文在线、中国预印本服务系统和奇迹文库是国内三大综合性开放获取网站。

(1)中国科技论文在线

该网站由教育部科技发展中心主办,是针对科研人员论文发表困难,学术交流渠道窄,不利于科研成果快速、高效地转化为现实生产力而创建的科技论文网站。其致力于提供国内学术论文(含大学学报)的存取和在线发表服务。该网站中有"首发论文"栏目,刊载数理化、生物医学、信息科学、工程技术及经济管理方面的首发论文。网站采用同行评议制度。网站还提供国内外各学科领域OA期刊的海量论文资源和OA仓储信息,用户可按照论文题目、期刊题目、作者姓名、作者单位、出版社等多种字段进行检索,或进行全文检索。

(2)中国预印本服务系统

该系统创立于2004年3月15日,由中国科学技术信息研究所与国家科技图书文献中心主办,主要提供预印本文献服务,旨在促进实时的学术交流。它由国内预印本服务子系统和国外预印本门户(SINDAP)子系统构成。国内预印本服务子系统主要收藏国内科技工作者自由提交的预印本文章,可以实现二次文献检索、浏览全文、发表评论等功能。国外预印本门户子系统是由中国科学技术信息研究所与丹麦技术知识中心合作开发完成的,它实现了全球预印本文献资源的一站式检索。通过SINDAP子系统,用户只需输入检索式,即可一次对全球知名的16个预印本系统进行检索,并获得相应系统提供的预印本全文。

(3)奇迹文库

奇迹文库创建于2003年8月,是国内最早的中文预印本服务系统,内容基本覆盖自然科学、工程科学与技术、人文与社会科学三大门类。奇迹文库主要收录中文学术文章、学位论文及讲义和专著的预印本,也收录学者用英文或其他语言撰写的文献。奇迹文库包含的内容已经不局限于学术范围,也含有社会人文、知识百科,甚至新闻等内容。奇迹文库是我国首个民间预印本库,但表现出了较明显的劣势和缺陷,如更新频率慢、原创内容少。

2.3.7.2 开放获取期刊库

开放阅读期刊联盟、Socolar 和 OA 图书馆是著名的开放获取期刊库,但它们的服务方式多为期刊链接整理,其中开放阅读期刊联盟不提供检索服务,Socolar 和 OA 图书馆则提供检索服务。

(1)开放阅读期刊联盟

开放阅读期刊联盟是由中国高校自然科学学报研究会发起的开放阅读项目,包括《西安交通大学学报》《西安电子科技大学学报》《东南大学学报》等数十家学报期刊。联盟旨在扩大高校学报影响,建立开放阅读期刊(open access journals,OAJs)链接列表,读者可点击链接直接跳转到学报的网站上,免费阅读学报公开的论文全文;或者学报应读者要求,在 3 个工作日之内免费提供论文全文。

联盟的模式是将现有非 OA 期刊转变为 OA 期刊。联盟会员的主要对象是高校学报或者其他学术类期刊编辑部。加入联盟需要缴纳一定的会员费。

(2)Socolar

该网站是开放获取一站式检索服务平台。中国教育图书进出口公司启动了 Socolar 项目,旨在为用户提供 OA 资源的一站式检索服务。作为一个提供开放获取论文检索服务的平台,该网站的设计页面简洁、大方,检索功能也较强大。

(3)OA 图书馆

OA 图书馆(open access library,OAlib)最早提供了很多开放获取的数据库、资源的介绍和链接索引点,但是由于 OA 的数据库和资源比较分散,文件存储格式不统一,使用很不方便,故 OA 图书馆在已有资源的基础上,又利用 Google 的搜索技术建立 OA 内容的搜索。用户可以通过 OA 图书馆免费获取 360 余万篇涵盖所有学科领域的文章。

2.3.7.3 开放获取机构仓储

较之开放获取期刊,我国的开放获取机构仓储发展状况好一些,内地(大陆)、香港和台湾地区都建成了一些有特色的网站。

(1)内地(大陆)开放获取机构仓储

内地(大陆)有一些开放获取机构仓储,常见的如表 2-3 所示。

表 2-3　　　　　　　　内地(大陆)开放获取机构仓储一览表

OA 机构仓储名称	备注
厦门大学学术典藏库	厦门大学主办
北京大学生物信息中心(CBI)	CBI 成立于 1997 年,是欧洲分子生物学网络组织 EMBnet 的中国国家节点

OA 机构仓储名称	备注
北大法律信息网	北大英华公司和北大法制信息中心共同创办于 1995 年
首席医学网	隶属于北京华夏世通信息技术有限公司， 华夏时代(中国)投资集团投资创办
中国哲学书电子化计划	社会团体或私人自助
北极星书库	社会团体或私人自助
亦凡公益图书馆	社会团体或私人自助
全国文化信息资源共享工程	教育部牵头
中国学术会议在线	教育部科技发展中心主办
国家知识产权局	中国国家知识产权局主办

(2)香港地区开放获取机构仓储

表 2-4 为香港地区开放获取机构仓储一览表，其中：

①香港大学学术库无具体科目的分类，只提供检索服务，用户可按作者、题名、主题、类型、专业院系进行检索。此外，网站还有一些相关链接，如"名列前茅之港大学者""港大学者：著作发表指引""被引用最多的论文""使用及下载者统计"，等等。

②香港城市大学机构仓储和香港科技大学机构仓储有类似之处。如表 2-4所示，香港大学有学术库和论文库，香港城市大学有机构仓储和硕博士论文在线。学术库和机构仓储主要提供以下四个方面的内容：a.师生发表的论文；b.优秀本科生计划项目(OAPS)的论文；c.学生期末的作业项目论文；d.学生获奖项目论文。而论文库和硕博士论文在线则提供硕博士论文的查询和全文下载服务。香港的其他大学则只建了一个仓储，所有的内容都存储在这一个平台上。

③香港科技大学机构仓储始建于 2004 年，收录了香港科技大学教学科研人员和博士生提交的已发表和待发表的论文、会议论文、预印本、博士学位论文、研究与技术报告、工作论文、演示稿全文等。用户可以按院、系、机构、提交时间等分别浏览。检索途径有任意字段、作者、题名、关键词、文摘、标识符等。整个网页布局合理，栏目的设计也很简单和人性化。

④香港理工大学机构仓储库始建于 2010 年 9 月，存储内容广泛。其页面设计与香港科技大学机构仓储类似，风格大方而人性化。

表 2-4   **香港地区开放获取机构仓储一览表**

OA 机构仓储名称	网址
香港大学学术库 (The HKU Scholars Hub)	http://hub.hku.hk/
香港大学论文库	http://sunzi1.lib.hku.hk/hkuto/index.jsp
香港城市大学机构仓储	http://dspace.cityu.edu.hk/
香港城市大学硕博士论文在线	http://www.cityu.edu.hk/lib/digital/thesis/index.htm
香港科技大学机构仓储	http://repository.ust.hk/dspace/
香港理工大学机构仓储库	http://repository.lib.polyu.edu.hk/jspui/

（3）台湾地区开放获取机构仓储

台湾地区开放获取机构仓储见表 2-5。

表 2-5   **台湾地区开放获取机构仓储一览表**

OA 机构仓储名称	网址
台湾文藻外语学院机构典藏库	http://ir.lib.wtuc.edu.tw:8080/dspace/
台湾暨南国际大学机构典藏库	http://ir.ncnu.edu.tw/
真理大学机构典藏库	http://ir.lib.au.edu.tw/dspace/
台南应用科技大学机构典藏库	http://203.68.184.6:8080/dspace/
台湾元培科技大学图书馆机构典藏库	http://ir.lib.ypu.edu.tw/
嘉南药理科技大学机构典藏	http://lib.chna.edu.tw/ethesys/
嘉义大学机构典藏库	http://140.130.170.28:8080/ir/
台湾亚洲大学数位机构典藏系统	http://asiair.asia.edu.tw/ir/
台湾"中央"大学机构典藏	http://ir.lib.ncu.edu.tw/
台湾交通大学典藏库	http://ir.lib.nctu.edu.tw/
台湾"中山大学"机构典藏	http://140.117.120.62:8080/
台湾"清华大学"机构典藏库	http://nthur.lib.nthu.edu.tw/index.jsp
台湾学术机构典藏库	http://tair.org.tw/
台湾静宜大学硕博士论文系统	http://ethesys.lib.pu.edu.tw/ETD-db/
台湾大学学术期刊资料库	http://ejournal.press.ntu.edu.tw/main.php

台湾学术机构典藏库（Taiwan Academic Institutional Repository，TAIR）网站几乎综合了台湾地区所有大学的典藏库资源，典藏库中现有139所各类学术机构。用户可以在该网站进行综合查询，也可以进入每个大学的典藏结构进行单独查询。TAIR是台湾大学图书馆接受台湾教育事务主管部门委托，所建立的台湾学术成果入口网站，为台湾地区全体学术机构的共同成果。该网站的设计风格与表格中所列举的其他高校仓储的风格保持一致。

对台湾地区开放获取机构仓储进行综合评价与分析后，我们可以得出：

①台湾地区高校是建立开放获取机构仓储的主要力量。这类以学校机构为主建立的仓储网站上的开放获取资源，多是学校师生在校期间发表的论文，或学生的硕博士毕业论文，基本上可以全文免费下载。表2-5收录的只是这类机构仓储中具有代表性的一部分，台湾地区几乎所有的高校都建立了这种机构仓储。

②在信息组织方面，一般会按照专业和院系进行整体划分，根据院系又细分为期刊论文、会议论文、学科会计书。同时还提供了题名、作者、日期等检索方式。整个网页布局简单、大方、易用。

③并不是所有论文都能免费获取全文。因主办机构规模较小，一般储存的论文数量也比较有限。一般情况下，可以全文下载的论文数量都是小于能够查阅到的论文总数的。也就是说，并不是所有的论文都可以免费获取，有的只能查阅到题名、摘要等简单的信息。

分析后得出：

①我国香港和台湾地区的开放获取机构仓储的主导力量是各大高校，而在内地（大陆）地区，高校的参与度不高。内地（大陆）开放获取实践活动的主要组织者还是政府机构和一些相关部门，另外也有不少的公益性社会团体注入力量。

②由政府部门主导或者主办的网站，运营情况较好。它们一般信息更新及时，页面布局美观，栏目分类合理。

③在高校建立的机构性开放获取典藏库中，厦门大学学术典藏库是内地（大陆）高校第一个真正意义上的机构仓储。网站收录厦门大学相关会议的资料，以及厦门大学师生发表的论文。网站的整体设计风格与台湾地区大学的机构仓储极为类似。

④由社会团体组建的一些开放获取网站，整体的运营状况都不是很理想，远远比不过由政府部门主导建立的网站。其中，"中国哲学书电子化计划"的目的在于开发一个在线电子书系统，它将中国的古代哲学书及相关的原典文献加以电子化，并提供交叉索引等工具，以便于中外学者学习和研究这些古书。相较于其他社会团体组建的开放获取网站，该网站的运营状况较好。

2.3.7.4 对我国开放获取实践现状的总体评价

总体而言,我国开放获取网站呈现出以下特点:

①我国 OA 仓储资源比较匮乏。国内 OA 仓储平台分散,平台上发表的文章数量较少。多数网站的内容更新较慢。信息更新也不够及时,网站活力不够,影响力有限。这方面的缺憾突出表现在综合性开放获取网站。

②专业性仓储有待发展。国外的学科仓储大都集中在单个或少数学科领域,专业性很强,如前文提到的 BMC 等。而我国开放获取出版平台多为综合性仓储,中国科技论文在线和中国预印本服务系统都覆盖了 43 个学科领域。因此,在专业性仓储建设方面,还有待进一步提高。

③开放获取期刊发展缓慢。国内的大多数开放获取期刊实际上是传统纸质期刊的网络版,真正采取同行评议的 OA 期刊十分少见。究其原因,与我国科研和教育部门的评价制度有关,诸如评职称等不采纳开放获取期刊,从而影响了我国开放获取期刊的发展水平与世界接轨。

2.4 数 据 出 版

正如前文所述,开放数据是开放科学的重要分支,而数据出版就是推动数据开放的重要手段。

2.4.1 相关概念辨析

2.4.1.1 开放数据

欲了解数据出版,应先从科学数据等概念谈起。科学数据(也称研究数据)是产生或收集后有待进一步检查并作为推理、讨论或计算基础的信息,尤其是事实或数字信息,如统计数据、实验结果、测量结果、实地观察记录、调查结果、访谈记录、图像等[①]。

科学数据是学术资源开放获取的重要组成部分和大数据时代数据开放共享的重要内容范畴。目前,开放数据尚未有统一定义,不同学者和机构对之有不同

---

① European Commission. Horizon 2020[EB/OL]. [2021-09-21]. http://ec. europa. eu/research/participants/data/ref/h2020/grants_manual/hi/oa_pilot/h2020-hi-oa-pilot-guide_en.pdf.

理解。一般认为,开放数据是指数据可被任何人自由、公开地获取、使用与再使用,不受版权或专利等条件的限制。也有机构直接从出版运作的角度定义开放数据,如,学术出版与学术资源联盟(SPARC)主张开放数据为科学数据的一种新型学术出版模式和理念。

全球开放数据运动始于美国。(见前文 2.1 节所述,此处不再赘述。)在美国之后,2010 年 1 月,英国的"data. gov. uk"正式投入使用,它通过纳入大量政府数据的方式,使公众更便捷地获取政府数据及相关服务。2011 年 9 月 20 日,巴西、印度尼西亚、墨西哥、挪威、菲律宾、南非、英国、美国等 8 个国家联合签署《开放数据声明》,成立开放政府合作伙伴组织。

2012 年 7 月 16 日,约翰威立国际出版集团(John Wiley & Sons Inc.)联合其合作伙伴英国皇家气象学会发行新期刊 *Geoscience Data Journal*(GDJ)。该刊在线发行,主要发表地球科学数据短篇论文,是 Wiley 开放获取出版计划的一部分。这些论文与存放在数据中心(经认可的)的数据集和数字对象识别符存在交联关系。

2013 年 6 月,法国、美国、英国、德国、日本、意大利、加拿大和俄罗斯 8 个国家的首脑在北爱尔兰峰会上签署了《开放数据宪章》,承诺进一步向公众开放可机读的政府数据。《开放数据宪章》提出了开放数据五原则:数据开放为本、注重质量与数量、让所有人使用、为改善治理而发布数据、发布数据以激励创新。

一些联盟机构也建立了开放科学数据系统,如,英国的 DCC(Digital Curation Center)对受国家基金资助的科学研究过程产生的数据进行监管、存档并对外开放;一些知名大学,如哈佛大学、耶鲁大学、斯坦福大学、杜克大学等也纷纷成立了专业数据监护组织,承担本校科研数据的管理和开放工作;一些出版机构也进行了开放数据的尝试。

Nature 出版集团于 2014 年 5 月正式推出在线出版的开放获取杂志 *Scientific Data*。读者可以通过 *Scientific Data* 在线数据平台,对科学数据进行访问和检索。

剑桥大学 Peter Murray-Rust 教授以化学实验为例,阐述了数据开放对科研的必要性,提出了支持开放数据的八大论据:①数据属于全人类,如人类基因组、生物、医疗、环境数据;②公共资金支持了这些研究,故其数据应被广泛获取;③数据由政府机构产生或为政府所拥有;④事实性数据不应受到法律上的版权保护;⑤只有科学研究产生的数据能被自由获取到,其赞助者才能得到最大化的价值;⑥限制会使数据的再使用产生"反公共体"(anti-commons);⑦人类公共活动的正常运行需要数据支持;⑧更佳的数据获取能提升科研新发现的概率。

2015 年 8 月,国务院印发了《促进大数据发展行动纲要》(国发〔2015〕50

号),提出:加快建设国家政府数据统一开放平台,制定公共机构数据开放计划,于 2020 年底前,逐步实现信用、交通、医疗、卫生、就业、社保、地理、文化、教育、科技、资源、农业、环境、安监、金融、质量、统计、气象、海洋、企业登记监管等民生保障服务相关领域的政府数据集向社会开放。

2.4.1.2 数据出版

正如 SPARC 的主张,开放数据为科学数据(scientific data)的一种新型学术出版模式和理念。实现开放数据的途径是数据出版(data publishing 或 data publication),亦称科学数据出版。

关于数据出版,不少研究者和机构都对其进行了释义或辨析。从出版的角度看,正式的数据出版,不仅可揭示数据集的科学质量和重要性,也能为数据生产者带来声誉,同时还意味着对数据长期保存的承诺和面向数据消费者的数据增值。

吴立宗等学者认为科学数据出版是学术共同体中的学术期刊、学术机构或学术社群等主体从科学研究的角度,对研究人员产生的科学数据及相关信息进行同行评议、编辑加工等,使之符合一定规范和标准并能为学术界方便地获取和利用的过程。[①] 这个定义强调数据出版的主体及流程的规范性。

我国数据期刊《全球变化数据学报》对数据出版的内容描述得较为简洁:数据出版包括元数据、数据论文和实体数据一体出版。《全球变化数据学报》进一步解释了其中涉及的名词:元数据是对数据予以介绍的数据;数据论文是一种对数据给予说明以及对数据的产生的创新性和可靠性给予论证的说明论文;实体数据是数据出版的核心,实体数据可以有各种不同的数字化数据格式。

我国代表性的数据期刊《中国科学数据》对"科学数据出版"的解释:科学数据出版是科研人员与数据工作者按照规范的质量管理和控制流程,以数据论文的方式,通过互联网公开发布其通过观察、实验、计算分析等科研过程所产生的原始数据,或通过对已有的数据进行系统化收集、整理和再加工后形成的数据产品,使得其他使用者能便捷地发现、获取、理解和再分析利用,且可在科研论文及相关科研成果中引用。

上述解释可以提炼出数据出版强调的几大要素:①出版的主体——传统出版机构或新型网络出版平台;②出版过程中的规范性——"按照规范的质量管理和控制流程""进行同行评议、编辑加工等";③产品的内容和形式——"原始数据"或"系统化收集、整理和再加工后形成的数据产品"或"科学数据论文";④保

① 吴立宗,王亮绪,南卓铜,等. 科学数据出版现状及其体系框架[J]. 遥感技术与应用,2013,28(3):383-390.

存和利用——"数据长期保存"和"方便地获取和利用"。笔者认为《中国科学数据》对数据出版的解释较为全面。

2.4.1.3　数据论文

上述数据出版的定义中出现了"数据论文"一词,数据论文(data paper)也称科学数据论文,可被简单地描述为:数据论文是指按照学术规范正式出版的,可被检索的元数据文件,用以描述单个或一组可在线访问的数据集。

《中国科学数据》对"科学数据论文"也做了详细、全面的解释:科学数据论文是结合传统期刊论文内容和结构化描述模式,对具有科学价值的某类或某个数据集进行规范化描述所形成的科学研究论文,遵守 CCBY 4.0 协议(Creative Commons Attribution 4.0 International License,知识共享-署名-国际许可)在线发表,能够使数据更具发现性、引用性、解释性和重用性。数据论文应当提供数据集的描述细节,包括数据收集和加工处理方法、数据质量评估和验证方法、便于理解和使用数据的相关信息等,但不包含新的科学假设。完整的数据论文出版应包括数据论文和对应数据集两部分,二者通过唯一标识符实现一致性关联,经同行专家评议保障数据的高质量与可读性。

2.4.2　数据出版的作用

科学数据是学术成果的重要组成部分,也是数字时代学术资源开放共享的重要内容范畴,而数据出版正是使科学数据能够被社会广泛而有效利用的一种手段。数据出版有着重要的作用和意义,主要体现在:①对作者而言,有利于拓宽其研究数据的利用面、快速展示其研究成果,同时保护其知识产权。②对公众而言,数据出版能够为公众提供更多获取、利用科学数据的平等机会,有利于创造社会价值。③对学术期刊而言,数据出版是一种新型出版模式,是推动科学数据共享的最根本途径,开展数据出版能够提高学术期刊的影响力。④数据出版重点解决数据知识产权的问题,对我国来说,开展数据出版有利于信息安全。我国每年有大量科学数据产生,而在现行学术评价体系的导向下,这些数据纷纷涌向国外的科技期刊,造成科学数据外流,其知识产权也随之外流。开展数据出版,可以使数据被相对安全地存储、掌握在国内,从而有效保护知识产权,保证数据被合理、有效地共享而不被过度分析挖掘形成信息安全隐患。

2.4.3 数据出版的模式

数据出版的模式,也可称为数据出版的实现途径或方式。Lawrence 等[1]较早提出数据出版的五种模式:独立数据出版、学术论文辅助数据出版、附录数据出版、期刊数据档案出版、数据论文出版。中国学者刘凤红等[2]进一步将数据出版总结为三种模式:独立数据出版、数据论文出版、作为论文关联和辅助资料的数据出版。从数据出版的实践活动看,中国学者的归纳更为合理。随着数据数量激增和出版流程更加规范,三种模式正逐步相互融合和转化。例如,一些数据期刊明确要求数据论文需存储于公共存储库;在尊重和遵守相应版权协议的前提下,作为论文附属资料的数据也可通过数据论文形式再次发表[3]。对三种模式的具体描述如下:

①独立数据出版。这种模式也称数据知识库模式,该模式是指作者将数据上传至开放获取数据知识库(data repository)以供用户利用。数据知识库又称为数据仓储、数据中心等,它是为具有研究价值的数据提供长期存档、管理、出版及利用的数据平台。数据知识库通常被划分为通用型和学科型,著名数据知识库包括 Dryad、Figshare、Harvard Dataverse、Zenodo、GenBank 等。其中,著名的 Dryad 国际数据存储库由期刊出版社、科研团体和其他利益相关者共同管理,截至 2017 年 12 月,Dryad 在全球范围内拥有 20 家会员单位,包括美国科学促进会、BMJ 出版集团、牛津出版社、Wiley 出版集团等大型知名出版单位。[4]此外,Dryad 与 656 种期刊社建立合作关系,支持期刊社开展数据出版活动。Dryad 的数据提交流程已与很多在线稿件处理系统整合,以满足不同期刊数据出版的需求[5]。

②数据论文出版。这种模式是指将科学数据作为一种文本文献进行出版,包括发表在专门数据期刊的数据论文和综合性数据期刊的数据论文。数据论文与传统学术论文最大的不同在于数据论文重点描述科学数据本身,而不是描述

① LAWRENCE B, JONES C, MATTHEWS B, et al. Citation and peer review of data:moving towards formal data publication [J]. International Journal of Digital Curation,2011,6(2):4-37.

② 刘凤红,崔金钟,韩芳桥,等.数据论文:大数据时代新兴学术论文出版类型探讨[J].中国科技期刊研究,2014,25(12):1451-1456.

③ 张恬,刘凤红.数据出版新进展[J].中国科技期刊研究,2018,29(5):453-459.

④ 张恬,刘凤红.数据出版新进展[J].中国科技期刊研究,2018,29(5):33-39.

⑤ 同注③。

基于科学假设和科学问题的研究结果。[①] 专门数据期刊出版对象全部为数据论文,如 *Scientific Data*(Springer Nature 2014 年推出开放获取的综合性数据期刊,网址:https://www. nature. com/sdata/)、*Earth System Science Data*(Copernicus Publications 出版的开放获取数据期刊,网址:https://earth-system-science-data. net/)等即为专门数据期刊模式;综合性数据期刊,在出版数据论文的同时,也出版综述、研究论文、会议报告等其他类型的文献。

③作为论文关联和辅助资料的数据出版,即论文数据附件模式。在这种模式中,数据往往作为论文的附件、附录而出版或存储到期刊指定的数据仓储并建立论文和数据的关联。

2.4.4 数据出版的流程[②]

论文数据附件模式和数据论文模式的出版流程遵循传统期刊出版流程或数据期刊的出版流程。数据仓储(独立数据出版模式)已经形成了一套比较固定的工作流程,即数据提交、数据存储、数据审核和数据发布四个方面,具体如下:

①数据提交。一般由数据生产者自助将数据集存入科学数据仓储。作为平台方,数据仓储为了帮助作者完成数据提交,必须编制详细的提交指南,指南通常包括四个部分,即提交原因、提交准备、提交流程及提交后对数据集的处理。其中,"提交原因"是帮助用户理解为什么使用该仓储,以及将数据集存储入该仓储的益处;"提交准备"旨在帮助用户在提交前准备数据集,包括描述数据集、规范数据集格式、剔除数据集中隐私数据等;"提交流程"是存储指南的核心内容,旨在帮助用户使用在线提交平台;而"提交后对数据集的处理"是存储服务的后续工作,通常是指人工质量审核等。

也有数据仓储采用协助提交方式,即由科学数据仓储的工作人员协助数据生产者将科学数据存入仓储中。工作人员通常需要对科学数据进行评估以判断是否适合本仓储,对科学数据进行格式化调整以利于提交或保存,帮助数据生产者将数据上传至仓储。

②数据存储。数据提交后,科学数据仓储需要用相关的科学数据元数据框架对数据进行描述、标引、分类和存储。描述,一般是指采用科学数据的元数据和数据标识符等进行描述(详见 2.4.5 节"数据出版的质量控制");标引,一般是指对文献对象进行主题词、人名、地名和类号标引;分类的主要依据一是基于学

---

① 王丹丹. 数据论文:数据集独立出版与共享模式研究[J].情报资料工作,2015(5):95-98.

② 王舒,黄国彬. 国外科学数据仓储的数据出版流程研究[J]. 数字图书馆论坛,2021(1):60-66.

科专业,二是基于实验环境与科学数据创建方式(如实验获得、观测获得等),三是基于科学数据的表现形式(如文本型、数据型等)等;在存储方面,数据仓储对格式有严格要求,会有统一的部署(详见 2.4.5 节"数据出版的质量控制")。

③数据审核。数据审核方式主要有人工审核与自动审核两种。人工审核是指科学数据仓储专门的质量审核人员,在数据集提交前后对数据质量进行审核。自动审核是指在数据提交过程中,数据存储系统的校验工具对上传的数据集质量进行审核。如 Harvard Dataverse 在数据提交过程中,由提交系统自动对数据集的格式、元数据进行审核,以确认数据集的运行状况和元数据的完整性。

质量审核的内容包括数据集及其元数据,数据集质量包括技术质量与科学质量。技术质量涉及数据集本身的完整性、描述的充分性等方面。科学质量是指数据集收集方法的评价、科学数据的合理性和再使用的价值。目前,科学数据仓储对数据集本身的质量审核侧重技术质量(参见 2.4.5 节"数据出版的质量控制")。

④数据发布。数据出版的最终实现,是通过一定的渠道将其发布出来。不同科学数据仓储,其数据集发布渠道不同。目前,科学数据仓储的数据发布渠道包括:a. 本仓储的数据目录渠道。这是主要的发布渠道,发布的信息一般包括数据集本身、元数据信息和使用许可协议。b. 相关期刊论文渠道。对于有来源文献的科学数据,科学数据仓储通常将期刊论文作为发布数据的补充渠道。来源文献中需要注明数据集的存储地址和访问方式,以此来发布科学数据。c. 集成数据目录渠道。集成目录也是科学数据仓储发布数据集的渠道之一,如 CEDA (Centre for Environmental Data Analysis)允许科学数据的元数据被 NERC(the Natural Environment Research Council)的数据目录(NERC Data Catalogue,主要收录环境科学数据)收割。通过集成目录发布数据集的元数据,增加了数据集被发现的可能性。

2.4.5　数据出版的质量控制[1][2][3]

数据知识库本身并不产生数据,而是与期刊出版商、学术团体、研究机构、图书馆、个人等合作,接收来自这些合作方的数据并对其进行筛选与审查,以便后续的数据管理、存储和发布。数据质量控制贯穿于此过程中,力求使接收的数据

① 刘兹恒,涂志芳. 数据出版及其质量控制研究综述[J]. 图书馆论坛,2020,40(10):99-107.
② 涂志芳,刘兹恒. 我国多学科领域数据出版质量控制最佳实践研究[J]. 图书馆杂志,2020,39(9):70-77.
③ 涂志芳,刘兹恒. 国外数据知识库模式的数据出版质量控制实践研究[J]. 图书馆建设,2018(3):5-13.

达到出版标准。针对数据知识库的质量控制,包括数据格式、元数据、数据标识符及数据评审等内容。

(1)数据格式

经过数据提交环节,就进入数据存储环节。文件存储时对数据格式有统一部署,格式兼容性最大化才能最大限度地方便用户获取和利用。因此,数据知识库十分重视对数据格式的检查和转换工作。

数据所采用的格式及软件取决于研究人员如何收集、分析数据,通常依照特定标准和惯例来选择最适合的一种或几种;在完成数据分析与处理后进行数据存储时,则需要将其转换为标准的、常用的、可转换的、持久的且用户友好的格式,以保障长期利用。例如,UK Data Archive[1] 数据知识库会根据学科范围,数据类型、特点,为定量数据、定性数据、地理空间数据、图像、视音频、文档、脚本等数据类型分别推荐常用的和非常用但可接受的数据格式,如定量数据推荐.sav、.dta 等格式,文本性定性数据推荐.xml、.rtf、.txt、.html、.doc 等格式,音频数据推荐.mp3、.aif、.wav 格式。

(2)科学数据的元数据

科学数据的元数据是关于科学数据内容、质量、条件状态及其他特征的描述,具有数据管理、数据质量控制、数据发现、数据利用等功能。数据知识库接收到数据后,对照所采用的元数据标准方案,对元数据进行检查、修正和完善。

数据出版所采用的元数据包括通用元数据标准和特定学科/行业的元数据标准。《信息与文献 都柏林核心元数据元素集》(ISO 15836:2003)是国际上广泛应用的通用元数据标准,具有很强的扩展性和移植性,现有各类元数据方案大多参考都柏林核心元数据元素集而设计。

数据知识库在接收数据时,往往对元数据进行检查、评审、验证、完善等工作,以保障元数据完整、准确、科学并与所描述的数据事实相匹配。

(3)数据标识符

与传统出版一样,在数据出版中,还需统一数据标识符。数字对象标识符、统一资源名称(URN)、开放链接(OpenURL)、句柄系统(Handles)等是目前应用较多的数据标识符,其中尤以 DOI 的应用和研究最为广泛。

DOI 是对包括互联网信息在内的数字信息进行标识的一种工具,它也是一套识别数字资源的机制,既有一套为资源命名的机制,也有一套将识别号解析为具体地址的协议。数字对象唯一性、永久性是 DOI 的典型特征,DOI 也是数字

---

① UK Data Archive,网址为 https://www.data-archive.ac.uk/,英国最大的社会科学和人口研究数据仓储。

出版物的"身份证"号码,它的体现形式主要包括二维码、条形码、字符码、网络域名等。与 DOI 相对应,传统的出版物中的书刊、磁带、光盘都有国际标准编号(ISBN、ISSN、ISCN)及其条形码,它们也是传统出版物的"身份证"。

DOI 由国际 DOI 基金会(International DOI Foundation,IDF)管理,该基金会于 1998 年成立。DOI 于 2010 年通过了国际标准化组织 ISO 认证,为"信息与文献"领域的一项标准,标准号为 ISO 26324(文献和情报数字化对象识别符体系)。此后,DOI 广泛应用于数字化图书、期刊、数据等类型内容的学术出版。DOI 用于数据出版便于数字版权管理、元数据动态更新、数据规范引用,可提高数据的可发现性、可获得性和可利用性。在实际的数据出版中,DOI 由注册代理机构及其成员机构负责分配,如中国知网的"国际 DOI 中国出版物注册与服务中心"(http://doi.cnki.net/)等。

（4）数据评审

目前,数据知识库的数据质量控制主要集中在技术性审查,对数据本身的科学评审开展得相对较少。技术性审查主要从技术标准层面对数据及数据文档进行完整性的控制,确认数字资产的完整性、评价数据集的完整性,以及评估数据文档的完整性,但目前有相当一部分数据知识库不进行同行评议或只进行内部评审。

针对数据期刊的质量控制主要遵循传统期刊出版的同行评议方式,不同出版社有不同做法,如,Nature 规定数据评议编委会必须包括至少 1 名数据标准审核专家,对作者提交数据的质量进行评估,从而确保实验数据的完整性和可重用性;Elsevier 要求期刊编辑在评议文章时对数据的时效性、客观性及来源的真实性等进行初步评估。另有期刊与数据知识库合作进行数据管理,如 PLOS 与 Dryad 合作进行数据审查,PLOS 的作者将数据提交到 Dryad 后,数据与论文分别接受评审,数据和论文同时出版[①]。

针对数据论文的同行评议包括封闭式和开放式两种形式,侧重考查前期质量控制、论文和数据的一致性、论文中数据的质量、论文中数据的可用性、论文中数据的功用和贡献度等内容[②]。

目前,学界对科学数据同行评议缺少准确的理解,对数据评议与传统出版物评议的关联与区别尚在探索中。学者张小强、李欣指出应"制定数据出版用稿规范",以解决两个方面的问题:其一,评审机制。评审规范的建立需要考虑两个方

---

①　吴蓉,顾立平,刘晶晶.国外学术期刊数据政策的调研与分析[J].图书情报工作,2015,59(7):99-105.

②　刘传玺.数据论文概念辨析及其同行评审研究[J].图书馆杂志,2016,35(9):76-80,93.

面的因素。一是内部因素,主要指数据出版所出版的数据本身的质量,在评审规范中对数据的质量、规范性、真实性等因素作出具体的衡量标准;二是外部因素,如对评审者的素质要求、评审机制的完善等。其二,具体用稿机制。与传统论文出版不同,数据出版会涉及多个主体之间的合作,主体之间如何配合形成科学用稿机制是值得研究的问题①。

2.4.6 我国的数据出版实践活动

我国对数据出版工作比较重视。2018 年 2 月,科技部和财政部印发《国家科技资源共享服务平台管理办法》,以进一步推动相关工作。2018 年 3 月,国务院办公厅颁发《科学数据管理办法》,旨在加强和规范科学数据管理,保障科学数据安全,提高开放共享水平,更好支撑国家科技创新、经济社会发展和国家安全。目前,我国数据出版已经形成了"数据中心"和"数据中心＋数据论文"两种模式。"数据中心"模式实际上就是数据仓储模式,它主要专注于平台的建设与管理、数据更新与维护、数据共享与使用。"数据中心＋数据论文"模式在建设和维护数据平台的同时,也聚焦数据的共享、使用、增值及规范传播,数据中心是基础,数据论文是拓展,两者共同构成数据管理与共享。②

2.4.6.1 数据中心模式

我国的"数据中心"(数据仓储)以国家科学数据中心和中国科学院科学数据库为代表,另外一些高校及图书馆也组织建设了数据平台。

(1)国家科学数据中心

国家科学数据中心是科学数据管理的"国家队",在政策保障、经费支持、建设与服务水平方面极具代表性。2019 年 6 月,《科技部 财政部关于发布国家科技资源共享服务平台优化调整名单的通知》(国科发基〔2019〕194 号)确定国家科技资源共享服务平台优化调整名单,包括 20 个国家科学数据中心和 30 个国家生物种质与实验材料资源库,纳入国家科技基础条件平台体系给予支持,科学数据管理实践在国家层面得到有力的政策和条件保障。国家科学数据中心名单如表 2-6 所示。

---

① 张小强,李欣. 数据出版理论与实践关键问题[J]. 中国科技期刊研究,2015,26(8):813-821.
② 涂志芳,刘兹恒. 我国多学科领域数据出版质量控制最佳实践研究[J]. 图书馆杂志,2020,39(9):70-77.

表 2-6　　　　　　　　　　　　　　国家科学数据中心名单

序号	国家平台名称	依托单位	主管部门
1	国家高能物理科学数据中心	中国科学院高能物理研究所	中国科学院
2	国家基因组科学数据中心	中国科学院北京基因组研究所	中国科学院
3	国家微生物科学数据中心	中国科学院微生物研究所	中国科学院
4	国家空间科学数据中心	中国科学院国家空间科学中心	中国科学院
5	国家天文科学数据中心	中国科学院国家天文台	中国科学院
6	国家对地观测科学数据中心	中国科学院遥感与数字地球研究所	中国科学院
7	国家极地科学数据中心	中国极地研究中心	自然资源部
8	国家青藏高原科学数据中心	中国科学院青藏高原研究所	中国科学院
9	国家生态科学数据中心	中国科学院地理科学与资源研究所	中国科学院
10	国家材料腐蚀与防护科学数据中心	北京科技大学	教育部
11	国家冰川冻土沙漠科学数据中心	中国科学院寒区旱区环境与工程研究所	中国科学院
12	国家计量科学数据中心	中国计量科学研究院	市场监管总局
13	国家地球系统科学数据中心	中国科学院地理科学与资源研究所	中国科学院
14	国家人口健康科学数据中心	中国医学科学院	卫生健康委
15	国家基础学科公共科学数据中心	中国科学院计算机网络信息中心	中国科学院
16	国家农业科学数据中心	中国农业科学院农业信息研究所	农业农村部
17	国家林业和草原科学数据中心	中国林业科学研究院资源信息研究所	林草局
18	国家气象科学数据中心	国家气象信息中心	气象局
19	国家地震科学数据中心	中国地震台网中心	地震局
20	国家海洋科学数据中心	国家海洋信息中心	自然资源部

　　科研院所是现阶段国家科学数据中心建设的主力军。表 2-6 中 19 个数据中心依托科研院所,只有一所依托北京科技大学。国家科学数据中心平台一般还包含若干子数据库。在工作机制方面,数据中心根据学科特点采用合理的数据分类方式和工作体系;各中心还制定了适用的标准、规范,发布该中心适用的数据管理规定,比如数据提交流程、数据元数据相关规定、论文标注规范,等等。

在服务方面,各中心普遍提供数据检索服务和数据分类导航服务。大部分数据中心还提供元数据数量、数据资源总量、在线访问量、累计下载量、注册用户数量等的统计,等等。

(2)中国科学院科学数据库

中国科学院科学数据库也是中国数据仓储中的生力军。中国科学院科学数据库的建设始于1987年。根据中国科学院数据云官网介绍,科学数据库数量在58个以上,包括人地系统主题数据库、化学专业数据库、资源环境遥感数据库、中国淡水鱼类物种鉴别专业数据库、中国动物数据库、亚热带农业生态系统要素数据库等。

在政策与经费支持方面,科学数据库受到中国科学院"信息化建设重大专项""科技数据资源整合与共享工程""科学大数据工程"等专项支持,其中空间科学主题数据库等11个数据库同时得到国家科技基础条件平台的支持或是国家科学数据中心的原有基础。

"十二五"期间,面向科技创新和科研信息化需求,中国科学院启动"科技数据资源整合与共享工程"建设。在中国科学院的统一部署下,中国科学院计算机网络信息中心作为科学数据库牵头建设和技术支撑单位,于2015年底,"科技数据资源整合与共享工程"项目系统地整合了58家单位的数据库,初步实现了以基础设施云服务、科研数据云服务、数据应用云服务为主体的服务体系,逐渐建设形成共享开放、服务创新的国家级科技数据中心。2019年7月,中国科学院数据云推出。科学云是在保留原有科学数据库服务的基础上进行整合的。网站提供数据汇集、数据管理、数据发现、数据分析等主要功能,具体来说,包括元数据信息录入,数据文件上传和存储,出具许可协议,数据质量审核与发布,数据更新,统计报表,搜索、导航与分享,引用评价、数据使用反馈、影响力评价等。

(3)高校及图书馆的数据平台

除了国家科学数据中心和中国科学院科学数据库外,高校及图书馆也建设有数据管理平台。复旦大学社会科学数据研究中心于2011年成立,其使命是收集、整理和开发中国社会经济发展数据,开展相关数据服务、社会调查和学术研究。

北京大学图书馆、国家自然科学基金-北京大学管理科学数据中心、北京大学科学研究部、北京大学社会科学部联合推出了"北京大学开放研究数据平台",平台以"规范产权保护"为基础,以"倡导开放科学"为宗旨,鼓励研究数据的发布、发现、再利用和再生产,促进研究数据引用的实践和计量,并探索数据长期保存,培育和实现跨学科的协同创新。目前,平台已经收录了北京大学中国调查数据资料库(包括中国家庭追踪调查、中国健康与养老追踪调查、北京社会经济发展年度调查等),北京大学健康老龄与发展研究中心,北京大学可视化与可视分析研究组,北京大学生命科学学院生物信息学中心等跨学科的开放数据。其中汇聚了一批国内具有极高影响力的精品调查数据,如"中国家庭追踪调查""中国健康与养老追踪调查"等精品调查数据。

此外,武汉大学、华中科技大学及上海的图书馆等也建有数据共享平台。目前,尽管这些数据平台的数据积累量较小、增长较为缓慢,但仍不失为高校及图书馆机构探索数据管理与共享的有益尝试。

2.4.6.2 "数据中心＋数据论文"模式

目前,以《中国科学数据》《全球变化数据学报》等为代表的探索实践初显成效。以数据论文出版过程中数据论文与所属期刊及关联数据存储的关系、数据出版的背景与动因等作为划分依据,可将"数据中心＋数据论文"模式下的探索实践划分为三类,即"数据论文＋数据集指定存储""'数据论文和数据仓储'一体化""数据论文＋期刊论文＋数据平台"。

(1)"数据论文＋数据集指定存储"模式

所谓"数据论文＋数据集指定存储"模式,即以创建新型数据期刊为前提出版数据论文,并将数据论文所描述的数据集存储到指定知识库,数据期刊可独立于数据平台之外的模式。《中国科学数据》是该模式的代表。

下面以《中国科学数据》为案例,详尽阐述相关内容[①]:

①《中国科学数据》案例概述。

《中国科学数据》(*China Scientific Data*)创办于2016年6月,是面向多学科领域科学数据出版的中英文期刊,由中国科学院主管,中国科学院计算机网络信息中心和国际数据委员会(CODATA)中国全国委员会合办。该刊致力于科学数据的开放、共享和引用,推进科学数据的长期保存与数据资产管理,探索科学数据工作的有效评价机制,推动数据科学的发展,促进科学数据的可发现(findable)、可访问(accessible)、可理解(intelligeble)、可重用(reusable)。其重点关注生命科学与医学、地球系统科学、空间科学与天文学、物理学、化学化工、材料科学与工程、信息科学、社会科学等领域的基础数据及数据产品。

《中国科学数据》为开放获取期刊,它所发布的论文均遵守CCBY 4.0协议,读者可免费浏览和下载论文及其关联数据。

②《中国科学数据》出版相关制度。

《中国科学数据》建立了严格的出版制度,包括投稿、数据存储、同行评议等

---

① 本案例资料来自《中国科学数据》官网。

流程都有相关规定。相关规定如下：

a. 作者所投稿的数据论文对应的数据集须具有清晰的知识产权所属关系，即数据论文的作者具有或被授权具有全权处置数据集的权利，能够自主地安排数据集的开放共享相关事宜。

b. 数据质量。数据论文所描述的数据集应遵循严谨的数据生产与加工方法，采取有效的质量控制措施，并能在数据论文中对上述信息及关于数据集生产背景、内容组成、大小和数据格式等方面的信息做充分介绍。

c. 数据论文。数据论文应当详细描述其所对应的数据集，包括数据集采集和处理方法，数据样本描述，数据质量控制和评估，以及数据价值、数据使用方法和建议等其他便于理解和使用数据的相关信息等。但论文中不应当包括新的科学假设、新的观点、新的科学方法等内容（此类内容一般发表于研究论文中）。

d. 数据存储库。《中国科学数据》规定投稿的作者必须将数据集提交至刊物认可的数据存储库（该刊指定数据库为 Science Data Bank，网址为 https://www. scidb. cn/en）以便论文评审。所谓"认可的数据存储库"，必须符合行业领域通用规范，其数据组织得当，可公开访问，能提供长期、稳定的服务，便于读者查询获取。中国科学院计算机网络信息中心建设的 Science Data Bank 是一个公共的通用型科学数据存储库，是国家基础学科公共科学数据中心的指定存储库，旨在为科研工作者、科研团队、学术期刊社、科研机构及高校提供数据在线存储、数据在线汇交及管理、数据长期保存、数据共享和数据出版及数据在线获取服务。2020 年 9 月 25 日，中国科学院计算机网络信息中心自主研发的 Science Data Bank 被 Scientific Data 和 Springer Nature 收录到其推荐的通用型数据存储库名单，成为继 Dryad、Figshare、Harvard Dataverse、OSF、Zenodo、Mendeley Data 之后的第 7 家被收录的通用型存储库。同时，Science Data Bank 也是该名单中唯一一家中国自主建设维护的存储库平台。Science Data Bank 数据发布流程如图 2-6 所示。

e. 同行评议制度。《中国科学数据》采用严格的同行评议制度。数据论文评审流程主要包括责编初审、数据初审、同行评议（大众评议）、责编委复审、编委会投票等主要环节。来稿论文通过编辑部初审（含数据质量审核）即于出版平台 I 区在线发布，同时接受同行评议和大众评议。通过全部审核步骤后的论文则由编辑部组织正式发表于 II 区。该出版平台在线公开全部评审意见与反馈，并根据实际处理进度及时发稿。该刊设有"评审中论文"栏目并公开在审论文的全文信息，设有"近期来稿"栏目提供摘要、关键词和作者信息，在一定程度上实现数据论文出版过程的公开、透明。

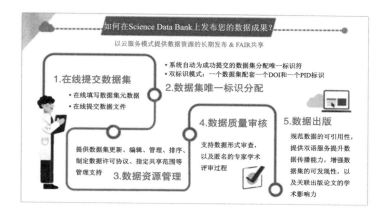

图 2-6　Science Data Bank 数据发布流程

f.论文发表费用。在《中国科学数据》发表论文需缴纳费用 3000 元/篇,用于:(a)论文版面费。主要涵盖不少于两名资深同行评议专家评审,中英文双语专业审校,美术编辑与设计排版,多版本(html/PDF)在线稳定服务,持续增加的数据库收录。(b)数据长期保存费。主要涵盖 10GB 十年归档保存的标准服务,稳定可用的数据统一标识,标准化的元数据与简单易用的数据描述。(c)数据深度加工与价值增值服务。

③案例小结。

总的来说,首先,《中国科学数据》拥有中国科学院院士等主编和学术实力强大的编委会,是国家网络连续型出版物的首批试点刊物,得到国家科技基础条件平台的指导和中国科学院的有力支持与保障,并通过中国全国委员会与国际数据委员会产生深度联结,在国内支持和国际联络方面均有良好的发展基础。

其次,从出版结果及其影响力看,《中国科学数据》创刊后发表了中国科学院、北京大学等诸多高校和科研院所研究人员的数据论文,并且入选中国科学引文数据库(Chinese Science Citation Database,CSCD)。

最后,《中国科学数据》与 Science Data Bank 合作办刊,数据平台具有领域认可度,符合行业规范,管理严格,已经得到国际认可。

(2)"数据论文和数据仓储"一体化模式

数据论文和数据仓储共同存储在一个数据平台,相互之间实现元数据、数据集(实体数据)和数据论文的一体化,这种模式被称为"数据论文和数据仓储"一体化模式。我国的《全球变化数据学报》是典型代表。①

---

① 相关资料引用自《全球变化数据学报》官网。

①《全球变化数据学报》案例概述。

《全球变化数据学报》创办于 2017 年 3 月,月刊,由中国科学院地理科学与资源研究所和中国地理学会主办,国际数据委员会发展中国家任务组、肯尼亚 Jemo Kenyatta 农业与技术大学(JKUAT)、数字化林超地理博物馆联合协办,旨在发布和传播全球变化及相关领域的数据论文。

全球变化科学研究数据出版系统于 2016 年 6 月正式推出,是元数据、数据集、数据论文关联一体出版的平台,包括全球变化数据仓储(中英文)和《全球变化数据学报》(中英文)两大主要组成部分。平台具有数据总量统计、网站访问统计、论文数量统计、被引次数统计、数据影响力统计等功能;设有期刊期号导航和地区分类导航栏目;设有用于数据集和数据论文的存储与检索栏目;有数据集和数据论文浏览及下载次数排行榜。

在制度方面,《全球变化数据学报》要求数据署名作者文责自负。发表于该刊的论文必须:a. 具有自主知识产权;b. 符合中华人民共和国有关法规、保护个人隐私和遵循相关科学研究项目的相关政策规定;c. 保证科学数据集(库)的真实性,即没有任何作假数据(部分或全部,包括数据产生过程)包含其中;d. 首次出版(每个数据集、数据库只能出版一次,已经出版的数据不可以重复出版,更新数据集、数据库不包括在内)。《全球变化数据学报》的数据评审包括数据论文和实体数据,由 3～5 名同行专家进行评审和国家有关部门批准。关于数据共享的范围,该刊规定:数据作者有义务根据数据产生资助方合同要求提出数据共享范围。数据共享范围分为两种情况:其一,全社会共享;其二,限定范围内的协议共享。

②案例小结。

a. 出版团队和编辑队伍权威。该刊拥有以中国科学院院士为首且成员来自多个国家的国际化专家顾问团队,同时还拥有国际化的数据学报期刊编委会和实体数据编委会,使得数据出版具有天然的国际传播和国际影响力优势。b. 一体化的出版系统,能实施整体管理,并实现一站式检索等服务,随着期刊的发展,一站式服务所起作用会越来越大。c. 从阶段性发展成就及影响力看,全球变化科学研究数据出版系统已成为世界数据系统(World Data System,WDS)正式成员,是国家对地观测科学数据中心、中国地球观测组织(ChinaGEO)等的数据出版分中心,也成为国内外多家学会及其学术刊物指定的发表论文关联数据的仓储中心;2016 年,该系统被数据引文索引(Data Citation Index,DCI)检索;2019 年,《全球变化数据学报》入选 CSCD(2019—2020)来源期刊,自创"数据影响力积分"评价方式并在 2014—2018 年期间数据影响力逐年上升。

（3）"数据论文＋期刊论文＋数据平台"模式

"数据论文＋期刊论文＋数据平台"是指传统学术期刊在保留期刊论文出版的同时，也发表部分数据论文，并且将期刊论文和数据论文的相关数据存储到数据平台。《图书馆杂志》是探索传统出版和数据出版结合的代表性案例。

《图书馆杂志》创办于1982年，是由上海市图书馆学会与上海图书馆联合主办的全国性图书馆学情报学专业核心学术期刊。应时代的要求，2017年，数据出版管理平台上线。该数据平台立足图书情报领域内的数据驱动型论文，探索传统期刊论文数据的存储、管理、交换、共享、引证、分析和利用，以及新型数据引证、数据论文出版和数据开放共享。该刊既发表传统期刊论文，又发表新型数据论文，"数据平台"发挥着连接论文与数据、数据与作者及读者的桥梁作用，用户可以在《图书馆杂志》发表数据论文的同时把数据上传至平台，也可以在《图书馆杂志》发表研究论文的同时把相关的引证数据、支撑数据、富媒体格式数据提交至平台。

《图书馆杂志》是社会科学领域探索数据出版的代表性案例。目前这一领域的数据集及数据论文的发展远没有自然科学领域成熟。《图书馆杂志》又是地方性杂志，其资源也没有前两种期刊丰富，总的来说，出版平台不太稳定，发展缓慢。但就传统出版和新兴数据出版结合来说，《图书馆杂志》的探索很有意义。

2.5　小　　结

本章重点讨论了开放科学、开放获取、开放获取同行评议制度和数据出版4个方面。开放科学内涵丰富，一般认为开放获取、开放数据、开放获取同行评议等是代表开放科学运动的重要力量。目前，在我国，对于开放科学，相关机构尚未立足于国家层面来整体规划和部署。由于存在行业和利益壁垒，科研主体、高校、企业等相关的机构彼此独立而缺乏合作。开放科学在我国的发展仍然处在初级阶段。

在开放获取方面，西方开放获取政策趋于强化，开放获取出版平台建设发展快，对开放评议制度和发表后评议制度的探索力度也较大。但在我国，无论是在开放获取政策和评审制度方面，还是在开放获取平台建设等方面，发展都比较缓慢。但开放获取有助于学术交流，是世界学术界认同的出版方式，而且，早在2004年5月，我国相关部门就签署了《关于自然和人文科学知识的开放存取的柏林宣言》，表明了中国科学界支持开放获取的态度。近年，我国相关机构已经发表申明,支持 OA2020 和开放获取"S 计划",并表示"将采取灵活的措施达成这一目标"。所以,我国开放获取或将进入一个新的发展阶段。

在数据出版方面,国内外发展都比较迅速。我国设立有国家科学数据中心、中国科学院科学数据库等代表性数据仓储,有《中国科学数据》《全球变化数据学报》等数据期刊。总的来说,我国对数据出版工作比较重视。2018 年以来颁布了旨在加强和规范科学数据管理的相关政策。目前,数据平台的相关制度建设也日益完善,不过,国内外对于数据评审制度还在探索之中。

3 维基类百科全书出版研究

维基类百科全书是在 Web2.0 技术条件下诞生的影响较大的数字出版物。在大多数学术文章中，维基类百科全书被视为开放获取出版物，维基类百科全书也符合开放获取"自由""共享""开放"的宗旨。本书将其单独研究基于下述几个理由：①采用了新的且具有开创性的知识协同生产方式，是网络高度自由和高度协作的产物。②出版内容包罗万象，并不像开放获取运动一样限于学术出版。③具有查考性和阅读性。查考性表现在维基类百科全书是一种网络知识数据库，一般用于查找人物、机构、地名、事件等，人们常借助百度、谷歌等搜索引擎将其搜出，达到查找某一知识的目的。维基类百科全书又具有阅读性，很多条目会对某一方面的知识作非常系统的介绍，使人们在查考某一知识之余获得更多的知识。从这种意义上来讲，维基类百科全书相当于无数本小型丛书。此外，维基类百科全书影响深远，已经成为人们日常工作、学习及生活中必备的工具，其影响力超过了开放获取运动本身。由于维基类百科全书较传统印刷版百科全书更有时效性，故传统百科全书出版模式也深受影响。

3.1 维基类百科全书概述

谈及网络百科全书，人们首先想到的可能是维基百科（Wikipedia，全球最著名的网络百科全书，"维基"是"wiki"一词在中国的通用译名）、百度百科这一类百科网站，事实上，"网络百科全书"这一概念包含的内容不仅如此。我们所说的维基百科、百度百科，以及 MBA 智库百科、互动百科等只是网络百科全书的一种。

3.1.1 网络百科全书的概念及种类

网络百科全书是在信息技术、互联网技术飞速发展的条件下诞生的一种新型百科全书,其在国外也被称为"百科在线"(Encyclopedia Online 或 Online Encyclopedia)。它以网络为载体和依托,将百科的内容与互联网的信息组织方式结合在一起,是一种新型信息参考源,更是一种全新的百科服务模式。目前的网络百科全书大致可以分为两种:由百科全书的印刷版经过网络化而衍生出来的网络百科全书(简称"衍生型网络百科全书")和维基类网络百科全书。

衍生型网络百科全书多以某种印刷版百科全书为基础,在数字化后,通过网络为用户提供网络百科知识服务。作为印刷版百科全书的衍生品,衍生型网络百科全书很好地继承了科学、严谨、权威的"纸书基因":一是在内容编纂上不对用户开放在线编辑权限,而是仍然将这项工作交由权威专家、学者等专业人士负责;二是在内容审查上继续由该印刷版百科全书的出版机构履行把关人职能,并于审查通过后及时在网络上发布最新版本。此类网络百科全书以《不列颠百科全书》为典型代表。

维基类网络百科全书则是开放型网络百科,指维基百科、百度百科这类基于Web2.0 技术、Wiki 引擎和公共著作权许可协议(如"GNU 自由文档协议证书"和"知识共享许可协议"),由网民自愿编辑的百科全书。与衍生型网络百科全书相比,维基类网络百科全书在内容生产和审查上都依赖于社群用户的自发贡献,体现出开放平等、共建共享的维基精神。维基百科是这类百科全书的先驱。本书将维基百科及所有以维基百科为蓝本,或参照其内容生产方式而组织建设起来的网络百科全书统一命名为"维基类百科全书"。

3.1.2　维基类百科全书的相关概念

(1)维基

1995 年,沃德·坎宁安(Ward Cunningham)创建了世界上第一个维基——"Wiki Wiki Web",这是一个用于记录计算机编程思想及社群用户间的讨论、合作的网络社区。[①] 沃德·坎宁安设计了一款用于支持该网站运作的 Wiki 引擎"Wiki Wiki Web machinery"[②]。根据 Wiki Wiki Web 上的记载,"维基"是一种任何人都可以对其进行编辑的网页,因此无论是 Wiki Wiki Web,还是维基百科,都可以统称为"维基"。

---

① Wiki Wiki Web[EB/OL]. http://wiki. c2. com/? WikiWikiWeb.
② WikiHistory[EB/OL]. http://wiki. c2. com/? WikiHistory.

关于"维基"一词的由来,沃德本人在给一位词源学家的回信①中有所解答:在夏威夷语中,"维基"的意思是"快一点"(quick)。沃德去夏威夷岛旅游时,机场的工作人员领他去乘坐机场的快速巴士,而这种巴士就被当地人十分贴切地叫作"Wiki Wiki Bus",沃德正是从中获得了灵感。

(2)维基引擎②

在 Web1.0 时代,互联网的内容一般都由网站拥有者创建和发布,用户只能浏览、阅读,不能修改、编辑。进入 Web2.0 时代后,用户不但可以在 Web1.0 的基础上对维基文本进行浏览,还可以创建、更改、编辑内容。基于 Web2.0 的理念与模式而诞生的维基引擎是一类支持社群用户在线参与协作式写作的专门软件,通常具备浏览、编辑、管理等基础功能。这种软件从技术层面赋予社群用户参与维基建设的平等权利,故而一个维基通常可以由众多社群用户协同编辑。

(3)维客

参与维基类网络百科全书编写的网民被称为维客,其概念有狭义与广义之分。狭义的维客也叫维基百科人(Wikipedians),仅指维基百科的用户和编创人员。广义的维客则是指所有参与维基类百科全书内容编写和创作的用户。在我国,维客群体有互动百科的"知道分子",百度百科和搜搜百科的"科友"。这些维客都是普通的互联网用户,而非某一领域的专家学者,他们有不同的文化背景,凭借对网络百科的热爱和对知识共享的热情,自愿参与百科的编写。

3.1.3 维基类百科全书的特征

维基类百科全书的特征主要表现为开放性、交互性、整合性、即时性等。

(1)开放性

传统百科全书卷帙浩繁,购买成本较高,传统百科全书的数字集成版或其他非开放型网络百科全书都需要付费使用。而维基类百科全书的内容对所有用户都是公开、免费的。与美国维基百科的基金会运作方式不同,我国的维基类百科全书一直在探索属于自己的可持续发展道路,在此过程中,各百科平台依然坚持一个原则,即作为其核心业务的百科内容始终保持公开、免费。任何用户只要遵守百科的知识共享协议和传播规范,就可以免费地获取百科内容。

---

① Ward Cunningham. Correspondence on the Etymology of Wiki[EB/OL]. http://c2. com/doc/etymology. html.

② 中文维基百科[EB/OL]. https://www. tposa. xyz/wiki/Wiki%E8%BB%9F%E9%AB%94.

（2）交互性

维基类百科全书的创作平台是公开的，用户在使用百科的同时，也获得了平等的编写百科的权利。传统百科全书、电子书、数字期刊等出版物都是由特定组织或个人出版的，使用者扮演着信息接收者的单一角色；Web2.0 环境下的其他媒介，诸如博客、微博等，往往是个人创作的产物，虽然众多用户创作的作品构成了庞大的内容集合，但是它并未体现互联网的交互性。维基类百科全书则是 Web2.0 环境下最为典型的众包（crowdsourcing）案例，所有百科内容的编写者都遵守一定的写作规范，任何一个百科条目都是由许多用户贡献自己的智慧合作编写而成的。维基类百科全书要求每一个志愿者在贡献个人智慧的基础上形成客观、中立的集体作品，同时也赋予用户开放的编辑环境。当然，不同的维基类百科全书编辑环境亦有所不同，如表 3-1 所示。

表 3-1　　　　　　　　　部分维基类百科全书编辑环境比较

项目	维基百科	百度百科	互动百科
页间/页内链接	支持	支持	支持
同义词	支持	支持	支持
开放分类	支持	支持	支持
插入图片	支持	支持	支持
插入表格	支持	不支持	支持
插入公式	支持	不支持	不支持
使用模板	支持	不支持	不支持
讨论页面	支持	支持	支持
历史版本比较	支持	不支持	支持
匿名创建条目	支持	不支持	不支持
匿名编辑条目	不支持	不支持	不支持
条目编辑审核	不需要	需要	不需要
在线编辑功能	复杂标记语言	简单标记语言	HTML 在线编辑器

（3）整合性

维基类百科全书的内容远远超出了传统意义上"百科"的范畴，它实现了对网络信息资源的高度整合。维基类百科全书灵活地整合了字词典、年鉴、图表等其他工具书的内容。百度百科、互动百科等都允许将单一汉字定义为一个条目，这实际上就具有字词典的性质，且内容更加丰富。如，在百度百科条目搜索栏中输入"我"，就会出现该字的读音、笔画、词性、使用方法、例句等。由于互联网的信息容量大，每一个字词的解释都会非常详尽。与此相比，一些付费的网络工具书就没有对字或词进行解释。百科条目还会包含人物年表、发展历程、学科图表等内容，这些内容不仅是对条目本身的丰富，也是在一定程度上对其他工具书的整合。

（4）即时性

维基类百科全书还吸收了新闻等网络信息元素，实时更新热点条目，关注网络热词、社会新闻，以百科的形式对其进行诠释。如互动公司的"词媒体"服务，它以"词"为载体，对社会热点进行提炼，定时提供 in（in fashion，流行）词推送服务。不仅如此，百科条目还具有即时性，百科条目的更新速度堪比文字直播的更新速度。以人物条目为例，每当某一人物的相关信息发生变更时，百科条目也会在很短的时间内更新对应内容。

3.1.4　维基类百科全书的发展历程简述

1995 年，沃德·坎宁安建立了世界上首个 wiki 网站"Wiki Wiki Web"，并开发了开放式多人协作编辑的系统"Wiki Wiki Web machinery"。在该网站长期运营的过程中，"Wiki"的理念也在网络上广泛传播。后来，这种开放的、多人协作的创作模式被网络百科全书之父吉米·威尔士（Jimmy Wales）注意到了，于是他和拉里·桑格（Larry Sanger）于 2001 年 1 月 15 日正式推出了维基百科网站。这一天也被一些用户称为"维基日"（Wikipedia Day）。

2001 年 3 月 16 日，德语维基百科推出。2001 年 5 月，13 个非英语维基百科版本计划相继推出，包括阿拉伯语、汉语、荷兰语、德语、世界语、法语、希伯来文、意大利语、日语、葡萄牙语、俄语、西班牙语和瑞典语。9 月，波兰语维基百科推出。

截至 2022 年 2 月 24 日，维基百科的语言版本超过 325 个，条目数最多的英语维基百科已有超过 55285356 万个条目，而全球所有独立运作版本共突破 240094298 万个条目，总登记用户也超过 100654428 万人，总编辑次数更是突破 31 亿次①。

受维基思想的启发和指导，世界各地陆续出现此种新型的网络百科全书。

---

① WikiStats-List of Wikipedias［EB/OL］. https://wikistats. wmcloud. org/display. php? t＝wp.

2002 年 2 月 26 日,因不满维基百科上可能出现商业广告及编辑对异见的不公正审查,原西班牙语维基百科用户 Edgar Enyedy 退出维基百科并建立自由百科(Enciclopedia Libre),这一事件推动了非营利维基百科组织"维基媒体基金会"的成立,并引发了数项关系非英语语言维基百科的重大改革。①

维基百科的另一位创办人拉里·桑格于 2007 年成立大众百科,其英文 citizendium 是"citizen"与"compendium"的组合词,中文翻译为"公民汇编"或"公民纪要"等。与维基百科依靠大量业余生产者的编辑创作模式有所不同,大众百科不仅有普通民众参与了条目的撰写,而且邀请了许多专家学者参与编纂和审查工作。此举意在确保条目中的文字、图片等材料真实可信,使得大众百科相较其他维基类百科全书更具权威性。

如果说大众百科只是在知识生产和审查上更尊重权威专家的意见,那么,有且仅有专家才能参与生产和审查的 Scholarpedia(www. scholarpedia. org/)则完全是由精英主导的。该百科全书的知识生产者均为全球各个学术领域的专家,采用同行评议的内容审查方式,任何条目只有在得到至少两位同行专家的公开支持后,才能够以开放获取的方式作为正式文章公开发表。这与传统学术期刊的生产与审查方式十分相似,而不同之处则在于已经公开发表的文章是可由包括作者在内的任何专家及时修订更新的。将传统的科学知识生产方式中的部分特征应用到维基类百科全书的写作中,看似违背了开放、平等、自由的维基精神,实则是一种新的知识生产方式在原有方式基础之上的批判继承。Scholarpedia 的优势就在于它不仅具有维基类百科全书的特质,还具有较高的质量和可信度。这恰恰说明,无论是何种形式、何种程度的开放、平等、自由,最后一定都要落实到实现更高质量的知识生产与传播中去。

在维基百科英文版诞生的同年 5 月,中文维基百科协作计划启动。在计划启动之初,中文维基百科并不支持中文输入。2002 年 10 月 24 日,用户 Mountain 借助工具软件撰写了第一个有实质中文内容的条目文章——首页,至此,中文维基百科开始正式运作。

我国首个由国人自主创建的 Wiki 网站"网络天书"成立于 2003 年,其创始人是被誉为国内维客先锋的叶群峰。网络天书并不能说是严格意义上的维基类网络百科全书,其内容涉及面更广,包括百科、方言、网络经典、新闻等。

2005 年 7 月,互动在线(北京)科技有限公司(后更名为北京互动百科网络技术有限公司,以下简称互动百科公司)开发的综合性维基类百科全书互动百科

---

① 维基百科[EB/OL]. https://www. tposa. xyz/wiki/%E8%87%AA%E7%94%B1%E7%99%BE%E7%A7%91.

（www.hudong.com）正式上线。2006 年 11 月，互动百科公司又发布了全球第一款免费而且开放源代码的中文互动维基开源建站系统——HDWiki（kaiyuan.hudong.com），这是当时全球唯一拥有自主知识产权，并向用户免费开放源代码的百科建站系统。另外，互动百科已于 2019 年被字节跳动全资收购并更名为"快懂百科"（https://www.baike.com/）。

互动百科推出后不久，百度公司也于 2006 年 4 月推出了百度百科（http://baike.baidu.com/）的测试版，其正式版于 2008 年 4 月发布。百度百科以百度搜索引擎为支撑，并与百度知道、百度贴吧等产品互通，迅速发展成国内知名度最高的维基类百科全书之一。同样依靠庞大的用户资源开发维基类百科全书的还有腾讯公司，其搜搜百科于 2009 年 3 月初创建，后于 2013 年并入搜狗公司旗下业务并在次年正式更名为搜狗百科（https://baike.sogou.com/）。

此外，我国还陆续出现了一批专注于特定领域知识的维基类百科全书。其中，最具代表性的是创办于 2006 年的 MBA 智库百科（http://wiki.mbalib.com），该百科全书专注于经济管理领域的知识生产与传播，涉及内容包括企业管理、市场营销、MBA 案例、人力资源等，主要为中国各企业管理人员和各大院校的企业管理学生提供管理资讯及技术服务。其他专门领域的维基类百科全书还包括专门生产 IT 知识的科技百科（http://www.techcn.com.cn/）、生产家居设计知识的太平洋家居网的设计百科（http://www.pchouse.com.cn/baike/）、生产医学保健知识的 A＋医学百科（http://www.a-hospital.com/）等。

维基百科成立至今依然呈现出蓬勃发展的景象，而这类网络百科全书在我国落地生根后也得到了很好的发展，在保持了维基类百科全书最重要的一些特性的基础上，也逐渐形成了自己的特色。本书将从内容、用户、运营模式等方面来探讨这类百科全书。

3.2　维基类百科全书内容组织和内容质量控制研究

维基类百科全书向社交化、平台化发展是一大趋势，但内容仍然是其创造价值的核心要素。维基类百科全书如何对其内容进行有序组织和编排，怎样对条目的质量进行把关，内容传播原则和引著规范是怎样的，这是维基类百科全书内容研究需要把握的三个方面。

3.2.1 维基类百科全书内容组织

一般而言,百科全书内容组织的核心原则首先是满足读者查考性需要,维基类百科全书也大体上遵循此原则。不过随着实践的发展,维基类百科全书对内容的组织已经不再受限于印刷版百科全书的线性逻辑。在以条目作为内容组织基石的基础上,维基类百科全书还容纳了诸多自媒体时代的内容产物,并相应地设置了各种聚类版块。总体来看,这些版块有的用于展示优质条目或者特色分类,有的则推送专栏文章、时闻资讯等各种信息。它既能够满足读者获取知识、查阅考证的需求,也能满足读者获取各类资讯的需求。

3.2.1.1 条目分类

需要指出的是,尽管维基类百科全书额外集成了一些有别于印刷版百科全书的内容,但其根源于印刷版百科全书的本质依然存在,本书正是紧紧扣住这个底层逻辑展开相关研究。基于此,本书在内容组织方式上拟重点关注"条目"这一百科全书基本内容的组织方式。

条目是一部百科全书的基本构成单位,即内容组织的基石。在条目分类上,维基类百科全书既沿用了印刷版百科全书的分类方式,也发展出更加灵活的分类方式;在条目关联上,条目与条目通过超链接连接彼此;在条目构成上,一个条目就是一个小的知识单元,它通常包含了条目名、条目摘要、目录、正文等内容,同时还有一些关联内容。简而言之,维基类百科全书的条目组织方式可以分为条目分类、条目关联、条目构成三个层次。

维基类百科全书在条目分类方法上有一些明确的规定,比如维基百科对一般条目会按学科分类,对年表类条目按照时间分类,而对人物类条目会采用国籍和职业的分类方式。① 我国的维基类百科全书也基本按照学科分类方式将条目归类分层,由此形成了严密的知识体系。

以互动百科为例,互动百科的百科分类树较为清晰,它开辟了独立的百科分类页面,分别用知识分类树(图 3-1)和知识地图两种体系对条目进行划分。知识分类树所显示的一级分类与百度百科基本一致,一共分为 11 大类,另加入了地理(地图类)和 HOT 热词两个类别。互动百科的知识分类树以树形结构的形式直观地显示了条目分类。知识地图则是用易于搜索的分类标签集合对条目进行分类,共包含 9 个大类,每一类分类标签都直观地显示了该分类的三个层次,

---

① 贾君枝,李婷婷.维基百科分类系统的特征分析[J].情报理论与实践,2014,37(7):19-22.

点击具体标签即可进入该类别的所有条目。

-页面总分类
　+自然
　+文化
　+人物
　+历史
　+生活
　+社会
　+艺术
　+经济
　+科学
　+体育
　+技术
　+地理
　+HOT

图 3-1　互动百科分类树

现在的维基类百科全书采用了更灵活的条目组织方式。它虽然在一定程度上沿袭了印刷版百科全书的传统,对条目进行分类管理,但在采用什么分类方法、分出哪些类别上具有灵活性。维基类百科全书既可以根据传统方法,按照不同学科、不同专门领域进行分类,如 MBA 智库百科就是按照经济学、管理学等经济管理领域学科的知识框架来设置分类,也可以根据实际需要设计新的分类方法,产生各种有别于传统知识分类的新分类,如百度百科采用较为灵活的分类方法,形成了自己的"特色百科"主题分类,该分类下包含了多肉百科、非遗百科、城市百科等多个二级主题分类,在这些分类下又包含了多个三级分类。如,城市百科下的三级分类就是我国各个省份和市(包括自治区、直辖市及港澳台地区),而在这些城市下又有下位类,依次类推,直至分类到条目。

值得注意的是,百度百科上也同时存在着大量没有明确分类归属的条目,比如"驾照代扣分""基本养老金""丧失劳动能力"等。总而言之,对于条目的分类与组织而言,只有在尊重实际情况的基础上,才能对设计分类和组织方式做出合理安排。

3.2.1.2　条目关联

所谓条目关联,是指收录于维基类百科全书中的任意条目在被其他条目提及时将以超链接的形式呈现,通过点击这些超链接就能跳转到该条目的对应内容页。维基类百科全书通过条目关联,可将百科中的任意一条条目与其他条目关联在一起,实现跳跃式阅读。

维基类百科全书的条目关联与印刷版百科全书有明显区别。印刷版百科全书中,条目之间的关联只能借助目录索引、参考文献等方式呈现,而维基类百科全书则用标签、链接等形式,这样就拓展了知识间联系的途径。

条目间的关联按逻辑分为以下几类:

①涉及,即某一条目的叙述中提及了其他条目。当发生这种情况时,出现在段落文字中的被提及条目就会呈现为超链接的形式。

②相似,即某一条目与其他条目存在含义相似的情况。当某一条目出现同义词、一词多义等情况时,就会被标注出来。

③包含与被包含,这类信息关联通常提供某一条目所属或包含的其他条目的链接。这些链接有的以知识分类结构图的形式出现(图 3-2),有时也会呈现为一组相关链接(图 3-3)。

二级学科·新闻传播学

- 050301*: 新闻学 　　　　　 - 050302: 广播电视新闻学 　　　　 - 050303: 广告学
- 050304: 编辑出版学 　　　　　 - 050305W: 传播学 　　　　　　 - 050306W: 媒体创意专业
- 050307S: 新媒体与信息网络专业

图 3-2　百度百科中的条目"新闻传播学"中所提供的下位学科的信息链接

人物关系　　　　　　　　　　　　　　　　　　　　　　　　　　　　　　纠错

妻子 陈阿娇　　妻子 卫子夫　　儿子 刘据　　儿子 刘闳　　儿子 刘旦　　儿子 刘胥　　儿子 刘髆　　儿子 刘弗陵

图 3-3　百度百科人物条目"汉武帝"中所提供的人物关系图

3.2.1.3　条目构成

条目是维基类百科全书的基石,条目的内容又构成该条目的躯干。目前维基类百科全书的条目已经形成了比较固定的结构:第一,条目名和条目摘要构成条目的简述。为避免混淆和歧义,百科对条目名称有严格的定义标准,条目摘要是对条目内容的简明叙述。第二,一般较为完善的条目会有目录,对条目包含的各个方面的内容进行梳理和划分,目录中每一项都是指向该内容的超链接。第三,百科的条目正文,正文与目录对应,是对条目各方面的具体叙述。不同类型的条目内容结构也有差别(图 3-4)。第四,正文的辅助性内容,包括插图、图册、表格、公式、视频等,它能让百科信息更加具体、形象。百科条目的信息关联内容也是条目的一部分,包括条目内链、参考注释、扩展阅读等。

图 3-4　地理类条目"赛里木湖"和艺术类条目"唐三彩"的内容结构

　　除主体内容以外,维基类百科全书还有单独的百科图片栏目、图表栏目。国内大多数百科网站在首页上还会汇集近期热门网络词汇、设有"历史上的今天"栏目。

3.2.2　维基类百科全书内容质量控制

　　目前维基类百科全书对内容质量的控制主要从三个方面着手:第一,制订了维基类百科全书编写的若干原则(比如条目收录原则);第二,在已有原则的基础上建立了一套对条目内容进行严格把关的评价体系;第三,在技术上支持质量控制。

3.2.2.1　条目编辑原则

　　维基概念的发明者沃德·坎宁安为维基总结了全民、开放、汇聚、公开、统一、增长、有组织、通俗、精确、宽容、透明等条目编辑原则。[①] 纵观国内外的维基类百科全书,它们的编辑原则总体上遵循了协作、开放、客观的基本思想,在此基础上,还衍生出内容真实、相互尊重、对内容负责等具体要求。这说明维基类百科全书对条目质量提出了一定要求。在开放、协作的创作环境中,所有用户都可以编辑或质疑百科的条目,进而使其不断完善。维基类百科全书还从法制、道德等社会规范的角度规定了条目编写的原则,如不得在条目中写入违法内容,也不得写入带有个人感情色彩或是攻击性言论的内容等。

① 维基百科 2007 年年报[R].美国佛罗里达州:维基媒体基金会,2008(3):16.

（1）开放和协作原则

维基类百科全书是一个开放的编辑平台，由无数志愿者参与编写，开放和协作是其最基本的编辑原则。开放包括条目的开放和对用户编辑权限的开放：维基类百科全书允许任何人使用条目中的内容，而任何注册用户都能够创建或修改条目，并可以发表评论。协作是指维基类百科全书允许并需要由多人协作完成条目的编纂。它通过鼓励大众自愿参与编纂来实现百科全书的发展计划，而不完全凭借专家学者的力量来编写条目。协作也是维基类百科全书不断发展、完善的基础。

（2）中立和客观原则

维基类百科全书的开放和协作原则，使它成为一个多人意见交织的广场。维基百科的第一条原则就是："由于参与者拥有不同的意识形态与背景，来自于世界不同的角落，维基百科试图使它的文章客观、公正。这并不是说要以一种客观的观点来表述，而是公平地呈现一个议题所有的观点。"①百度百科的词条收录原则中就规定，百度百科只收录"客观事实内容，'客观事实'指对事物主题的描述不因描述者主观判断的变化而变化，所有虚假的、编造的、恶搞的和缺乏根据的内容都不应该写进百度百科"②。如果百度百科上出现了这些条目，相关内容很快会被修正。"当然这并不意味着它的每项内容一开始都是准确、不偏不倚的，但大量志愿者的积极参与，基本可以使条目内容在事实上达成一致"③。

（3）合法和合规原则

以百度百科为例，百度百科的"编辑规则"中明确规定，含有反动内容的，涉及违法犯罪内容的，含有色情、暴力、恐怖等内容的，含有人身攻击内容的，含有违背伦理道德内容的，具有广告性质的、具有恶意编辑性质的和具有灌水性质的相关内容都会被删除，百度百科还针对违规用户规定了相应的处罚措施，包括删除该用户提交的词条、封禁账号等。④

此外，维基类百科全书还明确规定了条目的文字表达要求、条目命名的标准、扩展内容（包括条目链接、图表、开放分类、参考文献、相关阅读等）的编写要

---

① 尹开国. 自由人的自由联合：维基百科评介[J]. 图书情报工作，2007，51（2）：142-144，86.

② 百度百科条目"百度百科：收录原则"[EB/OL]. https://baike. baidu. com/item/％E7％99％BE％E5％BA％A6％E7％99％BE％E7％A7％91％EF％BC％9A％E6％94％B6％E5％BD％95％E5％8E％9F％E5％88％99.

③ 郑文婷，文震宇. 从维基百科看工具书的变迁与发展[J]. 内蒙古科技与经济，2009（10）：132-134.

④ 百度百科条目"百度百科：违规行为及其处罚"[EB/OL]. https://baike. baidu. com/item/％E7％99％BE％E5％BA％A6％E7％99％BE％E7％A7％91％EF％BC％9A％E8％BF％9D％E8％A7％84％E8％A1％8C％E4％B8％BA％E5％8F％8A％E5％85％B6％E5％A4％84％E7％BD％9A.

求,确保每个条目都准确、合理、有据可查。百科对条目的修改、同义词的添加、编辑冲突的处理等也做了详细规定。

3.2.2.2 条目评价体系

维基类百科全书对条目质量的评价是从两个方面进行的。第一是直接评价条目本身的质量,第二是对编辑条目的用户进行评判,对用户行为的评价其实也是从百科质量出发的。对用户的评判涉及用户管理,将在第 4 章叙述。不同的维基类百科全书会采取不同的机制评价条目质量,有积极评价、消极评价和综合评价之分。

(1)积极评价

百度百科在对条目进行积极评价方面有过一次迭代,原本的评价系统将获得了积极评价的条目分为高质量版本和优质版本两个等级。高质量版本是指大体符合优质条目特征的条目版本。百科系统对其的评价标准是条目在质量优化过程中的"有效变化量",即质量提升较大的条目版本。此外,用户也可以推荐或自荐高质量版本。百科管理员会对所有高质量版本提出修改建议,帮助用户继续完善条目,达到优质版本的要求。优质版本是指经过用户修改、编辑后,在全面满足优质条目特征的基础上,相比旧版本质量有较大幅度提升的条目编辑版本。条目只有首先成为高质量版本,并由用户主动向百科优质版本贴吧推荐,才能被评选为优质版本。现行的评价系统则是给被认定为具有较高质量的条目打上"特色条目"的标识,表示该条目的知识性和专业性达到了较高的水准,且"用词规范、行文有据、阐释适度、通俗易懂、排版美观,符合互联网阅读习惯"[①]。

(2)消极评价

消极评价包括:①投诉。大多数维基类百科全书都设有投诉中心,如果条目内容触犯法律或被恶意修改,用户可以向投诉中心举报;当条目出现编辑不当或是用户提交的内容未通过审核而用户存在异议,投诉中心也会协调解决。不符合规则的条目版本,将被编审系统退回,并反馈违规所在。②质疑。自 2012 年 8 月起,百度百科发起了用户"质疑"功能的人员招募及内测。用户可以对百科条目中的内容发起质疑,百度百科会将用户的质疑直接反馈给相关领域专家,由专家对该领域内的质疑进行权威判断,从而起到有效提升条目质量的效果。

(3)综合评价

综合评价包括:①条目评论。大多数维基类百科全书在条目页设置有讨论

① 百度百科条目"百度百科:特色词条"[EB/OL]. https://baike.baidu.com/item/%E7%99%BE%E5%BA%A6%E7%99%BE%E7%A7%91%EF%BC%9A%E7%89%B9%E8%89%B2%E8%AF%8D%E6%9D%A1#2.

区,注册用户可以就条目内容是否有帮助、内容是否准确等随意讨论和评价。百度百科、互动百科、MBA智库百科都设置了讨论区。②专业评审。互动百科的专业评审是以星级的形式对条目进行评价,称作"权威评审"。注册用户成为互动百科的"专业认证志愿者"之后,可以对条目进行权威评审,内容包括给条目打分,对条目进行点评,对条目各版本的内容进行评审。与互动百科的权威评审类似的是,百度百科于2012年10月开始招募百科学术委员会成员,该组织对存疑内容进行评审,以专业的视角判断内容的正误,并给出具体说明及相应参考资料。

3.2.2.3 质量控制技术体系

为了不断提升百科质量,维基类百科全书通过在技术上构建并不断完善自身的工作协调机制,如提供相应的条目编辑指导、沙箱(sand box)测试编辑、编辑历史等,进一步在技术上对用户进行指导,在社群中形成对信息质量问题的共识,从而加强对质量问题的影响和控制。

①编辑指导。国内大多数维基类百科全书都设有编辑指导页面,并把相关入口放在了首页非常显眼的位置,方便新用户了解。编辑指导的内容包括百科简介、编辑方针、编辑操作说明等,不同的网站还对站内的用户管理机制、条目任务、积分、特色内容等做了详细说明。图3-5是百度百科中的编辑指导页面。

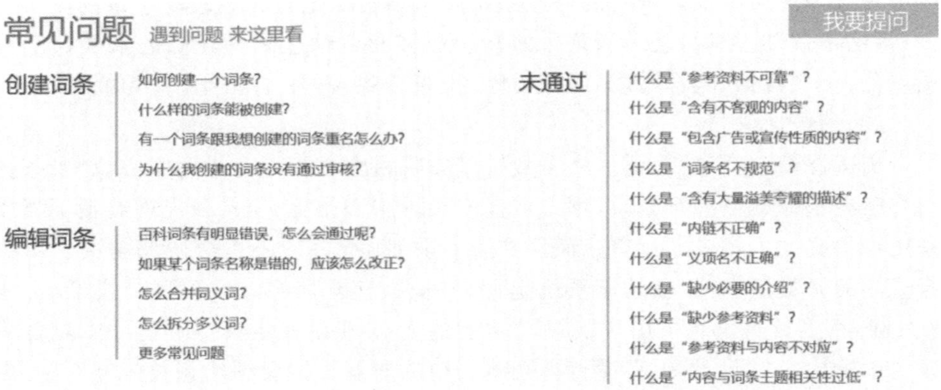

图3-5 百度百科中的编辑指导页面

②沙箱测试编辑。沙箱测试编辑最早是维基百科的功能,目前国内网络百科全书也效仿其做法。"沙箱页面"与普通的百科编辑页面基本相同,用户可以在其中任意涂鸦和随意测试,但是编辑的内容不会真正显示在百科网页上。此功能旨在让维基的初次参与者通过测试来熟悉维基网站的编辑环境,以减少其由于缺少经验而造成的不必要的错误操作。

③历史版本对比。在百科条目的"历史"选项卡中,保存有该条目从创建起至今的每一个重要历史编辑版本。任意两个版本之间都可以进行比照,系统会自动以不同的颜色标识两个版本的差别。① 当百科遭遇破坏者时,即使某页面被整个删除,管理员或其他用户也能很方便地从"历史"选项卡中恢复该条目相对正确的版本。

④页面锁定。尽管维基类百科全书倡导自由开放的精神,但是一些条目或页面仍然被锁定,只有管理员才能对其进行编辑,例如涉及规章原则的条目、被认为是被完善编辑的优质条目等。此举可以避免一些条目被改得面目全非,同时使一些已经被公认的优秀条目得以保留。

3.2.3　维基类百科全书内容传播原则和引著规范

3.2.3.1　知识共享的传播原则

网络百科在传播中首先面临的是版权问题。在信息爆炸时代,随着信息呈几何倍数增长和人类信息传播途径日益畅通,互联网信息是进行过度保护还是无偿共享,一直是互联网信息传播领域的热门讨论话题。与目前热门的电子书、在线应用相比,网络百科在这个问题上显然宽容许多。

目前无论是国内还是国外的网络百科平台,其内容都是无条件开放的,无论是注册用户还是匿名用户,都可以浏览并复制条目内容。对此,维基百科有一个被引为蓝本的做法:在开放之初,维基百科所有的文本内容均是在 GNU 自由文档协议证书(GFDL)下发布的。GFDL 既是一个反版权的内容开放协议,也是一种公共版权(copyleft)许可证。维基百科还允许第三方在不侵犯知识产权的前提下自由修改和发布修改版本的作品。从某种意义上说,目前国内所有维基类百科全书也是在类似 GNU 的反版权规则下传播的,以互动百科为例,为了便于传播和避免今后的版权纠纷,互动百科在编辑原则中明确注明,要求条目内容"不是个人原创"作品。MBA 智库百科则在版权规则中指明,遵守由自由软件基金会(Free Software Foundation)所公开发行的 GNU 协议。MBA 智库百科允许任何人自由访问其内容,换句话说,MBA 智库百科的内容可以被复制、修改和再发布,只要新的版本也同样遵守 GNU 协议,并且注明来自 MBA 智库百科。百度百科除了遵守 GNU 协议之外,还参照 CC 协议("知识共享"协议,经本地化的中国大陆版许可协议的中文名称为"知识共享 3.0 中国大陆版协议")内

---

① 沙勇忠,阎劲松.维基百科:一种网络环境下的新型知识生产方式及其价值意蕴[J].情报资料工作,2006(4):20-24.

容涉及署名、非商业性使用、禁止演绎等。国内其他维基类百科全书也允许用户复制、转载百科的内容,出于对知识的尊重,有的百科要求用户在复制、转载时注明内容的来源。

为避免版权纠纷,对于用户编创百科内容时引用他人文章的情况,即百科的参考文献引著,网络百科也做了细致的规定。

3.2.3.2　参考文献的引著规范

维基类百科全书的参考文献的引著问题包括两个方面:首先是条目或其他内容中参考文献的著录形式。这个问题相对简单,在百科的编辑指导中,大都做了详细的说明,针对不同类型的参考源,如期刊、报纸、专著、其他网站等,也都有相应的格式范例,在此不再赘述。其次是对参考文献的来源,特别是版权归属问题所做的说明。

参考文献的标注除了起到规范百科条目、便于用户扩展阅读的作用以外,很大原因是考虑版权问题。我国网络百科对参考文献的相关规定包括:

如果使用有版权的内容,即条目内容包括部分受相关版权法保护的作品,即使百科用户取得了版权所有人的特殊许可,网络百科也要求用户在条目的对话页或图像的描述页上注明该项事实。因为维基类百科全书的目的就是让尽可能多的人共享知识、尊重知识。

维基类百科全书提倡用户尽量使用基于 GNU 协议的作品,而不是有版权的材料(即使是在取得授权的情况下)。有的百科不允许用户使用原创内容,一些百科则允许用户在明确 GNU 协议的基础上,尽量使用自己的原创内容。需要注意的是,版权法所保护的只是一种想法的创造性表达方式(creative expression of ideas),而不是想法或信息本身。因此,国内大多数维基类百科全书鼓励用户在阅读传统百科全书的条目或其他著作后,再用自己的语言表达出来。如果不可避免地引用他人的原著,则参考上一条规定。

当维客发现或怀疑条目当中存在版权侵犯行为时,首先应当在相关的对话页上指出,同时出具一个包括 URL 或其认为是文字来源的参考出处。管理员会对举报进行核实并采取行动,如果确实构成侵犯,那么有关内容将会被删除。一些百科在删除具有版权争议内容的同时,会在对话页上注明删除行为,并附带原先的文本。

从维基类百科全书的内容组织、编辑原则、质量控制、传播原则及引著规范中不难发现,百科全书质量的保证和百科全书网站秩序的维持不仅是运营者的责任,而且需要每一个参与百科内容创作的负责任的用户以自己的实际行动来达成。用户是维基类百科全书内容的源泉和生命力之所在,下面将着重对维基类百科全书的用户群体进行研究。

3.3　维基类百科全书用户研究

　　随着社会不断发展,我国的维基类百科全书已经成为目前使用率较高的信息参考来源,百科用户群体不断壮大。截至 2021 年 5 月,我国百度百科已经有超过七百万人参与了条目编写,经管类百科 MBA 智库百科也有超过十二万用户参与编辑,维基中文网的注册用户也超过了三百万。^① 维基类百科全书的出现使用户从信息的"接收者"向"参与者"转换,实际上是把维基类百科全书从"结果导向"的参考型百科,转化成了"过程导向"的知识发现、学习和探索平台,维基类百科全书的创作者也成为内容的分享者和传播者。此外,维基类百科全书的用户不仅包括参与内容编写、传播的维客群体,还包括更多匿名使用、查询百科的用户。因此,它的受众群体十分庞大,结构也较为复杂。

　　基于维基类百科全书受众群体基数庞大、成分复杂、行为特征各异等特点,本节将对维基类百科全书用户的构成、行为及特点进行细致分析,并着重研究目前我国维基类百科全书的用户管理和传播激励机制。

3.3.1　维基类百科全书用户类型分析

　　维基类百科全书的用户划分有不同的标准,根据他们在百科网站的身份、在内容生产过程中的角色、不同的传播角色、不同的包容程度,可以把他们划分成不同类型。

3.3.1.1　不同身份的用户

　　维基类百科全书的用户按身份可划分为注册用户和非注册用户两大类。其中,注册用户是编写和传播网络百科的主要力量,他们又被划分成不同的等级,享有不同的编辑和管理权限。非注册用户参与百科编辑、创建的程度较低,但依然是维基类百科全书不可忽视的受众群体。

　　关于维基社群内部的权力分配,学者尹开国指出:"事实上,围绕社群内容的创建、监督与评估机制,维基百科已经建立了较为成熟的基于多层级权限分配机制的志愿者管理策略。"^②依次包括底层的匿名用户、普通注册用户、管理员、可

　　① 统计数据来源于官网。
　　② 尹开国.维基百科社群发展策略研究[J].图书情报知识,2007(3):95-98.

任命管理员的管事员、监管员、开发人员、仲裁委员会、领导者。在我国,维基类百科全书的管理层级较为简单,不同百科的划分也会有所差异,按用户的身份划分,大体包括以下几种:

①匿名用户。匿名用户是指没有在百科上进行注册的用户,他们只能浏览百科内容、参与有限的百科条目编写和评论活动。

②普通注册用户。普通注册用户是指注册了百科账户,以自己的 ID 参与百科行为的用户。他们有基础的编辑、创建条目等权限,可以参加百科内容的讨论、条目活动等,也拥有被选为管理员或其他行政成员并得到更多权限的机会。

③百科管理员。维基类百科全书的管理员是注册用户中因表现出色而得到晋升的成员,不同的维基类百科全书对管理员的划分和评选标准都不同。他们拥有部分特殊的系统操作员的权限,例如,编辑首页及受保护页面、保护条目、删除文章、封杀不良用户等。

④分类管理员。为了方便内容管理,一些维基类百科全书还会从普通注册用户中招募和选拔分类管理员,他们需要对该分类或领域有相当的了解或浓厚的兴趣。分类管理员负责百科中某一分类的建设和管理,包括筛选条目、优化条目内容,将该分类的优质内容推荐到焦点区,管理公告和相关任务等。

⑤条目编写精英团队。与管理员有所不同,条目编写精英团队的主要工作在于协助管理员完成百科日常事务的管理。如百度百科成立了蝌蚪团,团队成员由经验丰富且热衷于百度百科建设的用户组成,他们除了积极参与条目内容的编辑和审核,还会编写关于如何编写条目的指南,协助管理员完成百度百科的日常维护工作。

⑥专家团队。为了对百科上的条目内容负责,维基类百科全书有时还会邀请专家组成专门团队对条目进行编订工作。如百度百科的专家团队就汇聚了不同领域的 2700 多名专家,他们为近 20 万个条目提供了编辑和审核服务。

3.3.1.2 不同生产角色的用户

根据用户在维基类百科全书内容生产过程中所做贡献的不同,他们又可以被划分为以下几种角色:

①内容创作者。维基类百科全书的用户中,真正参与内容创作的只占较少数。内容创作者是指在维基类百科全书中创建新条目、参与已有条目的编写或修改的维客们,同样还包括对内容进行管理和优化的管理员。内容创作者的工作包括:对百科内容,特别是主体条目进行创建、编写;对条目内容进行修订、完善;对图片、表格、条目进行分类;对条目历史版本等进行管理;等等。权限较高的百科管理员负责的内容更加广泛。维基类百科全书的内容创作者往往对维基精神有较高的认同感,属于行动派,他们对某一领域或某一学科的知识有相当的

理解,对互联网创作有较高的热情。通常来说,内容创作者一旦在百科网站中获得正面的编辑体验或是得到鼓励,就会更加投入百科内容的创作,对百科网站的忠诚度也会提高。对此,国内大多数维基类百科全书对贡献内容的用户都采取了积极鼓励的政策。例如,MBA 智库百科为了鼓励内容创作者继续服务,会根据参与编辑的次数、新条目的数目等条件对内容创作者进行荣誉称号的颁发并以公开形式表扬。

②知识接收者。网络百科的知识接收者有两种身份,首先是百科的注册用户中,较少参与百科编写,但是有稳定的浏览百科页面、关注某些百科内容的习惯的用户。其次是未注册百科的匿名用户,他们浏览百科是进行有目的的知识查找,平时对百科的关注较少。知识接收者尽管很少参与百科创作,但对维基类百科全书内容的评价和反馈也非常重要。培养并不断发展稳定的知识接收者,是维基类百科全书聚集人气、扩大受众规模、挖掘盈利点的基础。

③生产破坏者。生产破坏者是指在维基类百科全书中创建内容错误的条目,或对已有的条目进行恶意篡改,故意损害条目质量的用户。他们在维基类百科全书社区中通过制造负面信息或恶意篡改、删除条目来干扰社区其他用户,有的用户则是挑选人们关注的热门百科条目,擅自发布带有广告性质或带主观色彩的负面信息。制裁这类用户的办法通常是在核实举报信息或直接发现其恶劣行为后对其进行封号,百度百科除了会对这类用户封号,还会公开其用户名和封禁理由。

3.3.1.3 不同传播角色的用户

我国的维基类百科全书正在从以内容为主导的信息资料库向维基类百科社区发展,百科的用户也由编写和使用百科的零散个体逐渐形成了百科社群,在传播过程中,用户分化出了不同的类型。

①把关人。在百科社群中,把关人主要是指百科的管理员,除了管理百科的条目及其他内容,还负责管理用户,对用户的行为进行监管。

②意见领袖。"二级传播"理论中,意见领袖是指在人际传播网络中经常为他人提供信息,同时对他人施加影响的"活跃分子"。在维基类百科社群中,同样有一些知识广博、创建了大量高质量或热点条目的用户,他们精通某一领域的知识,在交流中,他们的意见更容易影响别人。意见领袖能够吸引众多社区成员参与协作,有一定数量的追随者。

③追随者。追随者是那些经常对其他成员的观点表示赞同和对条目动态跟踪的维客,他们通过积极地参与条目写作来经营自己在社区中的社会关系。追随者对维基类百科全书通常有较高的热情,他们渴望通过参与百科活动及百科社交提升自己,同时得到他人的认可,属于忠诚度高、学习热情高的百科用户。

④批判者。批判者是指那些经常对百科内容提出异议,或是在百科社区交往中发表不同观点的用户。维基类百科全书开放、自由的理念允许不同观点的碰撞,大多数情况下,批判者对条目或其他内容的质疑对百科质量的提高是有积极作用的。

3.3.1.4　不同包容程度的用户

维基类百科全书用户对百科的包容程度一直是个备受争议的问题,即使是同样参与百科编纂的用户,也会对百科的编辑方针、内容的规范程度和质量抱有不同的看法。从维基百科开始,抱有不同理念的用户就分化成了两个著名的派别:包容主义派和严格主义派。国内的维基类百科全书也是如此。

①包容主义派。顾名思义,包容主义派是指对维基类百科全书的内容质量或用户行为持包容态度的人群。他们更注重自由、开放的维基精神及其带来的优势,同时也意识到维基人的编辑、创建水平不一,但认为多人协作的模式会使维基类百科全书内容趋于完善。因此,包容主义派对维基类百科全书的质量标准和编辑制度要求并不严格。

②严格主义派。维基百科中,严格主义派认为维基百科如果想要在激烈的竞争中保持优势,就必须对条目的质量进行严格把控。我国也有一些百科用户或来自各界的学者习惯将维基类百科全书的内容与精细编辑的印刷版百科全书内容比较,用专业、严谨的标准来要求维基类百科全书。

3.3.2　维基类百科全书用户特点

3.3.2.1　匿名性

匿名性(anonymity)是互联网最重要的情境特点之一,也是影响互联网上用户行为的重要因素。它会"导致网络行为主体身份不可识别"[①]。维基类百科全书的用户也具有匿名性,这一特点从不同角度影响着维基类百科全书。

其一,互联网上的交流是一种虚拟的沟通,它具有不可知性——"别人不知道我是谁",不可见性——"没有人知道我是什么样",行为的非同步性——"没有人看见我做了这件事",事后人们只知道有一个代号为某某的人做了什么。维基类百科全书也是如此,匿名性首先打破了用户的心理防线,任何学历、背景的人,只要有热情都可以参与百科创作。维基类百科全书不对任何用户的身份进行审

---

① 曾伏娥,罗茜,屠采撷,等.网上消费者非伦理行为:特性、维度与测量[J].南开管理评论,2011,14(2):26-36.

查,这吸引了大量匿名用户,一定程度上促进了维基类百科全书的发展;但也使恶意破坏百科秩序的人有机可乘,扰乱了百科秩序。

其二,匿名性使百科用户能够以一个自己喜欢的身份参与沟通。关于维基百科,有一个有趣的比喻:使用维基百科就好像你向一个在酒吧里遇见的人请教问题,他可能是一个核物理学家,也可能是一个疯子。[①] 维基类百科全书中编写条目的用户并不一定是某一领域的专家,他可以是一名该领域的业余爱好者。匿名性让那些平日不善言辞、怯于表达的热心用户有了发挥的平台。

随着维基类百科全书向社交化发展,百科用户的匿名性又呈现出"半匿名性"的发展趋势。用户之间逐渐形成了不同形式的社群,他们以小组、SNS 网站、即时通信等方式交流沟通,一定程度上削弱了匿名性。但是,用户之间的交流大多数还是基于对方在网络百科中扮演的角色,互联网屏障也决定了用户的匿名性是普遍存在的。

3.3.2.2　自组织性

维基类百科全书是由全体网民自愿加入创作而成的百科全书,创作者可能来自全国各地,甚至世界各地。从某种意义上说,他们都是分散的用户,而维基类百科全书也是由这些用户构成的松散社群。维基类百科全书中一般也不存在传统百科全书或普通网站那样的编辑制度和管理体系,而是实现了用户自组织模式下的自治管理,用户依靠相互监督和自我约束共同构成了有序的信息组织结构。

在维基类百科全书中,用户不仅自发地进行知识生产活动,还自发地进行监管、条目动态跟踪,同时还负责制止和修复生产破坏者等在百科上进行的破坏活动。维基类百科全书与其他可供用户参与内容生产的网站不同,它拥有独特的自组织机制,所以尽管其用户和条目的数量越来越多,百科网站依然井然有序,其影响力和用户创造的总价值也在不断增加。

马费成在讨论情报学的理论体系构建时提出:"情报结构的有序性来源于科学体系的有序性和人的创造过程的有序性,情报结构的有序性充分体现了情报生产过程中的自组织机理,知识体系(知识结构)的自组织功能和情报的有序性使其在长期的累积中形成了一个有规则的系统。"[②]维基类百科全书对内容科学体系的建立自不消说,百科用户之间形成的自主管理、有序组织的形式,也是其能有效发展的基础。

3.3.2.3　社会化

网络百科的用户从匿名单一的个体向社会化发展,这是我国维基类百科全

---

① 郝永华.论 Wiki 百科的去精英化路线[J].新闻知识,2009(11):97-99.
② 马费成.论情报学的基本原理及理论体系构建[J].情报学报,2007,26(1):3-13.

书发展较为明显的特征。这一特征出现的基础是我国的维基类百科全书从内容主导向社交网络延伸,这其中自然离不开社会化媒体对网民上网习惯的形塑,但究其根本原因,还是在于用户不断成熟,而社会化是个人发展的必然趋势。社会化涉及两个方面:一是社会对个体进行教化的过程;二是个体与其他社会成员互动,成为合格的社会成员的过程。维基类百科全书亦是如此,它有目的地对用户进行社交性教化,涉及百科对用户的管理,将在本章 3.4 节谈到。维基类百科全书成员之间的社会互动频繁,其成员的社会化表现在以下两个方面:

①从个人角度来说,维基类百科全书的用户通过参与知识生产活动,逐渐形成了对维基价值观、行为准则的认知和认同,并以实际行动维护这种价值。用户参与维基类百科全书的建设,也基于一定的社会心理,如认知的需要、情感的需要、以学习为目的、为获得他人的认可等。

②从维基社会(或称维基社群)的角度来说,目前大多数用户的行为都推动、维持了维基类百科全书的发展,而这正是维基社会对用户的期待,而用户也满足了这种期待。

维基类百科全书的用户共有的价值观、行为准则,也体现了目前我国维基类百科全书的发展现状。随着维基类百科全书的发展,用户规模不断扩大,这种价值观和行为准则也能通过用户之间的社会交往得到传承。

3.3.3 维基类百科全书用户管理和传播激励机制

《2009 中国维基发展报告》指出,维基社会具有相应的组织对"社会"进行管理,同时为"居民"提供服务,以满足"居民"的基本需要。[①] 中国维基类百科全书同样突破了传统网站对用户的单一管理模式,将用户视为完整发展的重要资源,其管理机制包括基本管理、社交服务和激励机制三个方面。

3.3.3.1 用户基本管理

维基类百科全书虽然是一个自由、开放的百科,用户的行为在某些方面仍然会受到约束。维基类百科全书允许任何人参与编辑活动,但倘若出现了破坏者、恶作剧者,百科的管理者会对其行为进行记录,并对该账号提出相应的惩罚或警告,甚至封禁该账号。

维基类百科全书对用户的管理还包括用户成长管理。他们会根据用户编辑条目的数量、质量,给予用户不同的"头衔"或等级,如上文已经提及的 MBA 智

---

① 互联网实验室.2009 中国维基发展报告[R].北京:中国互联网实验室,2009.

库百科会授予活跃用户荣誉头衔,百度百科则是将用户的积分与等级对应。大多数维基类百科全书中,用户都可以通过参与百科编写、评论等活动获得经验,继而得到等级的提升。网络百科对贡献优秀内容的用户、活跃用户也会给予相应的鼓励。考虑这些用户已经在百科平台上形成了社群,存在求知、分享、赢得尊重、交友等多种心理需求,目前国内的维基类百科全书已经把对用户的激励、社交服务做得更加细致,下文中会单独加以叙述。

只要是维基类百科全书的注册用户,在符合要求的情况下(具备相应等级、经验,无恶意操作行为,熟悉某一领域的知识,做出某些贡献等),都可以平等地参与百科的普通管理员、分类管理员、突出贡献者等的评选。维基类百科全书力求打造一个公开、平等的维基社群,因此在用户管理上亦是一视同仁。

3.3.3.2 用户社交服务

自我决定论认为,人们在生命全程中存在着一种来自人际关系方面的动力,它是驱动人类行为的三大需要之一。[①] 在维基社会中,用户参与百科的行为动机也与用户的人际交往需求关系密切。随着维基类百科全书的社交化,很多用户从最初的编辑个体变为某个百科用户群体中的一员。维基类百科全书作为一项多人参与的大型知识生产运动,其最终产品的生成有赖于对参与者各自贡献的整合。参与者经常会就某些问题进行在线互动和讨论,在讨论过程中人们实现了知识共享和交往。因此,维基类百科全书的社交服务是用户越来越关注的功能体验之一。

为方便用户的交流,百度公司曾为百科用户开辟了交流信息、收集对百度百科意见和建议的贴吧(后统一归并为"百度百科吧")。具体如表 3-2 所示。

表 3-2　　　　　　　　　百度百科意见和建议贴吧一览

贴吧名称	介绍
百度百科吧	负责推荐优质版本的专用贴吧。用户可以在该吧申请将条目的某个编辑版本评选为高质量或优质版本
百科之星吧	推荐、公布百科之星的贴吧。用户可以在该吧推荐他人或自荐成为百科之星
百科精彩推荐	百度百科的官方贴吧之一,成立于 2007 年 11 月 16 日,是用户推荐精彩条目的专用贴吧
百度百科任务吧	讨论百度百科任务的相关贴吧

---

① 常静,杨建梅.百度百科用户参与行为与参与动机关系的实证研究[J].科学学研究,2009,27(8):1213-1219.

续表

贴吧名称	介绍
百科蝌蚪团吧	该贴吧是蝌蚪团成员的专用交流平台,以方便蝌蚪团成员进一步深入、高效地开展建设百科的相关活动。该贴吧自 2008 年 10 月开始实行会员制管理
百度百科投诉吧	管理百科的网络平台,其职能是受理、管理百度百科中的秩序。2009 年 8 月 11 日被新版的"百度投诉中心"取代
百科核心用户吧	百度的官方贴吧之一,从属于百度百科的辅助贴吧系统。该贴吧是百科核心用户的专用交流平台,以方便核心用户进一步深入、高效地开展建设百科的相关活动

与百度百科借助贴吧的形式不同,国内一些维基类百科全书参照目前 SNS 网站的做法,将用户以兴趣小组、任务团队、分类专家等形式组织起来。互动百科为用户开辟了名为"新知社"的子网站,为每一个用户提供了个人主页,即新知社会员的展示空间,首页分为"新知社介绍""公告""专家榜""会员展示""热点活动""讨论区"等几个板块。新知社是互动百科用户团队计划中的主体部分,其目的是召集部分精英用户参与互动百科的建设与维护,组成一个齐心协力的团体,更多地发挥网友的集体智慧,建设一个共同探讨、完善和分享知识,传播科学的平台。

社交服务模式能为用户提供更多正面的百科体验,同时为用户提供更广阔的交流平台。在交流的过程中,进一步加强百科用户的自组织和自我管理,增强用户对百科价值和规则的认知和认同。调查发现,维基百科用户参与编写的主要动机包括价值观、社交需要、自身知识水平的提高、对职业的帮助、归属感、个人声望的获取等。[①] 上述动机中,绝大部分可以从社交服务中得到体现,而获得良性的使用体验和参与反馈是用户长期参与维基活动的基础。

3.3.3.3 用户激励机制

国内大多数维基类百科会以积分和等级制度激励用户。例如,在百度百科中,用户可以通过创建和编辑条目获得积分,积分同条目的质量也有密切的关系。相反,如果用户在编辑中有违规行为,则会受到积分扣除的处罚。

维基类百科全书会长期发布各种主题的常规任务,号召用户不断完善百科条目。任务以任务包的形式发布,用户可以在首页、条目页面、个人页面了解任务信息,然后进入具体的任务页面领取任务,按照任务包内的提示完成任务,即

---

① NOV O. What motivates Wikipedians? | November 2007 | Communications of the ACM[J]. Communications of the ACM,2007,50(11):60,62-64.

可获得任务积分。用户还可以根据任务积分获得徽章、积分、实物礼品等奖励。

另外,百度百科还利用积分鼓励用户。参与编辑次数最多和质量最高的用户还能获得百度百科发出的礼物,这些激励机制能够最大限度地激发人们的创作欲望,同时也使页面的内容日趋丰富和完善,从而大大加快了百科全书的编辑速度。

除了虚拟积分、等级形式的鼓励,百度百科还搭建了在线商城,用户可以通过参与百科活动获得的积分、金币等,在商城中兑换相应的物品。物品包括虚拟物品和实物。虚拟物品包含头像、徽章、百科道具等,实物包含文具、电子产品、图书等。为促进百科用户交流,一些物品可以交换、赠送。"由于成员和社区之间社会交换的存在,成员会产生类似于传统组织中的对于社区的认同感,而认同感的产生会促进成员对网络百科系统的积极的自觉的知识贡献和参与。"①

3.4 维基类百科全书案例研究

维基百科是全世界维基类百科全书的蓝本,它采用的是一种非商业化的独立运营模式。我国的维基类百科全书必须在开放、自由、免费、传统的基础上,结合自身实际,实现具有中国特色的发展。我国已经形成以百度百科为代表的商业化附属运作模式。另外,互动百科的运作模式也有一些特色。虽然互动百科在 2019 年已经被字节跳动收购②,并改头换面成"快懂百科",但截至本书发稿,相关资料显示,快懂百科与互动百科并不是继承关系。本书作为一种历史记载,仍然收录旧版互动百科案例,以便总结经验。

3.4.1 非商业化运营案例:维基百科

3.4.1.1 维基百科的发展历程简述

2003 年 6 月 20 日,吉米·威尔士正式宣布成立非营利组织维基媒体基金会(Wikimedia Foundation,简称 Wikimedia)负责维基项目的经营。随着基金会的成立,威尔士同时将所有维基百科、维基词典等的域名拥有权及这些项目下由

---

① 许博. 网络百科全书管理机制与公众参与行为研究[J]. 图书情报知识,2011(3):10-15.
② 字节跳动正式收购互动百科 持股 100% _ 业界资讯［EB/OL］.（2019-09-09）［2021-08-10］. https://news.zol.com.cn/726/7265802.html.

Bomis 雇员或威尔士本人所持有的著作权转让给该基金会。维基媒体基金会旗下的主要项目如表 3-3 所示。

表 3-3　　　　　　　维基媒体基金会主要项目一览表

项目名称	网址	启用日期	描述
维基百科	www. wikipedia. org	2001-01	在线百科全书
维基语录	www. wikiquote. org	2003-07-10	自由的名人名言录
维基词典	www. wiktionary. org	2002-12	多语言字典和词典
元维基	meta. wikimedia. org	2001-11	协调各维基计划
维基教科书	www. wikibooks. org	2003-07	教科书和手册
维基文库	www. wikisource. org	2003-11	自由的图书馆
维基共享资源	commons. wikimedia. org	2004-09	共享的多媒体资料库
维基孵育场	incubator. wikimedia. org	2006-06	测试新维基媒体计划
维基物种	species. wikimedia. org	2004-09	自由的物种资料库
维基新闻	www. wikinews. org	2004-12	自由的新闻资源
维基学院	www. wikiversity. org	2006-08-15	自由的研习社区
维基导游	www. wikivoyage. org	2012-08-02	自由的世界旅游指南
MediaWiki	www. mediawiki. org	2005-08-02	为维基百科量身打造的自由、免费的 Wiki 套装程序
维基数据	www. wikidata. org	2012-10-30	可同时供人类和机器读取、编辑的自由知识库

另外,如前文所述,维基还发展了多种语言独立运作版本。所有这些项目皆秉承维基精神,实行内容开放,且在非营利的前提下进行。

上述这些活动无疑加强了维基的品牌效应,维基具有很高商业价值的评估时有出现。从这种衍生项目的开发中得到启发,商业化的维基衍生品出现了。

Wikia,中文翻译为维卡或维基亚,由维基百科创始人吉米·威尔士和安琪拉·贝丝蕾创立于 2004 年 10 月 18 日,其业务是协助各种团体建置维基百科式的网站,讨论主题包罗万象,从热门影集、专业保健到旅游,以广告作为收入来源。不过,Wikia 与维基组织之间并无正式的关系。

wikiHow 是一个依靠广告盈利的网站,以建立"怎么做"指南为网站目标。它依靠协作式写作创建内容,也是一个基于 wiki 技术的社区。但 wikiHow 由 Jack Herrick 和 Josh Hannah 创建,与维基更无联系。

3.4.1.2 维基百科运营资金的来源

维基百科坚持中立化道路,是非营利网站。多年来,其运营资金均来自用户捐款。为募集资金,2008 年底,威尔士在维基百科网站上亲自致信求捐。在全球金融危机背景下,这一举动引发了用户对维基百科是否将因为财务问题而破产倒闭的担忧。但很快传来消息,维基媒体基金会在威尔士发表求捐信后短短一天之内收到的捐款暴涨 892%,达到 28.3 万美元。[①] 维基媒体基金会在八周时间内就成功募集到了 2009 年的目标运营数额 750 万美元。2011 年 1 月 14 日,维基 10 岁生日前夕,维基筹款就达到了 1600 万美元,比以往任何时候都多。

除了在维基百科网站募集资金外,维基媒体基金会也在 Facebook 和 Twitter 等社交网站设置维基百科捐款渠道。维基百科还采用手机捐款方式,以方便个人向该基金会捐款。长期以来,维基百科只有 3 名拿薪水的全职雇员,维基百科的运营和维护主要由热心志愿者完成。

3.4.1.3 维基百科的发展模式归纳

维基百科的发展模式如图 3-6 所示。

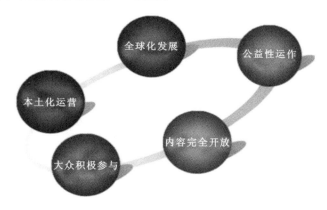

图 3-6　维基百科发展模式

维基百科发展的基本特点是网站核心团队在美国本土运营,全球化发展,以公益性组织机构维持运作,内容向全球开放,以吸引大众协作参与。另外,维基扩张发展和衍生发展的情况,虽然并未将维基百科带入商业化运营,但无疑一直在启发着模仿者思考商业化运营的可能性。我国的案例显然与维基品牌的发展及衍生有关。

---

① 维基百科创始人出手 捐款数量一日内暴涨 892% [EB/OL]. (2008-12-24)[2021-08-10]. https://www.cnbeta.com/articles/tech/73184.htm.

3.4.2　商业化运营案例：互动百科

互动百科公司创立于 2005 年，该公司致力于发展百科服务、HDwiki 技术（互动百科公司研发的维基引擎）服务和移动互联网业务，并在发展已有业务的基础上探索商业化道路。旗下互动百科创建于 2005 年 7 月 18 日，曾是全球最大的中文百科网站。2019 年 9 月，字节跳动完成对互动百科公司的收购，互动百科也更名为快懂百科。无论快懂百科前途如何，互动百科仍不失为该领域的一经典探索，本着研究的客观性原则，本书仍将其作为研究案例。

3.4.2.1　互动百科公司主要业务

互动百科公司的三项主要业务分别是互动百科网站、HDwiki 开源系统、移动互联网业务。互动百科是互动百科公司最重要的互联网业务。"词媒体"服务、企业百科等元素也是互动百科公司的创新。

HDwiki 是世界第一个开源中文维基建站系统，于 2006 年发布，它充分满足了国内数百万家中小网站的建站需求。HDwiki 填补了中文维基建站系统的空白，在其运营时期曾占据国内 95％的市场份额。互动百科公司还开发了移动端应用，其 App 客户端全面覆盖了 iOS、Android 等移动平台。

互动百科公司以互动百科为核心产品，形成了以互动百科网站为主打服务，小百科网为企业合作平台，HDwiki 开源系统为技术支持，"词媒体"服务为新定位，结合新知社、We 公益频道的多元发展模式。

（1）互动百科——互动百科公司主体平台及核心百科业务

互动百科（www. baike. com，一个于 2012 年 12 月 4 日正式启用的新域名，此前为 www. hudong. com，后被字节跳动收购后两个域名均可正常访问，但是访问前者所见百科名称显示为快懂百科，后者则是头条百科）是一个通过全新的维基平台建立的维基类百科全书。它以条目为核心，与图片、文章等共同构建了一个完整的知识搜索系统。互动百科的注册用户可以依照编辑规则参与内容的编写。

互动百科是互动百科公司的主体业务。它是互动百科的用户参与创作编辑或检索百科条目、图片等内容的板块，与百度公司旗下的百度百科、中文维基百科或其他维基类百科全书类似。

（2）行业百科及企业百科——互动百科公司合作百科平台

行业百科是互动百科公司基于各行业无限细分的知识体系建设的百科开放平台。该平台借助各领域领袖企业、行业专家的力量，通过合作运营的"新维基"方式，为用户提供比传统百科更深入的、更贴近生活的知识信息。

企业百科则是让企业在互动百科网站上建立自己的企业条目,提高企业曝光率,同时向公众提供查询企业信息的服务。企业可以创建以企业名称定义的条目,犹如一个"网络名片",同时还可以建立自己的 Web 站点,进行移动营销。

值得一提的是,在 2012 年 12 月改版之前,互动百科公司的企业合作平台是以"百科网"的形式运作的(于 2011 年 4 月正式上线)。互动百科公司为合作企业提供独立二级域名(×××. baike. com),合作企业则负责提供专业知识介绍及详尽的问题讲解,同时也起到宣传自身的作用。

(3)HDwiki

HDwiki 是互动百科公司在线研发的我国第一个中文 Wiki 系统。它是一个免费开源的百科网站建站系统,维基爱好者或其他集体可以利用这个系统在很短的时间内建立自己的维基百科站点。全国有近 10 万家中小网站使用 HDwiki 建立百科站点或百科频道,涉及教育、经济、食品、计算机等 40 多个行业。HDwiki 还将系统应用延伸至政府、大型企业及大型网站的频道建设。HDwiki 的部分案例如表 3-4 所示。

表 3-4 **HDwiki 案例**

案例名称	网址
金库百科(财经)	http://baike. jinku. com/
财道百科(财经)	http://wiki. icaidao. com
艺龙百科(旅游)	http://trip. elong. com/
地质百科(地理)	http://www. sinodzcom/wiki/
新浪房产百科(门户)	http://supports. house. sina. com. cn/wiki/index. php
AA 百科(综合)	http://www. aa81. com/
互联网百科全书(综合)	http://wiki. chinalabs. com/

(4)词媒体服务

2010 年 5 月,互动百科公司正式对外公布了其"词媒体"的定位——词媒体是指以词为核心传播内容的全新媒体形态。基于此,互动百科对网站进行改版,实行每日推送热词的服务,同时成立了"知识媒体联盟",把当天最新、最热的词汇发给近万名媒体工作者。互动百科还推出《词立方》《冷知识》《微百科》《锐词报》《互动词海》等网络原生刊物。互动百科曾对首页做出调整,以 in 词页面的形式单独将词媒体服务列出,内容包含热词、双语 in 词、漫画图说热词、热门人物等。表 3-5 是词媒体刊物的具体介绍。

表 3-5   **词媒体刊物一览**

词媒体刊物名称	内容描述
《词立方》	《词立方》是指词与词之间通过某种关系联系起来形成一个整体。互动百科《词立方》是网络原生刊物，它通过一条主线，将相互之间有关系的词组合在一起，帮助读者全方位、立体化解读知识点
《冷知识》	互动百科以条目聚合类网络刊物形式，将生活中常见却不被关注的知识点汇聚为百科文章特色专栏——《冷知识》（trivia）。冷知识指的是琐碎、庞杂的事情或知识等
《微百科》	微百科是"微型百科"的缩略语。《微百科》是互动百科于 2010 年 3 月创建的条目聚合类文化产品。《微百科》是一个知识分享平台，以精简的方式介绍某一门类知识，供查检所需知识和事实资料之用
《锐词报》	《锐词报》以条目聚合类网络刊物的形式向网友、媒体集中展示网络新锐热词，盘点一段时间内的新闻背景知识、网络流行文化
《互动词海》	2009 年 12 月 1 日创刊。《互动词海》是以公益、环保、知识为主题，以互联网新锐热词为核心的全新直投词媒体杂志，目前是中国唯一一本全部内容由网友协作完成的月刊。《互动词海》每一期包含《词立方》《科学技术篇》《社会新知篇》《网络人文篇》《小百科》《冷知识》《Wiki 资讯》《新知社新鲜事》《互动读书》等栏目

（5）新知社和 We 公益频道

新知社是一个基于互动百科维基编辑的网络公益组织，其组织形式与 SNS 网站类似。互动百科用户以自己的 ID 参与新知社，参与条目编创、条目任务活动等，以这种方式发挥集体智慧，建设一个共同探讨、完善和分享知识，传播科学的平台，弘扬平等、协作和共享的精神。

We 公益频道是互动百科下设的一个致力于公益、慈善事业的开放式公益平台。它号召我国更多的公益慈善组织与热心公益的网民简单行善，相互帮助，需要帮助的人与热心公益的组织和个人能够在这一平台上协作、互助，像运用维基分享知识一样献出爱心。We 公益频道已收录了上千家 NGO（non-governmental organization，非政府组织）和基金会条目信息，建立起了完备的公益百科体系。

总结互动百科的运作模式不难发现，作为一个独立的商业性百科网站，它对百科、用户、技术等资源进行了深入的挖掘。互动百科公司的业务模式以百科为主，向多元化发展，在坚守维基理念的同时，互动百科公司也在不断尝试通过资源的整合营销达到盈利的目的。

3.4.2.2　互动百科盈利模式

互动百科的盈利问题一直为行业所关注,从媒介报道中可以获悉的互动百科的资金来源主要是风险投资。据报道,互动百科在 2008 年、2009 年连续两年获得风险投资。2009 年初,互动百科获得美国顶级风险投资机构 DCM 的风险投资 3000 万美元。2012 年 6 月又有报道称,互动百科正通过 C 轮融资募集5000 万美元风险投资。① 2019 年 9 月,字节跳动收购了互动百科公司,将互动百科更名为快懂百科。目前,快懂百科的运行情况不甚明朗。从过去看,互动百科的盈利模式主要有下列三种。

①面向互联网用户的传统广告模式。互动百科公司发言人曾宣布"网络广告是我们盈利模式的主流",并称"与中小站长建立了广告联盟"。要实现广告盈利,必须加大"流量"和"点击率",互动百科还推出"小百科"以及"词媒体"服务等,可以卓有成效地提高点击率,从而为广告盈利打下基础。互动百科在条目页面中设置了广告栏,包括条目顶部的横幅广告、条目右侧的推荐广告和视频广告、条目底部的嵌套广告。

②百科合作平台。维基类百科全书的合作平台是指由维基类百科全书提供百科编辑的平台,由企业或机构对某一主题或条目进行编辑、完善,在为用户提供各类信息的同时,百科平台从中获取一定的收益。2011 年初,互动百科在行业内首创了与企业合作的平台,小百科 Beta 版上线。4 月,互动百科公司正式宣布旗下的商业化战略平台"小百科"投入使用。

互动百科公司还为合作的企业提供了专用二级域名,由互动百科公司为其提供企业品牌、文化的营销服务。互动百科公司提供的合作方案包括:

标准服务——49000 元/年。企业享有独立二级域名,要求有 30 篇以上的内容建设。互动百科公司提供该百科的顶部冠名广告和自定义推广位,并在小百科首页进行 7 天的推荐。

金牌服务——98000 元/年。包括 100 篇文章以上的内容建设,30 天以上的小百科首页推荐。此外,还为企业提供页面美化、SEO(搜索引擎)优化、开发智能手机 App(for Android)等服务。

百科合作平台尝试突破传统百科在用户使用、企业营销上的现有模式去满足企业和用户的双向市场需求。由于维基类百科全书属于知识创作分享型网站,具有用户信任度高、有效流量高、停留时间长、内容传播迅速等优势,因此能够提高百科合作平台的信息传播效率。对于企业和其他机构来说,合作平台的

---

① 消息称互动百科正进行 5000 万美元 C 轮融资[EB/OL]. (2012-06-12)[2021-08-10]. https://www.163.com/tech/article/83R4K4A5000915BF.html.

营销面向的是经常浏览百科的网络用户,这些用户对信息的理解能力较强,使用百科也具有较强的目的性,所以百科合作平台的营销效率会比较高,内容也能直达目标群体。

③提供增值服务。脸书、推特、腾讯等都采取的是基于增值服务盈利的商业模式,即基础服务一定是免费的,在此基础上再有针对性地为少数核心群体提供收费服务。互动百科的增值服务主要有:其一,提供软件服务。如上述谈到的HDwiki系统,已经覆盖了全国大部分市场。对企业用户来说,建站软件势必需要定时更新、升级,一些企业可能有个性化需求,这是互动百科依靠HDwiki盈利的方式。其二,互动百科的词媒体服务和多种网络期刊也有可能成为盈利点。

3.4.2.3 互动百科的发展模式归纳

经过几年的发展,互动百科已经形成了一些特色,有了自己独特的发展模式。具体如下:

①着力打造内容品牌,通过内容聚集人气。互动百科在内容上有几个特点:首先,强力打造知识库。其中部分条目经过专业认证志愿者编辑,突出其权威性和专业性。其次,知识架构全面,知识组织清晰。内容覆盖各个领域,分类详尽,且页面展示清晰。最后,建立多元化平台,在内容上相互帮衬,突出热点问题、亲民问题。关于这一点,除了互动百科主网外,互动还通过小百科、词媒体等实现。

②百科服务释放商业潜力。首先,百科社区有明显的内容导向。互动百科的用户社区组织有维吧、论坛、小组、志愿者群组等知识社区,这些社区具有明确的内容导向和主题联系,能发挥更大的商业价值潜力。其次,在维基类百科全书的移动化建设中,较早利用手机传播内容。其App覆盖各种操作系统的智能手机。最后,互动百科还打造了一系列网络刊物,借助词媒体服务为企业等合作方提供营销服务,发挥网络出版物的商业价值。

③依靠技术优势迅速占领相关市场。HDwiki是全球首个开源中文维基建站系统,专为中文维基类百科全书研发,能充分满足成千上万家中小网站的建站需求,推动了维基类百科全书在中国的发展。

3.4.3 运营创新案例:百度百科

百度百科是国内互联网科技巨头百度公司旗下的产品,也是目前国内为数不多发展较好的综合性维基类百科全书。百度公司以自家百度搜索引擎为依托,以百度知道、百度贴吧、百度百科、百度文库等产品为平台,尝试建立起自己的内容生态系统。而与一般的维基类百科全书相比,百度百科做出了两项有一定参考价值的创新：一是对条目进行灵活化分类和组织；二是引入内容聚类平台的内容生产传播模式。

3.4.3.1 以自家搜索引擎为依托构建内容生态系统

百度搜索引擎给百度百科带来了巨大益处，百度百科的内容资源（主要是条目）被百度搜索引擎的信息整合能力有效盘活。在百度百科推出之前，百度公司已经推出了百度贴吧、百度知道等信息服务产品，百度百科与这些产品的信息流是畅通的。首先，个人用户使用的是统一的百度账号，该账号可用于登录百度公司旗下绝大部分的在线产品。其次，百度贴吧、百度知道、百度百科之间的用户行为形成了联动效应。如，部分百度贴吧的吧主可以在其主管贴吧内添加百度百科模块，加入贴吧的一条相关条目的链接。百度公司已形成由百度知道、百度贴吧、百度百科、百度文库等产品组成的内容生态系统，如图 3-7 所示。

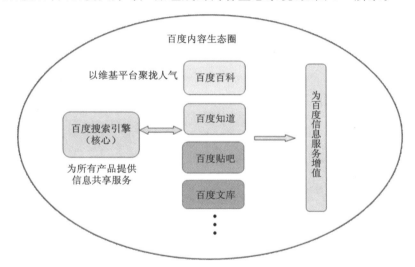

图 3-7　百度内容生态系统示意图

一个良好的内容生态系统将使流量的潜在商业价值能够被最大限度地开发和利用。百度公司的优势就在于其搜索引擎能够为用户提供较为精准的内容，这些内容既可以是知识、资讯，也可以是营销广告，用户使用百度搜索引擎实现在多个百度产品之间的快速访问，而营销广告则可能出现在百度内容生态系统的任何地方，精准对接用户的信息需求。

3.4.3.2 灵活化的条目分类和组织

在百度百科的首页上，已经取消了条目分类索引功能模块，取而代之的是对一部分质量较高的特色条目或主题进行分类和组织，而其余大部分条目或通过首页推送,或通过搜索引擎的方式才能够被找到。这体现出百度百科在条目分类和组织上的灵活性。

百度百科中也已出现不少没有明确分类归属的条目,这其实是包括维基百科、百度百科在内的许多维基类百科全书"有闻必录"行为的结果。而按学科分类、按主题分类等常见条目分类方法,在应用于学科归属不清晰、主题思想不明确的条目时,会使得条目编写人员难以判断应该将这些条目放在什么位置。为了将这些条目纳入分类的框架里,维基类百科全书的条目分类设计将会变得越来越复杂。这其实在一定程度上背离了设置分类索引的初衷——方便用户对条目进行查阅,于是百度百科才选择以更加灵活的方式对条目进行分类和组织。

3.4.3.3 引入内容聚类平台生产传播模式

引入内容聚类平台的内容生产传播模式,意味着百度百科条目中出现了自媒体内容。"百科 TA 说"则是这种自媒体生产方式的具体形态。根据官方的说法,这一项目旨在"解读百科背后的知识",并"由专业用户分享观点与经验"①。"百科 TA 说"的文章会显示在对应条目的展示位,文章由各个自媒体号提供,内容不可由其他百科用户修改,因此与维基的理念脱离。图 3-8 中这篇《狗狗币收割了无数财富,你却还不知道它是啥》就是由国内杂志《新周刊》的百度账号发

图 3-8 "百科 TA 说"文章推荐示例图

---

① 百度百科条目"百科 TA 说"[EB/OL]. https://baike.baidu.com/item/％E7％99％BE％E7％A7％91TA％E8％AF％B4/19864595? fromtitle＝TA％E8％AF％B4&fromid＝4946770&fr＝aladdin.

布,并在"狗狗币"这个条目中得到官方推荐展示。"百科 TA 说"中一些高质量的文章也会像内容聚类平台里的文章那样得到额外的流量曝光,如出现在百度百科的首页或者是百度引擎的搜索结果中。

3.4.3.4　百度百科小结

百度百科对维基类百科全书的创新具有一定的意义,它提醒我们:维基类百科全书在中国的发展要适应这里的土壤条件。相较于维基百科,百度百科是百度内容生态系统中的一环,并不是一种独立运行模式;由于百度搜索引擎的用户量特别大,百度百科成为中国影响最大的网络百科全书,有上网搜索需求的用户,几乎不可避免地都会使用和接触到百度百科。与维基百科一样,百度百科从过去基本由专家和精英包揽知识生产扩大到众包形式的在线知识生产,可以预见,未来的维基类百科全书会出现更多与人们观念中的印刷出版物不相符的特征。

4　自助出版研究

　　随着互联网的蓬勃发展,自助出版作为一种新兴的作品传播和营销运作模式在美国风靡并获得成功,激活了世界范围内的出版市场。目前,美国的自助出版在全球市场上发展得最为成熟,故本章的研究以美国的自助出版为例。

4.1　自助出版概述

4.1.1　自助出版的定义

　　自助出版(self-publishing),也有学者称为"自出版",其作为数字出版兴起后才出现的新型出版形态,无论是在美国还是在中国都受到了普遍的关注,业界和学界都对这一概念有所探讨和研究。在研究自助出版这一课题前,了解自助出版的定义非常有必要。

　　就目前的文献资料来说,对自助出版的定义尚没有明确的结论,现归纳一下目前认可度较高的几种定义:

　　①强调作者个人的作用,即突出"自助"这一概念,认为自助出版是指作者独立完成编辑、印刷、发行的出版模式。魏龙泉在 2005 年给自助出版下的定义:"自助出版(self-publishing)即作者个人写书,自己编辑、印刷、发行、投资出版图书。虽然其中并不是每一件事都由自己动手,但基本上绕过了著作经纪人、出版社等中间人,自己直接同编辑、封面艺术家、图书设计师以及印刷商、发行商打交道,最后处理营销和发行事宜。"[①]这一定义被很多学者认可,比如王武、彭巧灵的《"出版平民化"的狂欢泡沫——析自助出版在中国普及的可行性和面临的困境》一文中提出的定义与魏龙泉基本一致。除此之外,刘蒙之在文章《美国自助

---

　　① 魏龙泉. 自助出版风靡美国的 7 个理由[J]. 出版参考,2005(6):35.

出版的发展现状与存在问题评析》中也认同这一定义。

②强调自助出版是作者自费出版,编辑、制作、印刷都由自己承担,并且指出网络自助出版是互联网与传统出版的结合,强调了自助出版平台的重要作用。例如,王梦柔的《从网络自助出版看传统出版新路——用网络传播的相关理论论述网络现象》中提出:"自助出版(self-publication,或 self-publishing),原本是指作者自行对书稿进行编辑、制作、印刷,以及后期的营销发行等等,而且全部出版费用都由作者自己承担,是一种完全独立于出版社的书籍出版形式。网络自助出版是互联网与传统自助出版结合的产物。作者利用网络这一平台创作发布自己的作品。"

③除此之外,有一些研究者将自助出版作为商业化的概念来定义,认为自助出版的目的是商业化。就目前看来,由于自助出版作品数量巨大,大多数的自助出版作品尚未商业化,但是自助出版平台的发展重点仍是作品的多渠道商业化开发。学者石晶晶在论文《美国"自助出版"的现状及启示》中这样定义自助出版:"自助出版,是指作者或资源组织者利用各种资源,在法定出版体制内遵循市场效益的原则,自行投资出版图书。"

综上所述,自助出版理应包含以上所述的两个要点:跨过出版社和代理人、网络化的自费出版。因此,我们可以将自助出版的定义归纳为:自助出版,是指作者跨过出版社和代理人,利用网络平台独立完成作品的撰写、编辑、制作、发行的出版行为。自助出版有商业化的,如众多小说作者都通过平台售卖作品;也有非商业化的,如学者通过开放获取仓储发布学术作品,其目的是加快学术传播,而不是获得商业利益。本章研究的自助出版是指商业化的出版行为。

4.1.2 自助出版的特点

自助出版具有自助化、周期短且成本低、双向互动、UGC 模式、社交化阅读、版税比例高、版权掌握在作者手中等特点。

(1)自助化

自助出版最重要的特点就是自助化。也就是说,作者可以自己完成传统的编辑、制作、发行的大部分流程。自助出版作者通过使用自助出版平台上的快捷操作,可以在短短几分钟内调整格式、上传封面、确定发布、选用各类的活动和营销方案等。这种便利性是大多数自助出版作者热爱自助出版的重要原因。

(2)周期短且成本低

传统出版社的图书出版需要很长时间,至少是 3~6 个月,有的甚至需要一年或者更长时间。但是作者通过自助出版,不用一个小时,就能完成出版的全过程。因此,与传统出版相比,周期短是自助出版一个非常重要的特征。此外,自助出版相对于传统出版来说,出版成本比较低。自助出版省去了传统出版繁复的出版过程,不需要传统出版的人力,不需要出版印刷纸张的费用,也不需要承受库存的压力。因此,不论是从平台还是作者的角度,自助出版的成本都比传统出版的成本低很多。

(3)双向互动

在传统出版过程中,作者只能和责任编辑沟通、交流,几乎无法接触到读者,无法与他们进行直接的沟通对话。在自助出版的过程中,读者可以直接与作者进行沟通和交流。这种双向互动的出版方式将读者与作者的距离拉得更近,作者能够直接接触到读者,可以根据他们的想法和建议适时地修改作品。我们可以看到,有些连载作品采用"让读者决定结局"的营销方式,而这在传统出版中几乎是不可能实现的。

(4)UGC 模式

对于互联网平台来说,平台和用户是双向化的。用户生产内容,用户既是内容的生产者,也是内容的消费者。当然,UGC 模式的缺点也不可避免,如何在海量内容中筛选出用户真正需要的优质内容是平台发展的关键。

(5)社交化阅读

随着社交网站的普及,越来越多的读者会通过社交来进行阅读的选择和分享。自助出版和社交网络都强调个性化,因此,社交网络是展示和传播个人作品最为便捷的平台。社交化社会的发展势必会深刻地影响自助出版的发展。

(6)版税比例高

作者通过自助出版平台出版的书籍,获得的版税比例远远高于通过传统出版社出版的版税比例。一般来说,作家通过传统的出版渠道获得的版税比例为6%~10%[1],著名作家可能更高一些。但是通过自助出版,作家能得到至少50%的版税比例[2]。

(7)版权掌握在作者手中

与传统出版相比,自助出版的版权掌握在作者手中,作者对于版权运营有着更大的自主权,作者可以充分发挥版权的作用,不用受出版社的限制。而在传统出版渠道里,作者几乎没有版权的运营权利。

① 魏龙泉. 自助出版风靡美国的 7 个理由[J]. 出版参考,2005(6):35.
② 根据各自助出版网址版税情况统计得出的数据。

4.1.3 自助出版与几种相关出版形式的区别

由于自助出版发展时间较短,与很多相关的出版形式有一些交叉,为了行文表述清晰,首先在这里将自助出版与几种相类似的出版形式加以区分。

(1)博客出版

博客出版由博客发展而来。博客在 2005 年前后备受关注,有一部分作者开始每日通过博客的形式展示自己的作品,博客出版由此而来。通过博客发表的作品大多篇幅比较短小,形式简单,几乎没有经过专业的编辑和加工,更没有封面设计、发行营销等出版环节。与专业的自助出版平台相比,博客出版形式较为单一,渠道也比较狭窄,出版内容不成体系,尚未形成有效的商业模式。目前博客及博客出版已经式微。

(2)按需出版

按需出版(publish on demand,POD),是相关出版单位或者经销商根据市场需求进行出版的行为。读者通过相关渠道可在网上预订。一般说来,出版单位会与作者签订合同,作者需要一次性支付一笔费用给出版社,然后按照图书的销售情况,出版社付给作者稿费。按需出版是一种人性化和专业化的出版服务,可以实现冷门图书的出版或者绝版书的再版。

按需出版与自助出版还是相差甚远的,但是很多人错误地将"自助出版"理解成读者"自助"出版,即按需印刷,将两者画上等号。按需出版的核心概念是"按需",有需求就可以印制出版。而自助出版的核心概念是"自助",作者自助出版,编辑、印刷、发行都是自助模式,是一种新的出版模式。按需出版满足了很多读者小众化的印刷需求,而自助出版满足了很多草根作者试水出版市场的需要(含小众化的出版)。

(3)网络原创文学出版

网络原创文学出版以中国为代表,是中国草根作者实现出版的一种方式。它有专门的商业化运营平台,平台有编辑管理制度、发布制度、版权交易制度等。中国网络原创文学平台与美国自助出版平台有着相似之处,都是作者自行写作,并利用平台实现出版。但是,我国网络原创文学出版的主要操控方是平台,平台拥有绝对的控制权,是规则的制定者,与美国自助出版平台相比,作者的主动性弱化了很多。可以说,网络原创文学出版是中国创新的网络内容服务或出版模式,在产业活动中平台拥有优先权;自助出版则以美国等为代表,在该产业链中,作者拥有优先权。

（4）自媒体

自媒体（we media）的概念相对于自助出版的概念要广泛得多。2003 年，美国新闻学会媒体中心发布了自媒体研究报告，对自媒体下了一个十分严谨的定义："自媒体是普通大众经由数字科技强化、与全球知识体系相连之后，一种开始理解普通大众如何提供与分享他们自身的事实、新闻的途径。"也就是说，自媒体是指受众利用各种渠道（微信、微博等）发布自己所见所闻的媒体。

与自助出版相比，自媒体的概念更加强调媒体这一渠道——通过互联网向其他人传播自己的所见所闻，而自助出版更多地侧重利用互联网渠道完成"出版"这一过程，即利用平台的相关服务完成编辑、印刷、发行这一过程。

4.1.4　自助出版主要平台

互联网的发展为自助出版的发展提供了最基础的技术条件，真正意义上的数字出版时代的自助出版要从互联网时代开始算起。在 2000 年左右，互联网上兴起了博客出版，博客出版是自助出版平台发展的雏形。由于博客出版平台无法为作者提供作品编辑和发行的服务，作者的需求得不到满足，2006 年，自助出版平台开始出现并逐渐成熟。

由表 4-1 可以明显看出，国外著名的自助出版平台都起源于美国，亚马逊和 ASI 的自助出版业务都扩展到世界各地。

表 4-1　　　　　　　　　　国内外主要自助出版平台

平台		成立时间	网址	国家	出版物市场领域
亚马逊	KDP	2007 年	kdp. amazon. com	美国	大众出版
	CreateSpace	2007 年	createspace. com	美国	大众出版
	ACX	2011 年	acx. com	美国	大众出版
Author Solutions （ASI）	Xlibris	1997 年	xlibris. com	美国	大众出版
	AuthorHouse	1997 年	authorhouse. com	美国	大众出版
	iUniverse	1999 年	iuniverse. com	美国	大众出版
	Trafford Publishing	1995 年	trafford. com	加拿大	大众出版
	WestBow Press	2009 年	westbowpress. com	美国	大众出版
Smashwords		2007 年	smashwords. com	美国	大众出版
Lulu		2002 年	lulu. com	美国	大众出版
图书国		2013 年	bookcountry. com	美国	大众出版
豆瓣阅读		2012 年	read. douban. com	中国	大众出版
来出书		2014 年	laichushu. com	中国	大众出版

4.2 美国自助出版

美国是数字出版领先国家,其网络自助出版活动也比较兴盛,它针对的领域是大众出版,以文学出版为主,相当于我国的原创文学。美国的自助出版平台也是跨国的,如亚马逊 KDP,故本节以美国自助出版活动为例,从中窥世界一斑。

4.2.1 美国自助出版概述

美国自助出版是稿件不被出版商采用后,作者寻求出版的一种手段,又被称为"虚荣出版"(vanity publishing),实际上就是中国的纸本书自费出版。早在1959 年,两家美国公司就在英国大打广告,宣布提供个人出版诗集服务。但自费出版与自助出版实际上是有区别的,主要是自费出版多为非商业化操作,作者采用这种方式是为了"虚荣",意在提高名气或实现出书的愿望,并不见得是为了盈利。网络为自费出版的发展提供了条件,成就了网络自助出版服务,这是自助出版发展的第二阶段,时间大约在 2000 年前后至 2008 年间。这一时期,自助出书者开始走向市场,他们认识到网络自助出版渠道可以获取比传统出版渠道更高的利润。自助出版商提供的服务内容包括个性化编辑、设计及销售,如著名的自助出版平台 Xlibris 的服务有"出版"及"销售"。而"出版"服务则包括个性化设计等,作者可根据不同等级的服务,支付相应的费用。在"销售"服务方面,可提供推广服务和按需印刷的纸质图书的在线销售。

2008 年以后,Kindle 等专用电子阅读器的推广成功,带动了网络自助出版的发展。自助出版的产品不再是按需印刷的纸质图书,而是可以在电子阅读器中阅读和销售的电子书。这一时期,应该叫作电子书自助出版时期。美国已经出现了较多的自助出版平台,表 4-2 中列出的是比较著名的拥有自助出版服务的平台。

表 4-2   **著名自助出版平台列表**

公司名称	平台名称或网址
亚马逊	Kindle Direct Publishing https://kdp. amazon. com/self-publishing/signin
巴诺	PubIt! http://pubit. barnesandnoble. com/pubit_app/bn? t=pi_reg_home

续表

公司名称	平台名称或网址
苹果	iBookstore
企鹅	BookCountry(图书国)(https://www.bookcountry.com)
谷歌	Google Play Store
Author Solutions	https://www.authorsolutions.com/
FastPencil	https://www.fastpencil.com/
Leanpub	https://leanpub.com/
Blurb	https://www.blurb.com/
Smashwords	Smashwords(https://www.smashwords.com/)

自助出版平台的主要功能是提供格式转换等相关服务,指导作者在平台上自助发表作品,提供图书直销及第三方营销服务,提供作者管理及读者管理等服务。一般来说,大型的电子书营销平台都提供自助出版业务。此外,还有一些专门经营自助出版的网站,如 Author Solutions 等。

其中,巴诺书店于 2010 年 10 月推出 PubIt!,意在与亚马逊竞争。巴诺是世界第一大连锁实体书店的经营者,它拥有 2000 余家实体书店,且其在线平台也经营得比较成功,其生产的 Nook 是世界上著名的电子阅读器。巴诺只为美国作者提供自助出版服务。

苹果也拥有自助出版服务。苹果对自助出版的最大影响之一是其三七分成机制促使亚马逊也不得不采用三七分成机制。苹果 iBookstore 自助出版业绩并不突出,其在操作上有较大的难度,作者必须使用 Mac 计算机才能制作电子书,所以很多作者利用 Smashwords 平台把自助电子书分销到 iBookstore。

Google Play Store,原名 Google eBookstore,于 2010 年 12 月 6 日在美国正式上线,后与 Android Market 合并,并更改为现名。Google Play Store 也分销自助出版图书,但仅为美国作者提供自助出版服务。苹果和谷歌都拥有数量庞大的用户,这是它们的潜力所在。

Author Solutions Inc.（ASI）成立于 2007 年。ASI 是 AuthorHouse、iUniverse、Trafford Publishing、Xlibris、Palibrio 和 Booktango 这六家自助出版企业的母公司。ASI 与 Simon & Schuster、Thomas Nelson & Zondervan、Hay House、Reader's Digest 等传统出版商有着良好的合作关系。

FastPencil 网站为作者提供社交网络,方便作者写作和制作电子书。该网站还提供印刷版图书印制服务,电子书格式多样化。电子书在 iBookstore、Nook、Kindle 等平台上销售。

Leanpub 通过其平台、iPad 和 Kindle 平台销售作品。Blurb 于 2006 年 5 月推出,作品通过其平台、iPhone、iPad 等销售。典型的自助出版商是 Smashwords、亚马逊 KDP,以及企鹅的"图书国",本书将之作为案例在后文单独阐述。

与其他类型的数字出版商一样,自助出版近年新增加平台较多。自助出版商来自各方,有网络服务商、电子书商和传统出版商。无论这些自助出版平台商来自何方,它们要解决的主要问题是将电子书分销到不同的电子书店,最终到达主要的阅读器中。

4.2.2 美国自助出版的发展

对自助出版这一概念有了基本了解之后,本节将对美国自助出版的发展历程和趋势进行探索。美国自助出版平台 ASI 在发展的过程中几经易手,并不断扩大自己的业务范围,不断收购其他小型的自助出版公司,发展极为迅速,但是在发展过程中也遇到了很多问题。因此,本节将以 ASI 的发展历程为例,介绍美国自助出版的发展情况,并根据自助出版平台的发展情况,对美国自助出版未来的发展情况做简要的发展趋势分析。

4.2.2.1 美国自助出版发展概述

美国著名的自助出版网站 Lulu 的创始人鲍伯·杨(Bob Young),在 2007 年谈及自助出版模式时说道:"一家出版社的梦想是拥有 10 位作品销量超百万的作者,Lulu 想要拥有一百万名单本图书销量超 100 本的作者。"[1]这句话鲜明地道出了自助出版的特点。

2008 年,美国自助出版的图书数量就已经超过了传统出版的图书数量。从数据上看,自助出版行业显示出明显的规模效应,整个市场被几大寡头垄断。2013 年,发布数量前五位的有:CreateSpace、Smashwords、Lulu、Xlibris 和 AuthorHouse(Author Solutions 公司),其中 CreateSpace、Smashwords、Lulu 和 Author Solutions 四家就占据了出版量的 83%。在 2013 年有超过 45.8 万本书籍通过自助出版平台发布和出版,其中有 18.7 万本自助出版书籍(包括电子书和纸质书籍)通过亚马逊旗下的 CreateSpace 平台出版发行,占据了总发布量的

---

① 刘蒙之. 美国非传统图书出版业的发展现状与商业伦理争议[J]. 出版发行研究,2012(4):61-65.

40％；而 Smashwords 占据了自助出版电子书市场 54.8％的份额，出版了 8.5 万余本自助出版电子书。与 CreateSpace 专注于纸质书出版和 Smashwords 专注于电子书出版不同，Lulu 与 Author Solutions 都是两头兼顾，它们在 2013 年的出版量也达到了 3.7 万本和 7.5 万本。各大自助出版平台的良性竞争，使得自助出版的规模越来越大，也越来越受到作者和广大读者的认可与依赖。根据 2016 年法兰克福书展上尼尔森提供的数据，从 2014 年第一季度到 2015 年第一季度，自助出版在美国大众出版市场的占比从 14％上涨到了 18％。同时，美国五大传统出版公司的市场份额则由 28％上升到了 37％。这就意味着小型出版商的发展受到了自助出版产业和五大传统出版商的挤压。[①] Bowker 提供的调查数据显示，2018 年美国自助出版图书的数量相比 2017 年增长了 40％，并且没有增速放缓的迹象。由此可见，自助出版正在美国蓬勃发展，呈现出旺盛的生命力。[②]

4.2.2.2 美国自助出版发展案例研究——以 ASI 为例

2007—2012 年年初是自助出版兴起和初步发展的阶段。在这一时期，很多自助出版平台发展迅速，例如 Smashwords、CreateSpace 等。大部分平台处于商业模式的探索期。在 2012—2016 年期间，统计数据显示，自助出版在美国出版界逐渐占据重要的位置，自助出版也受到传统出版商和作者的认可，商业模式逐渐成熟。

2016 年之后，ASI 被售出，标志着美国自助出版进入成熟发展期，业界逐渐淘汰不满足市场要求的自助出版平台，商业模式进一步得到拓展。ASI 几经易手，充分体现了自助出版行业在美国出版界的地位和发展情况。故本节将 ASI 的发展过程作为案例，从侧面展现自助出版行业在美国的发展过程。本节以 ASI 两次易手的时间为分割线，将 ASI 的发展分为发展初期（2007—2011 年）、发展中期（2012—2015 年）和发展后期（2016 年至今）。

（1）发展初期（2007—2011 年）

ASI 总部位于印第安纳州布卢明顿（Bloomington）。在 2007 年，ASI 就已经出版了 15 万名作者撰写的 190000 篇文章。在自助出版发展初期，很多作者看到了希望，纷纷将资金投入自助出版平台，这样一来，自助出版在发展初期的收益非常好。ASI 是最大的自助出版公司之一，ASI 在这段时间的成长反映了

---

① 本段数据均来自：Bowker. Self-Publishing in the United States，2008—2013［EB/OL］.（2014-08-15）［2021-09-15］. http://media. bowker. com/documents/bowker_selfpublishing_report2013. pdf.

② Self-Publishing Grew 40 Percent in 2018，New Report Reveals［EB/OL］.（2019-10-15）［2021-07-06］. https://www. bowker. com/en/news/2019/self-publishing-grew-40-percent-in-2018-new-report-reveals/.

这一趋势。2007 年 9 月,iUniverse 被 ASI 收购。2008 年 4 月,ASI 营销总监 Keith Ogorek 表示,在美国出版的每 17 本书中,就有 1 本来自 ASI 的作者。在 2009 年 1 月和 4 月,ASI 分别收购了两个顶级竞争对手——Xlibris 和加拿大的自助出版机构 Trafford Publishing。同年,ASI 与出版商托马斯·尼尔森合作,推出了第一个自助出版项目——WestBow 出版社,标志着 ASI 正式涉足传统出版行业,并扩大了自助出版的渠道范围。ASI 并不满足于英语类型的自助出版市场,在 2010 年 6 月,ASI 推出了第一个以西班牙语为主的自助出版平台——Palibrio。Palibrio 最初只提供给美国的西班牙语市场,后来延伸到了所有西班牙语国家。

(2)发展中期(2012—2015 年)

2012 年,培生(Pearson)集团,出资 1.16 亿美元收购了 ASI 及其全部的子公司,包括 ASI 旗下的 AuthorHouse、Xlibris、iUniverse、Booktango、Trafford Publishing、Inkubook、Wordclay、AuthorHive、Palibrio、Hollywood Pitch 等自助出版公司。

培生集团收购 ASI 意味着培生集团对自助出版发展的认同及肯定。随着数字出版的发展,传统出版公司正在经受着数字出版改革,在这个时期,很多传统出版商都主动地开拓自己的数字出版版图。其中,培生集团的企鹅兰登书屋(Penguin Random House)在 2011 年 11 月成立了独具特色的图书国,它是以作者成长发展为导向的社区型自助出版平台,是传统出版向自助出版发展的典型代表(本书将在其他章节详细介绍企鹅兰登书屋的图书国的发展),然而图书国的成立和发展不能满足企鹅兰登书屋的自助出版发展。在这一时期,很多代理商和编辑们都在积极地联系优秀的自助出版作者。从 2009 年开始,ASI 就与多家传统出版社如贺屋出版公司(Hay House)、禾林出版公司(Harlequin)等合作。培生集团收购 ASI 应该算是传统出版行业与自助出版行业的强强联合。

培生集团收购了 ASI 之后,首先就考虑将旗下的图书国和 ASI 旗下的 Booktango 融合。Booktango 和图书国都是侧重社区化运营的自助出版平台,这两家平台的结合会产生更有利的结果,因为当时绝大多数的自助出版平台缺少社区化的运营。

ASI 被收购后就拥有足够的资金和技术去实现自助出版产业的整套业务。Booktango 平台和亚马逊旗下的 CreateSpace 及 KDP 平台、Smashwords 一样,为作者提供一定的平台和技术来实现自助出版。实现自助出版的前提是作者有足够的时间和精力来完成整个自助出版的流程,平台在作者出版图书的过程中发挥的作用比较少。然而对于很多业余作者来说,他们并不拥有足够的时间和精力,他们希望拥有一种保姆式的自助出版服务。对于此类作者来说,ASI 旗下的"辅助自助出版"平台如 iUniverse、AuthorHouse、Trafford Publishing 和 Xlibris 就提供了很齐全的增值服务。

ASI 也在尝试着控制美国自助出版的市场。自助出版产业中份额前几位的有 Smashwords、亚马逊旗下的 CreateSpace 及 KDP 平台和 Lulu。ASI 利用自己占据的市场拉低价格,甚至提出了将在 Booktango 平台上出版的所有收益都支付给作者,并且无须作者支付签约费。

为作者提供收费服务是 ASI 收入的来源。ASI 旗下的 iUniverse、Author House 等为作者提供的一揽子服务是要收费的,费用从免费到 189 美元不等。其中的免费服务仅仅提供平台内容上传服务而已。对比其他公司,Smashwords 提供的服务则是免费的,其收入来自分成——作者最高可分得图书销售收入的 86%,其余则归平台。亚马逊采用的也是分成模式,其比例是作者 70%,CreateSpace 的比例是作者 80%。

通过对收入模式的分析,我们可以发现,ASI 的大部分收益来自向作者推销的增值服务,而非图书销售收入,这就为 ASI 的发展埋下了隐患。2013 年年底,ASI 被起诉在商业过程中出现诈骗的行为,并被索赔 500 万美元。之后的 2015 年 7 月和 8 月也多次被告上法庭。许多作者控诉 ASI 通过电话营销欺骗作者,并索要高额的出版费用,但是最终并未兑现之前的出版承诺。尤其有很多老年作者,花费了高额的费用,但是并未获得应有的服务。例如,一位原告称,在 2012 年,为了出版自己的作品,在 ASI 上购买了 Pinnacle Publishing Package(最高级的出版打包服务),前后共支付了 3 万余美元的费用,但是后面因为未成功出版,退回了 6000 余美元,损失了近 25000 美元,这对于一位年过六旬的老人来说,是一笔不小的损失。①

(3)发展后期(2016 年至今)

ASI 在快速发展的过程中暴露出了诸多问题,导致培生集团最终不得不将这块烫手山芋抛出。2016 年 1 月 6 日,在一系列谈判后,ASI 被卖给美国亚利桑那州凤凰城的私人股权投资公司纳杰菲(Najafi Companies)。从表 4-3 也可以看出,自从 2012 年之后,ASI 旗下的主要品牌出版量呈下降趋势,并且 ASI 负面新闻缠身,这些原因最终导致 ASI 被转手低价卖出。

---

① 本段内容出自:因欺诈再次被诉,起诉书起底 ASI 运作机制[EB/OL].(2015-05-07)[2021-09-15].
https://www.bookdao.com/article/93272/.

表 4-3　　　　　　**ASI 旗下平台 2008—2014 年出版物数据统计表**

平台		出版数量(包括电子书和纸质书)及占比						
		2008	2009	2010	2011	2012	2013	2014
Author Solutions Inc.	Xlibris	9194	12726	19421	17790	13990	14646	14834
		10.76%	11.43%	12.70%	7.20%	3.56%	3.19%	3.03%
	AuthorHouse	10708	13947	11613	17612	14256	11835	6024
		12.53%	12.52%	7.60%	7.13%	3.62%	2.58%	1.23%
	iUniverse	6907	8078	6569	8564	6555	4640	4881
		8.08%	7.25%	4.30%	3.47%	1.67%	1.01%	1.00%
	Trafford Publishing	1068	2451	2839	3637	4793	4000	4476
		1.25%	2.20%	1.86%	1.47%	1.22%	0.87%	0.92%
	WestBow Press	0	7	719	2369	3869	3476	3573
		0	0.01%	0.47%	0.96%	0.98%	0.76%	0.73%
出版数量总计 (美国所有出版平台)		85468	111359	152871	246912	393421	458564	488921

2016 年之后，ASI 继续运行。按照 2021 年 ASI 主页上的介绍，Author Solutions已帮助超过 225000 位作者出版了 310000 种图书。合作伙伴也更加广泛。

2006 年自助出版平台出现并逐渐发展，我们能从 ASI 的发展轨迹看到美国自助出版的发展脉络。其实除了极具代表性的 ASI，Smashwords、CreateSpace、KDP 等平台的发展也呈现出这样一种发展态势。Smashwords 在成立之初是一家为作者提供出版平台的公司，没有太多的获益方式和合作方，但是随着不断成长，Smashwords 拥有了苹果公司、五大传统出版商等合作方。自助出版的发展和其他行业一样，经历了萌芽期—成长期—成熟期。美国自助出版发展虽然遭遇些许波折和考验，个别平台或将退出历史舞台，但是市场终究会促使自助出版产业走向成熟。

4.2.2.3　美国自助出版发展趋势分析

书目信息服务提供商 Bowker 透露，自助出版的书籍在 2012 年增长了近60%，在 2013 年，它没有显示出放缓的迹象。虽然行业持续增长，但 2014 年可能是"成熟稳定"的一年，因为根据美国出版商协会的数据，普通的电子书销售额度在 2015 年下降了 10%。尽管企鹅兰登书屋的自助出版业务网站 Author

Solutions在 2016 年年初正式售出,自助出版发展遭遇些许变革,但近些年自助出版的发展和受欢迎程度有增无减。下面我们分析一下美国自助出版的发展趋势。

(1)自助出版作品呈现稳定增长态势,大型自助出版平台保持垄断地位

书目信息服务提供商 Bowker 透露,2018 年美国自助出版的图书相比 2017 年增长了 40%[①]。数据显示,美国自助出版作品持续稳定增长。

当然,自助出版发展的成功不仅仅表现在优秀作品受到瞩目,自助出版的市场份额也在与日俱增。根据尼尔森 2015 年的数据[②],从 2014 年第一季度到 2015 年第一季度,自助出版图书的市场份额占比超过了 18%,比上年度上涨了 4%,同时期的美国五大传统出版公司的市场份额则为 37%,比上年度上涨了 9%,这两个数据也就意味着自助出版产业和五大传统出版公司挤占了其余大大小小的出版商的市场份额。

在美国,自从 Bowker 发布第一份自助出版报告开始,CreateSpace 就一直盘踞榜首,Smashwords、Lulu 等平台紧随其后。从 2017 年的美国自助出版报告可以看出,CreateSpace 使用自助出版书号 751929 个,占据全美自助出版书号的 75%,堪称绝对垄断。还可以发现,前四家自助出版平台使用的书号,几乎占到整体书号使用量的 75%[③]。

(2)作者身份转变

在自助出版最初发展的时候,传统作家将作品发布到平台上等待着读者。然而随着技术的发展,作者发现他们不仅仅可以扮演作者的角色,还可以成为编辑、封面设计师和营销人员。他们成为"作者企业家"(authorpreneur),作者将自己的出版事业作为一种商业化活动,这就意味着他们需要更加广泛地开展出版业务,要考虑从品牌到媒体宣传,再到编辑合作等事宜。

内容仍然是"王",但是设计和营销成了"王后"。如果作者利用自助出版,只是简单地将作品上传到平台上,而忽视了编辑排版、封面设计、电子书格式转换和营销,即使是很好的内容,也很难得到关注。越来越多的自助出版作者已经意识到,当他们选择自助出版时,也扮演了出版商的角色,成为真正的出版人。这意味着,自助出版作者要比传统出版作者做更多的事情,因此自助出版作者能比

---

① Self-Publishing Grew 40 Percent in 2018, New Report Reveals[EB/OL]. (2019-10-15)[2021-07-06]. https://www.bowker.com/en/news/2019/self-publishing-grew-40-percent-in-2018-new-report-reveals/.

② 尼尔森 2015 美国市场报告:五大社电子书份额下滑 12%[EB/OL]. (2016-06-07)[2021-09-06]. http://www.cbbr.com.cn/contents/533/8970.html.

③ 美国自出版的现状、问题及发展趋势[EB/OL]. (2019-04-19)[2021-07-06]. https://www.fx361.com/page/2019/0419/5029573.shtml.

传统出版作者拥有更多的作品处置权利。

随着自助出版发展的进一步成熟,竞争也越来越激烈,想要从浩瀚的自助出版作品中脱颖而出,受到读者的关注,提高作品质量是非常重要的。作者会越来越希望自己的出版作品与传统书籍没有区别,以内容的价值为主。书的价值在于内容而不在于出版载体,读者要的是好的内容和高性价比。虽然作者可以自己承担编辑、设计和营销工作,但是毕竟术业有专攻,作者希望进一步提高自己的作品质量,他们期待与编辑、设计师或者营销人员合作,使自己的作品更具有专业性和针对性。

同时,随着互联网的发展,自助出版作品比传统出版作品的传播范围更加广泛,世界各地读者的反馈也能被作者接收到,作者更容易寻找到"知己",也就是说,作者通过接触自己的读者,了解他们并且知道他们需要什么。例如,Lulu 平台的作者可以利用网站提供的免费工具直接与读者沟通,从而建立起与读者的联系,提高读者忠诚度和电子书销量。

此外,很多作者都将自助出版作为他们的副业,利用各个自助出版平台提供的一些增值服务来完善自己的作品,并进行销售。他们不满于传统出版的漫长的审核期和出版周期,而且一旦在自助出版平台上小有名气,就有传统出版商找他们洽谈出版事宜。

(3)混合出版的发展

混合出版成为近年自助出版发展的趋势。尼尔森的数据调查显示,有超过49%的受访者表示,在过去六个月里买过纸质书也买过电子书,42%的人只买过纸质书,仅有 9%的人只买电子书。这一数据表明消费者并不愿意放弃纸质书。传统出版和自助出版的融合促成了混合出版的发展。源源不断的自助出版作者与传统出版商签订合约,同时也有很多传统出版作者将自己的出版作品发布到自助出版平台上,将自助出版作为传统出版的补充和发展。

越来越多的自助出版作者开始寻求混合出版,特别是那些中段的作者,他们之前较少得到出版商的关注,但通过混合出版,出版商的关注度可能会有一个新的提升。此外,混合出版的灵活性意味着作者能夺回出版的很多权利,作者有可能寻找到更多的利益点。

(4)连载小说、同人小说风行

自助出版作者还发现了连载小说对于读者的吸引力。通过一次次发布作品,作者能够不断吸引读者并增加作品的点击量,同时结合读者的反馈来创作自己后期的作品,这种模式被证明是非常成功的。这种出版模式还允许作者发布30 章的定价为 99 美分的作品,在前面的章节以较低的价格吸引读者,在后面的章节提高费用。在 2014 年,互联网上有 1400 万个故事是通过连载小说的形式呈现的。人们通过移动设备阅读的机会越来越多,因此,章节化的作品会越来越有市场。

在连载小说越来越成熟的同时,同人小说也颇受关注。同人小说涵盖了名人、经典小说、影视剧角色等所有内容,虽然其类型多种多样,但是奇幻类型和爱情类型的同人小说是最受读者喜爱的。

4.2.3 美国自助出版原理剖析

4.2.3.1 从平台商收入看自助出版

美国自助出版模式简化了出版流程,使出版成本大大降低。以下参照号称美国“出版圣经”的 *Publishing for Profit:Successful Bottom-line Management for Book Publishers*(Fourth Edition)(《为赢利而出版:图书出版商底线管理成功指南(第 4 版)》)对纸书及电纸书毛收入模式进行比较,再结合自助出版电子书的平台收入情况做一个总的分析。

一般情况下,销售图书的收入减去图书加工费及印刷装订等费用,就是公司的毛收入。无疑,纸本图书的成本最高。数字出版技术也给纸本图书带来了机会,传统出版商也可以生产纸本图书的电子版——电纸书,这就免去了印刷、装订等费用,但增加一项格式转换成本。自助出版也有格式转换费用,但没有其他费用。纸书、电纸书和自助出版电子书毛收入模式如表 4-4 所示。

表 4-4 　　　　纸书、电纸书和自助出版电子书毛收入模式

纸书收入	电纸书收入	自助出版电子书收入
一零售折扣	一零售折扣	一零售折扣
一加工费	一格式转换费用	一格式转换费用
一制作费用(印刷及装订等)	—	—
一版税	一版税	一版税
=出版平台毛收入	=出版平台毛收入	=出版平台毛收入

其中格式转换费用是一个比较有弹性的费用。西方大型出版商目前革新了传统出版的流程,已经将格式转换纳入工作环节考虑,目前这笔开销已经大幅下降。

按照出版业一般开销情况,我们可以假定三种图书售价都为 20 美元。其中,纸书零售折扣率为价格的 50%,版税为 10%。电纸书零售折扣率也为价格

的 50％,版税假定为收入的 50％。自助出版电子书分两种情况:如果在出版平台上零售,则没有零售折扣率,版税在多数情况下高达价格的 70％;如果通过第三方平台销售,则零售商、发行商及作者的收入比为 3∶1∶6。代入这些数字,表 4-4 变为表 4-5。

表 4-5　　　　　　纸书、电纸书和自助出版电子书毛收入比较表　　　　（单位:美元）

项目	纸书收入	电纸书收入	直销自助出版电子书收入	向第三方平台分销的自助出版电子书收入
零售价	20	20	20	20
零售折扣	—10（零售折扣率为 50％）	—10（零售折扣率为 50％）	零售折扣率为 0	—6（零售折扣率为 30％）
加工费用	—1.5（零售价的 7.5％）	—0.1（格式转换费）	—0.2（格式转换费、封面设计费等费用）	无格式转换费
制作费用（印刷等）	—1.5（零售价的 7.5％）	无印刷、装订等费用	无印刷、装订等费用	无印刷、装订等费用
版税	—2（零售价的 10％）	—5（假定版税为零售折扣后收入的 50％）	—14（零售价的 70％）	—12（零售价的 60％）
平台毛收入	=5	=4.9	=5.8	=2

　　如表 4-5 所述,同样价格下,尽管自助出版电子书采用了高版税制度,其直销平台毛收入仍然最高,电纸书也获得了较大的毛收入。这样就会导致:第一,自助出版电子书有较大降价空间,而一旦价格降到足够低,则会带来销售业绩的上扬,这同样会增加作者和平台收入。第二,电纸书也有较大价格下降空间,一般电纸书出版商会将价格定在 9.9 美元,则作者版税不太可能达到收入的 50％,毕竟传统出版流程运行成本最高。第三,传统出版作者尤其是名家在自助出版电子书的高版税率诱惑下,可能会转向自助出版,这就是传统出版商的最大危机所在。

　　4.2.3.2　从作者版税收入看自助出版

　　以上从平台毛收入分析了自助出版,其中三种书的价格被假定成同样的。现在,让我们在真实数据基础上来分析作者的版税收入状况。大多数情况下,电纸书定价为 9.9 美元,自助出版电子书价格多为 2.99 美元,具体如表 4-6 所示。

表 4-6　　　　纸书、电纸书和自助出版电子书作者版税收入比较表　（单位:美元）

项目	纸书	电纸书	直销自助出版 电子书	向第三方平台分销的 自助出版电子书
零售价	20	9.9	2.99	2.99
版税	=2 (零售价的 10％)	=9.9×50％ (零售折扣率)×17％ (版税率)=0.84	=2.09 (零售价的 70％)	=1.79 (零售价的 60％)

　　从表 4-6 可以看出,在图书销售数量相同的情况下,纸书与直销自助出版电子书的作者版税收入相当。但在传统图书的生产过程中,版税并不是一开始尽数付给作者的,如果销售数量不足以抵消版税,则后续版税就可能取消,也就是说,作者并不见得真正能拿到预期的版税。而且,在 20:2.99 的情况下,我们如何相信读者会选购 20 美元一本的书,而不考虑购买 2.99 美元一本的书? 当然,笔者是指在内容质量基本相当的情况下。那么,畅销的自助出版电子书一般能卖到多少册呢? 一些例子可显示相关情况。马莱因·S.博登的首本自助出版电子书《婚礼礼物》卖出了 14 万册,荣登亚马逊和《华尔街日报》的畅销书榜,达茜·钱的《磨坊河的隐士》销量约为 70 万册,休·豪伊的《羊毛》销量近 50 万册,维克托蕊·列斯克的《并不是她看起来的那样》从 2011 年 3 月到 2011 年 5 月已卖出了 10 万册,伊丽莎白·诺顿的《等等我》从 2012 年圣诞节至 2013 年 1 月间卖出了 50 万册。[①] 如果这些书的定价都是 2.99 美元,那么作者每本收入大约 2 美元,则总数相当可观。当然,自助出版作者在出版过程中可能会有一些开销,但对比收入来说,并不算多。

　　以上是理论上的推算,那么现实中自助出版对作者的吸引力是否真的越来越大? 世界图书大会和《作者文摘》做了一项名为"自助出版时代,理解作者需求"的调查,调查对象是 5000 名作者,包括自助出版作者、传统出版作者,还有同时具有两种出版经历的"混合型"作者(hybrid author)。作为主题演讲内容,世界图书大会发布了该调查报告。调查得出的结论是,有抱负的作家似乎依然热衷于传统出版业,而那些混合型作者则对传统出版没有好感。一般来说,那些畅销书作者对出版商评价甚高,而混合型作者对出版商评价不高。该调查报告指出了"曾在传统出版社出书的作者中,有三分之一的人表示有兴趣对他们创作的

---

　　① 自助出版得卖出多少本才算畅销书? [EB/OL]. (2013-05-23)[2021-08-12]. https://www.book-dao.com/article/63349/ .

下一本书采取自助出版方式"。①

4.2.3.3　简单化的操作流程

作者收入是自助出版的吸引力所在,那么从作者转变为一个独立出版者(indie publishers)是否容易? 服务提供商为作者创建了简单易行的自助出版操作流程,如图 4-1 所示。

图 4-1　自助出版操作流程

（1）设计封面

封面被认为是影响读者选购的重要因素,而且科幻、惊悚、侦探、言情小说等都已经形成了不同类型的封面风格。一般说来,这个步骤可以由作者自己来完成,但如果不擅长图书设计,则可以实行外包。

（2）转换格式

一旦尝试自助出书,作者们就一定希望尽量通过各种渠道发行。自助出版电子书的发行方式一是平台直销,二是第三方分销。无论直销还是分销,最终目标都是将电子书送达不同电子阅读器中。目前,重要的阅读器包括 Kindle、Nook、Kobo、Sony 等专用电子阅读器,以及苹果操作系统移动终端、安卓系统移动终端等。不同的阅读器要求不同的格式,自助出版者需要了解相关知识,各大自助出版平台也提供了足够的软件资源让作者学习格式转换。当然,如果作者不愿意学习相关技能,可以如上一步封面设计一样实行外包,价格并不贵,100～200 美元不等,这意味着作者卖出 2000 册就可将单本格式转换成本降至 0.05～0.1 美元。因此,这并不是大开销。假如作者不愿意外包,则可以选择在 Smashwords 平台发布自己的电子书,Smashwords 提供免费格式转换服务。

（3）发布图书

图书发布是一项细致的网络表格填写工作,要尽可能详细地描述图书,包括标题、内容提要、著作事项、分类及关键词、出版日期、版权声明等。一些自助出版服务商要求必须有 ISBN 号,则需要向美国 ISBN 管理机构购买。ISBN 号单

---

① 作者为何越来越青睐自助出版? ［EB/OL］.（2013-02-01）［2021-08-12］. http://www.cpp114.com/news/newsShow_205738.htm.

个购买 125 美元,一次购买 10 个则需 250 美元。作者如果不愿意购买,Smash-words 可以免费提供。作者填写完所有的网络表格,最后就是上传图书并预览,直至满意为止。

(4)确定价格及版税

对于这一项内容,所有平台处理办法都类似,笔者以亚马逊 KDP 为例来进行说明。亚马逊规定,假如作者将书价定在 2.99～9.99 美元,那么他将获得 70% 的版税,但作者必须在下列范围之内发行电子书:英国 Kindle Store、法国 Kindle Store、德国 Kindle Store、西班牙 Kindle Store、日本 Kindle Store、巴西 Kindle Store 和加拿大 Kindle Store。该范围一共包括英国、法国、摩纳哥、比利时、奥地利、德国、列支敦士登、卢森堡、瑞士、安道尔、西班牙、意大利、圣马力诺、梵蒂冈城、日本、巴西、加拿大等国家和地区。在这个范围之外发行,亚马逊只支付 35% 的版税。

对于自助出版作者来说,有多种价格策略可供其选择。如果追求读者数量最多,可选择免费阅读,当然这样作者将得不到任何版税,定价 0.99 美元似乎是既能使读者最大化又有所收益的策略。如果追求利润最大化,2.99 美元成为大多独立出版者最青睐的价格,按照 70% 的版税算,每卖出一本书可收入 2 美元。

(5)营销图书

在传统图书运作中,读者购书的原因之一或是朋友、同学、老师、同事推荐,或是读者先前已经读过该作者的书。在网络时代,图书营销仍然必须推崇“推荐”和“口碑”,但网络有更多的办法让二者运行得更好。独立出版者可以在网络图书营销中起到巨大的作用。亚马逊提供了一些作家营销工具,如“author page”,读者选书时可以点击作者的名字,然后进入作者页面,而这个页面由作者自己管理,作者可以尽可能多地显示自己的优势,并链接所有相关信息,包括社交媒介、论坛、博客,以及作者其他著作和文章。就网站本身来说,诸如“畅销书榜”“新书发布”“顾客评论”等,都是良好的营销工具。

4.2.4　美国自助出版运作原理研究

4.2.4.1　自助出版运作流程——以 iUniverse 为例

iUniverse 是 ASI 旗下的自助出版平台,发展迅速并致力于为作者提供完善的自助出版服务。本节就以 iUniverse 提供的服务为例,介绍美国自助出版平台结构、作者注册服务、作者出版服务。

在 iUniverse 平台上,用户的使用流程可简要表述为:注册账户→登录个人账户→选择作者服务→出版→营销。

(1)自助出版平台结构

根据 iUniverse 的首页界面,其主要栏目归纳如表 4-7 所示。

表 4-7   **iUniverse 主页栏目一览表**

栏目	内容	简要介绍
打包	黑白打包服务	见 4.2.6 节
	彩色打包服务	为彩图较多的图书提供的打包服务
服务	评价	编辑对作品进行评价,包括市场评价和内容评价
	编辑	平台对作品进行评论,提出修改意见
	格式	提供格式转换
	设计	提供插图设计和封面封底设计
	产品	提供各类型出版产品
	营销推广	提供市场推广渠道
	图书销售	提供销售渠道
作者成功经验分享	帮助其他作者	iUniverse 给其他作者提供成功案例,吸引作者积极参与各类型的出版计划
	给我的商业计划一点建议	
	实现自己的人生理想	
	让自己成为一名作家	
	分享我的成功故事	
资源	作者成功小视频介绍	作者成功经验分享
	写作 & 编辑	写作和编辑指导
	出版 & 发行	出版和发行指导
	图书市场 & 自我推销	市场营销指导
	荣誉奖励	iUniverse 提供一些本平台和其他平台的荣誉和奖励,吸引作者
	F&Q	F&Q
	博客	博客
关于我们	关于我们	平台介绍

所以 iUniverse 的主要目的在于吸引作者加入,使作者使用它们的打包服务,了解其他作者的出版过程,了解平台能够提供给作者广阔的空间和发展前景。

(2)作者注册服务

在用户注册 iUniverse 账号的时候,网页上会出现两个调查问卷,询问注册者的出版目的,如,与家人分享作品目的、赚钱目的、提高声誉目的,等等。还会询问作者是否已经有完成的作品可以直接出版。这两个调查问卷可以让平台了解到作者的出版意愿是否强烈,平台可以根据作者的意图和准备情况,为作者推荐适当的服务。

进入账户之后,网页会提示作者,iUniverse 每月会为新手作者提供特价的出版、图书营销和打包服务,如果有意愿可以直接从左边的入口进入。进入之后,iUniverse 会为新手作者提供新手优惠价(special offer),如图 4-2 所示。

Package	Broadcast	Book Launch Premier Pro	Bookstore Premier Pro	Premier Pro	Premier
Original Price	$5,999	$4,399	$2,699	$2,149	$1,599
10% OFF Non-ALC Members	SAVE $599.99	SAVE $439.99	SAVE $269.99	SAVE $214.99	SAVE $159.99
50% OFF ALC Members	SAVE $2,999.50	SAVE $2,199.50	SAVE $1,349.50	SAVE $1,074.50	SAVE $799.50

图 4-2　iUniverse 提供的新手优惠价

(3)作者出版服务

①评估服务(evaluation services)。

iUniverse 的评估服务包括内容评估服务(editorial evaluation services)和市场评估服务(marketing evaluation services)两个部分。iUniverse 能够有效地对作品进行专业的评估。评估服务在很多打包服务中都有,可单独购买。

a. 内容评估服务。

无论出版什么内容,编辑的质量十分重要,即使是优秀作品,也有很多语法错误和拼写错误,编辑需要仔细核对、编校,防止出现小错误。另外,iUniverse 经验丰富的编辑评估员将审查作者的稿件,并为作者提供一些稿件修改意见。评估员还会根据作品的质量,为其推荐其他的产品和服务。

b.市场评估服务。

对于购买 Bookstore Premier Pro 或 Premier Pro 打包服务的作者,平台还提供市场评估服务,这有助于确定图书的市场情况,以及为作者确定一个大致的图书出版规划。市场评估有助于确定这本书是否具备一些成功的关键要素。

②编辑服务(editorial services)。

评估服务中,编辑只为作者提供简短的参考意见,但是这里的编辑服务则是直接为作者修改文章。另外,若要利用编辑服务,作者必须提供 Microsoft Word 格式的文档。编辑服务分为核心编辑服务、高级编辑服务、索引服务。

a.核心编辑服务。

核心编辑服务专注于修改一本书的基础语句问题,包括语法、拼写、标点、大写和句子结构。

b.高级编辑服务。

高级编辑服务需要资深编辑深入了解作者的图书内容和图书风格,并做出处理,包括内容情节的完善和故事情节发展速度的控制。

c.索引服务。

为了最大限度地提高非小说题材的可用性,读者、图书馆管理员和评论者都希望作品包含索引。索引对于一本书的推广十分重要。设置索引需要专业人员的参与。

③格式服务。

通过数字和按需出版技术,iUniverse 可以为作者提供不同格式的书,包括有声读物、电子书等。

④设计服务。

iUniverse 团队将与作者合作,与作者详细沟通,对作者的照片、图片、封面进行创作。服务的内容包括书籍内页排版设计、封面设计、黑白及彩色插图的设计。

⑤产品服务。

作者可以在作品完成之后,进行页面布局的更改,同时 iUniverse 允许作者在设计师完成手稿后对书籍进行更改。即使图书已经上架销售,作者仍然可以更正错误。

⑥营销和宣传服务。

iUniverse 给作者提供了很多营销和宣传服务。全方位、多层次、立体化的宣传和营销会提高图书的影响力,作者可以根据自己的需要选择合适的营销和宣传服务。4.2.4.2节将会详细介绍自助出版平台为作者提供的营销服务。通过表 4-8 可以大致了解 iUniverse 提供的营销和宣传服务。

表 4-8 　　　　　　　　　　**iUniverse 的营销和宣传服务列表**

服务	介绍
广告	iUniverse 通过将相同类型的图书引流给相关读者,以经济实惠的方式直接向读者推广书籍
图书展览和会议	iUniverse 通过图书展览和会议营销服务推广图书
书评	书评是提高图书影响力的重要渠道。读者和零售商在考虑哪些作品值得购买和阅读时依赖专家的意见。iUniverse 提供四个不同的书评服务,以帮助作者营销图书
书籍签售和书展	作为大部分重要贸易展览和书展活动的参展商,iUniverse 通过图书展览服务,将书籍介绍给读者和业内人士
好莱坞计划	iUniverse 可以将作者的作品推荐到好莱坞,以图改编剧本,提高作品的影响力
网络营销	建立作者自己的网站,利用网络搜索,有效、经济地宣传图书。网络宣传可以树立作者的形象,并与世界各地的读者沟通
广播广告	通过广播来宣传图书
《读者文摘》营销	《读者文摘》是一本广受好评的杂志,是针对性极佳的广告机会
电视广告	作者可以通过电视广告宣传图书,接触至少一百万名观众

⑦图书销售服务。

iUniverse 参与了书商退货计划和书籍购买者预览计划,保证书店能够安心购入自助出版的书籍。另外,平台与书商合作,利用有效的机制来激励书店购书,并且会准备促销材料,例如全彩明信片、书签、名片等,吸引读者购买。促销材料可以单独批量出售或作为捆包包装出售。平台不仅为作者提供向美国版权局注册版权的服务,还会帮助作者获得国家图书馆编号,这将会更有利于图书馆、书商知晓和获得作者的作品。

(4)作品提交流程和分享机制

点击"PUBLISH A NEW BOOK"即可开始上传作品。作品提交一般分为以下 7 个步骤:

①确定作品的标题和摘要。摘要一般分为长摘要和短摘要,长摘要最长不超过 4000 个字符,短摘要不短于 40 个字符。另外,还要确定出版语言。

②确定作品的价格,作者可以选择免费、由读者定价、自行定价和部分章节免费试读这四种选项。

③确定一级目录和二级目录,并确定标签(tag),标签对于作品来说非常重要。

④确定出版格式,可以提供的格式有. epub、. mobi、. pdf、. txt、. doc 等。

⑤确定书籍封面,封面图片要求是.jpeg 或者.png 格式,20MB 以内。

⑥上传书籍文件,推荐使用.doc 格式或者.epub 格式。

⑦签署出版同意书和版权使用说明书。

在作品提交前,作者可以选择相应的打包服务,即 4.2.6 节所叙述的平台提供给作者的出版服务。如果选择不使用打包服务,则按照上述流程免费出版。

在成功出版后,作者可以将自己的部分作品上传到社交网站上进行分享,吸引读者进行阅读,并由此增加点击量和购买量。在互联网时代,社交网站作为吸引读者的入口在自助出版中发挥着重要的作用。连载作品的作者还可以通过社交网站与读者进行实时的沟通和交流,了解读者的意愿和看法,这种即时互动的分享型阅读和出版模式是传统出版无法做到的。

4.2.4.2　美国自助出版营销分析

由于美国自助出版平台为作者提供的营销发行是服务的重点,因此本节将营销服务单独列出,详细介绍美国自助出版平台为作者提供的营销服务。

(1)定价促销

①免费推广法。免费赠阅是"放之四海而皆准"的促销利器,毕竟免费的午餐是人人都想要的。根据 Smashwords 每年推出的自助出版产业数据,对免费书单本的平均下载量和付费书单本的平均购买量进行比较,发现在 2015—2016 年里,免费书的平均下载量是付费书的 41 倍,这就意味着免费下载是有效吸引读者阅读的促销手段。免费的促销手段可以有效地推广新作家的作品,吸引新的读者。

②黄金定价法。在过去几年里,通过数学统计算法和大数据可以得知,3.99 美元是电子书定价的"黄金点"。在这个价位上,作者可以最大限度地获得下载量和单位收益。2016 年的最新调查表明,2.99 美元的定价以微弱的优势击败了 3.99 美元,成为新的"黄金定价",但是 3.99 美元仍然是可以获得最高收益的平均价格,其次是 4.99 美元,然后才是 2.99 美元。这些数据给大多数的自助出版作家一个信号:可以勇敢地涨价了。总体来说,这个价位可以让自助出版作家的收益最大化。

(2)榜单和推荐

自助出版的营销还采用了电子书商采用的营销方法。平台除了为读者提供搜索服务外,还经常向读者推荐一些优秀的作品和发布畅销榜单。这类畅销榜单能够给读者提供十分便捷的入口,能将作者的作品直接介绍给读者。这种营销方式是读者最容易接受的,也是平台为作者提供得最多的营销服务。

（3）套装书促销

套装书策略是指将系列书籍打包销售的营销策略。事实上，销售量情况并不能充分说明套装书成功与否。在 Smashwords 的畅销书榜 Top100 榜单中，套装书只占 4 名，如《纽约时报》畅销书作家克里斯汀·艾希礼（Kristen Ashley）的 *The Burg Series*，这套书的价格为 17.95 美元，有 120 万字。但其实套装书在很多情况下可以给作家带来除经济收益之外的收获。下面所总结的三种套装书中的后两种都给作者带来了其他好处。

①某个著名作家出的一系列作品。在这样的情况下，销售套装书依靠作家本身的名气，刺激读者一次性购买整套，进而提高销量。

②多个同类型作品同时销售。多个作品同时销售，通过交叉将自己的作品推荐给其他的粉丝群体。大多数非知名套装书一般价格比较低，通过低价吸引读者，一般定价仅仅为 0.99 美元。这样的方式能够有效地提高作者的知名度，拓展新的读者群。对于这种套装书，赚钱并不是其主要目的。

③用于慈善组织筹集善款的套装书。例如布伦达·诺瓦克组织的年度糖尿病募捐活动，限时销售作为筹备慈善资金方式的套装书。

（4）预售

根据 2016 年 Smashwords 年度报告的数据，在各大平台上，已经有接近 13.5% 的新书以预售的形式发布，同比上升 9.8%。也就是说，还是有约 85% 的作家将书籍直接上传销售。当然，能够进行预售的图书是需要一定条件的，对于有一定名气的作家或者作品来说，预售能够获得很强的竞争优势。但大部分自助出版作家尚不清楚如何利用预售来达到收益的最大化。

以预售的形式发布的图书一般赚得更多。根据 Smashwords 提供的数据，从一开始就进行预售的图书，其收益比发布当天就上架的图书高 2.8 倍。每次预售都能为作者带来一定的增值，包括读者群的拓展、知名度的提高。对于一个作者来说，读者越多，马太效应就越强。在 Smashwords 的畅销书榜 Top10 榜单中，有 7 本是预售发布的，在 Top100 中有 55 本。2015 年 6 月开始，Smashwords 推出了"元数据预订"，允许作者提前 12 个月进行预售。

（5）利用社交媒体和电子邮件营销

社交媒体是作者与读者交流最为便捷的渠道。畅销书作者一般在社交网站上都很活跃，甚至很多作者会在社交媒体上免费提供一部分作品吸引读者，比如作家个人网站、博客、Facebook 和 Twitter。作家通过社交媒体的渠道直接与读者沟通，能更好地完成写作，也能进行更有针对性的营销和推广。

4.2.5 美国自助出版产业链研究

4.2.5.1 美国自助出版产业链主体结构

产业链是产业之间基于一定的技术、经济关联而联系起来的有机整体。产业链上下游之间具有内在的逻辑性和不可逆性。产业链的形成和发展需要固定的主体结构,这些主要结构相互联系但又彼此独立。本节将主要阐述自助出版产业链的主体构成,从而利于我们了解自助出版产业链的具体情况。

如图 4-3 所示,就自助出版产业来说,产业链的主体结构分为上游的自助出版产品提供商,中游的技术开发与平台提供商、产品与服务分销商,以及下游的目标用户——读者。

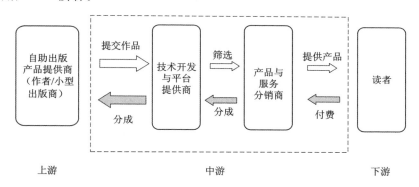

图 4-3 自助出版产业链主体结构

(1)自助出版产品提供商

自助出版产品提供商是产业链的上游,他们提供形式不一、篇幅不限的作品。自助出版产品提供商包括下列几种类型:

①UGC 模式的产品提供者。

伴随着个性化与互动化的 Web2.0 兴起,UGC 成为互联网内容产业最重要的模式。自助出版作为互联网时代的产物,也成为 UGC 模式的典型代表。作者自主创作,自行利用平台上传、出版作品,打破了传统出版的桎梏,形成了一条全新的产业链。在这个产业链里,用户既是创作者,也是消费者。然而,UGC 内容有着难以避免的缺陷:难以保证其内容的质量。因此,平台会利用一切办法来提高内容的质量。平台会主动联系一些优秀的作者上传内容,比如知名作家、著名教师等。

②出版社、内容服务机构。

目前很多自助出版平台与第三方合作,包括出版社、内容服务机构等。如前文所述,自助出版平台面临的比较严峻的问题是内容质量难以控制。因此,在作者自己提交内容的基础上,对平台的内容进行补充和完善,借助外部内容来增加平台的吸引力是十分有必要的。出版社与内容服务机构的优势就是能够保证内容的质量,从而吸引用户。一般来说,自助出版平台会与出版社合作,购买版权。有的平台则会与一些内容服务机构合作,提供高质量的、有针对性的内容,百度文库就在其平台上提供了很多针对办公室的应用文档,例如办公财会文档集合包、办公人事文档集合包,大多具有很强的实用性。出版社和内容服务机构是对自助出版平台的补充和延伸,弥补了自助出版平台的不足之处,是非常重要的产品提供商。

(2)技术开发与平台提供商

技术开发与平台提供商无疑占据着产业链的重要地位。如果说内容是自助出版平台发展的基础,那么技术则是自助出版平台发展的前提和推动力。作为技术驱动型产业,自助出版产业的发展依托了互联网的发展和数字出版技术的发展。从数字出版发展的过程来看,技术开发者一直占据着产业链的重要位置。例如,国内发展比较好的一些互联网企业都是依托技术起家的,如掌阅科技等。因此,部分技术开发商发展成为平台提供商。

平台提供商大致分为三种类型:硬件设备提供商,比如苹果的 iBooks、小米的多看等;平台商,一般是整个商业产业链的主导,从普遍的情况来看,许多平台技术商也做硬件设备开发,最著名的是亚马逊平台;应用程序提供商,包括各类型的 App 设计开发者。

从自助出版产业链角度来说,产业链都以平台为主导,平台提供渠道(网站、App 等)供用户使用。我们将国内外各大自助出版平台的基本情况列于表 4-9 中。

表 4-9 　　　　　　　　　　　**自助出版平台基本情况**

平台基本情况	母公司	公司是否拥有其他非自助出版内容产业	是否有硬件设备	渠道
KDP&CreateSpace	亚马逊	是	Kindle	自有渠道
ASI	Najafi	是	否	—
图书国	企鹅出版集团	是	否	自有渠道
Lulu	—	否	否	亚马逊
Smashwords	—	否	否	苹果、亚马逊

（3）产品与服务分销商

产品与服务分销商利用自助出版平台或者电子商务平台进行分销业务，连接了内容产品与消费者，是产业链中十分重要的一环，最终实现了内容产品的价值。自助出版的产品与服务分销主要针对电子书店和传统书店。电子书店即从事数字出版产品销售的平台，如 Smashwords、亚马逊的 KDP 等，它们都是用户付费阅读平台，平台推广阅读，实现变现，然后与作者分成。

4.2.5.2 基于自助出版产业链的案例分析

自助出版产业作为新兴的数字出版形态，因为其具有广泛的用户基础，在出版业中的地位越来越突出。下文将主要介绍自助出版的两个典型模式——多渠道模式和环形模式。

（1）多渠道模式——Smashwords

Smashwords 的产业链主要分为上、中、下游三个部分，如图 4-4 所示。

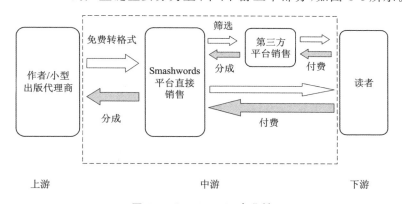

图 4-4 Smashwords 产业链

①上游。

作者或者小型出版代理商可以在 Smashwords 注册账号，然后将书籍上传到 Smashwords。上传之后，Smashwords 可以自动地将上传的文章排好版，并且要求作者确定并完善书籍的封面、尺寸、价格。在书籍有了销量之后，作者还可以与 Smashwords 分成，这种双赢的方式是平台能够顺利成长的重要原因。Smashwords 网站中有这样一段文字介绍：Smashwords offers a virtual playground for those who love the written word（Smashwords 是一个为爱好写作的人所设置的虚拟游乐场）。由此我们可以看出，Smashwords 对于一般的作者来说确实是一个将自己文字呈现给大众的理想平台。

与传统的出版方式相比，利用 Smashwords 进行自助出版为很多不出名的作家提供了一个非常快捷、有效的出版方式。在很多情况下，作者会拿到比传统出版高得多的收入。

②中游。

中游是 Smashwords 自助出版最重要的环节。中游包括两个重要角色,分别是 Smashwords 网站和零售商。另外,在这里我们将分析一下整个产业链的利润分成情况。

a. Smashwords 网站。

Smashwords 网站在这一产业链中是处于绝对领导地位的。作者将书籍上传到网站,通过网站售卖给读者。Smashwords 不会向作者收取任何费用。作为一位虚拟的"代理人",Smashwords 会将一些销量好的书籍放到零售商那里售卖,甚至将电子书出版成纸质书籍。Smashwords 的收入来源是在书籍有了销量之后与作者之间进行的分成。

b. 零售商。

与零售商的合作是 Smashwords 发展过程中非常重要的一步。现在与 Smashwords 合作的有苹果公司、巴诺、Kobo 等在美国非常有影响力的电子书分销商。

c. 利润分成情况。

作者和一些小型出版代理商可以得到净收益(销售价格减去 PayPal 支付所需要的手续费)85%左右的报酬。如果是在 Smashwords 平台上售卖,作者将得到净收益的 85%;如果将书籍推荐到一些零售商的平台上去售卖,作者将会获得70.5%净利润的分成,剩下的近 30%的利润 Smashwords 会与零售商再分成。2012 年时,Smashwords 就已经出版了由 4.4 万名作者撰写的 12.7 万本书籍,每位作者都获得了至少 60%的版税,是传统出版的 4 倍。Smashwords 从零售商销售收入中收取 10%的费用。

③下游。

读者是下游。读者可以在线阅读相关书籍,或者也可以将书籍下载到一些硬件设备上。Smashwords 产业链上的读者分成两个部分,一部分是 Smashwords 的读者,另外一部分则是零售商的读者。

(2)环形模式——Lulu

①基本情况。

Lulu 成立于 2002 年,可以说是一家真正意义上的自助出版公司,并且趋近于按需出版。Lulu 不仅可以印制纸质图书,还可以印制手册、日历、相册、海报等作品。对于较为小众的专业类书籍,Lulu 是最优先的选择。Lulu 其实是最好的说明长尾理论的案例。在克里斯·安德森的著作《长尾理论》中就将 Lulu 作为典型案例。

另外,Lulu 不仅可以提供印刷,还可以辅助销售。作者可以直接通过 lulu.com 进入网上书店销售自己的作品。Lulu 甚至还提供了交易平台,作者可以在平台上找人为自己设计插图或者设计封面,还可以进行翻译。

②产业链介绍。

Lulu 产业链如图 4-5 所示。

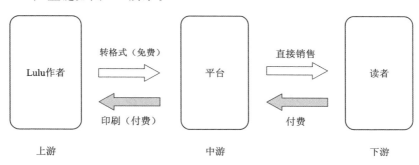

图 4-5　**Lulu 产业链**

a. 上游。

Lulu 的作者将作品上传到 Lulu 平台,支付一定的费用让 Lulu 代为出版,或者在平台上售卖其电子版或者纸质版本。在这一过程中,如果是 Lulu 代为出版,则作者需要支付一定的费用;倘若是放在 Lulu 平台上售卖,卖出去的大约 85％ 的利润由作者获得,剩下的由 Lulu 分成得到。

b. 中游。

Lulu 作为自助出版平台,为用户提供了三个部分的角色:(a)出版商,为个人提供出版、印刷服务。(b)为读者提供电子书或者纸质书阅读服务。(c)出版交易平台,提供翻译、设计插图和封面的交易服务。

c. 下游。

Lulu 可以为读者提供小众化的阅读资源,读者可以在 Lulu 上阅读、下载有关的电子书资源或者购买纸质版本。

4.2.6　美国自助出版平台的分类

图 4-6 简要列出了美国自助出版平台的分类。在大众自助出版领域,自助出版平台可大致分为:①发行主导模式平台,如亚马逊旗下的 KDP、CreateSpace 和 ACX;②作者服务模式平台,如 ASI 旗下的 Xlibris、AuthorHouse、iUniverse、Trafford Publishing、WestBow Press,以及著名的 Smashwords 和 Lulu;③社区出版模式平台,如图书国。

图 4-6　美国自助出版平台分类

（1）发行主导模式平台。

以发行为主导的自助出版模式要求平台拥有丰富的发行资源。这一模式以数量众多的消费者为主要目标对象，依托长期积累的图书销售能力和丰富的电商资源。其工作重点在于将内容产品进行有效的整合，针对目标读者制订相关营销计划，利用自有的渠道资源、硬件资源和软件资源，将作品呈现给读者，将企业的产业链从销售商向上游扩展，成为内容供应商，并上下游通吃。其中尤以亚马逊旗下的三家自助出版平台为典型代表。

KDP、CreateSpace 和 ACX 是亚马逊旗下的三家自助出版平台。亚马逊最初是网上书店，随着公司业务的拓展，逐渐成为全球最大的电子商务公司。因此，亚马逊拥有全球数量众多的消费者，可以根据相关数据了解读者的喜好，向读者推送其想要的内容。除此之外，亚马逊早在 2007 年就推出了第一代的手持电子阅读器 Kindle，并在全球大获成功。因此，亚马逊发展自助出版就有很好的先决条件，可较容易地搭建"作者—亚马逊自助出版平台—亚马逊电子书店—Kindle"这样一条完整的产业链。

KDP 以电子书自助出版为主，CreateSpace 以纸质书籍自助出版为主，ACX以有声书自助出版为主。英国的《书商》杂志在 2014 年的数据调查显示，在英国有近 92% 的自助出版作者在 KDP 上进行出版活动。而美国 Bowker 数据显示，CreateSpace 平台占据了美国 40% 的自助出版量，也就是说，在美国每 10 本拥有 ISBN 的自助出版作品中，就有 4 本来自 CreateSpace。ACX 的官网数据显示，截至 2021 年 5 月 25 日，ACX 在 Audible、Amazon 和 iTunes 上共有 249413册有声书在售。

（2）作者服务模式平台

作者服务模式相对其他模式更自由，作者服务模式平台的主要目的是为作者提供全方位的出版服务。作者可以免费地注册、上传作品和封面，根据平台的规定自定价格、版权等内容。除此类免费服务外，作者服务模式平台还可以提供有偿打包服务（package service）。打包服务成为作者服务模式平台盈利的重要来源。ASI 旗下的自助出版平台、Smashwords 及 Lulu 是典型的作者服务模式平台。

平台为作者提供的打包服务包括作品的编辑、排版、封面设计、营销发行、出版纸质书籍等,作者可以自行选择打包内容,平台根据作者要求对内容进行加工和推广。因为自身渠道不一定占优势,作者服务模式平台大多与发行平台商有着良好的合作,例如,Smashwords 的作品就可在苹果的 iBook Store 和亚马逊的 Kindle Store 里销售。Lulu 的前身就经营着按需出版的业务,根据作者的要求出版纸质作品。ASI 旗下的大多平台都提供各种作者服务。例如,iUniverse 为作者提供了两种打包服务,分别是黑白包(black and white packages)和彩色包(color packages)。

我们可以通过表 4-10 简要了解自助出版平台 iUniverse 为作者提供的服务类型。

表 4-10　　　　　　　iUniverse 提供的黑白包服务列表①

黑白包服务	自助版	专业版	专业版＋	书店版	出书版	出书营销版	出书营销版＋
定价(美元)	1099	1799	2499	3299	5999	6799	8399
一对一服务	√	√	√	√	√	√	√
作者批量折扣	√	√	√	√	√	√	√
封面设计	自定义	自定义	高级定制	高级定制	高级定制	高级定制	高级定制
个性化封底设计	√	√	√	√	√	√	√
ISBN 号登记	√	√	√	√	√	√	√
全球发行	√	√	√	√	√	√	√
ePub 格式转换和发行	√	√	√	√	√	√	√
Barnes&Noble "即时阅读"服务	√	√	√	√	√	√	√
亚马逊和谷歌的预览功能	√	√	√	√	√	√	√
免费平装书(本)	3	5	10	15	20	25	30
黑白图像插入(幅)	25	25	50	50	50	50	50
版权注册		√	√	√	√	√	√

① 内容全部整理自官网,https://www.iuniverse.com/en/catalog/black-and-white-packages,统计时间为 2021-12-21。

续表

黑白包服务	自助版	专业版	专业版＋	书店版	出书版	出书营销版	出书营销版＋
国会图书馆编号		√	√	√	√	√	√
编辑评估		√	√	√	√	√	√
编辑选择资格		√	√	√	√	√	√
书签卡(张)	3	5	10	15	20	25	30
新星资格		√	√	√	√	√	√
波兰语封面		√	√	√	√	√	√
社交媒体运营指南		√	√	√	√	√	√
高级排版设计			√	√	√	√	√
书商退货计划			√	√	√	√	√
书签工具包				√	√	√	√
三连胜评论					√	√	√
免费精装书(本)						5	10
高端作者个人网站设置						√	√
在 Google 上展示广告(天)						30	60
图书分享小工具							√

注:"自助版""专业版""专业版＋"等是指可供作者定制的版本服务类型。

　　iUniverse 提供的彩色包旨在为作者提供彩色印刷图书。与黑白包相比,彩色包增加了插入彩色图片的选择,每个彩色包最多可插入 50 张彩色图片,分为彩色基础包(color basic,1599 美元)、彩色中级包(color advanced,2999 美元)和彩色高级包(color pro,5899 美元)。[①]

　　(3)社区出版模式平台

　　社区出版模式是由传统出版商企鹅集团独创的自助出版模式。企鹅集团从2011 年开始运营自己的自助出版平台——图书国。这一平台与众不同的是,图书国不仅仅是自助出版图书的平台,还是作者交流沟通、分享出版经验的社区型平台。这种平台的运营主要依托两个主要因素:第一,平台要有一定的出版经验

---

　　① 资料来自官网,https://www.iuniverse.com/en/catalog/packages-and-services/publishing-packages/color-packages.,统计时间为 2021 年 12 月 21 日。

和名气。企鹅集团是百年老出版品牌,拥有一大批忠实的支持者,自助出版平台可以将一些不太成熟的作者吸引到图书国来,图书国也就成了作者的培养工厂。第二,企鹅集团可以挑选图书国内的优秀作品直接出版,利用长期积累的传统出版资源,不需要担心渠道。其实,除了企鹅集团的图书国,现在很多图书馆在进行自助出版尝试,也成为社区型的出版平台。例如,西雅图图书馆就经常举办线下、线上的作者培训会。

4.2.7 美国自助出版案例

4.2.7.1 Smashwords 自助出版平台

(1)基本情况

Smashwords 是最具有代表性的自助出版平台和自助出版发行商(distributor)。2008 年 5 月,Smashwords 网站在美国加州洛斯盖多斯(Los Gatos)创办,其创始人是美国人马克·柯克(Mark Coker)。在这之前,他和他的妻子莱斯利·柯克(Lesleyann Coker)合写了一部讽刺小说《电视》(原名 *Boob Tube*),该小说主要描述了美国好莱坞电视连续剧女演员的生活。此小说虽然受到图书代理商的好评,但仍然因作者知名度不够而被拒绝出版。于是,马克·柯克决定自己创业,Smashwords 由此创立。从创立背景我们就可以看出 Smashwords 的特点,这是一家全新的独立于出版社的自助出版电子书经销公司,立志为不受出版社待见的作者开创一个全新的平台,让广大读者可以看到各种各样的作品。

(2)作者服务

Smashwords 的作者服务有以下几个方面值得注意:

①作者决定图书价格,也可设置为免费。通常,Smashwords 平台的电子书定价比亚马逊、苹果等主流电子书出版商低。

②作者决定试读服务。其试读范围从 15% 到 85% 不等,决定权在作者手中。读者可在试读后决定是否购买该书。

③著作权掌握在作者手里。Smashwords 和作者之间是不签订数字版权协议的,Smashwords 不必向作者支付版权费,作者在 Smashwords 平台上出版的图书还可以在其他出版社出版。

④作者在 Smashwords 平台上出版图书,只要将图书的 Word 文本按照 Smashwords 规定排版后上传即可,该平台为独立出版者转换格式。

⑤Smashwords 可代理销售,作者也可以自行选择图书的销售平台。与 Smashwords 签约的第三方平台包括苹果 iBook Store、巴诺、Sony、Kobo、Baker&Taylor、the Diesel e-book Store 等。Smashwords 现在是苹果最大的电

子书供应商。Smashwords 的 CEO 马克·柯克的价值观与苹果公司的很多价值观不谋而合,倡导自由与公正,坚持让作者决定图书的价格。但是与 Smashwords 合作的很多零售商都逐渐有了自己的平台和相关硬件设备,因此对 Smashwords 来说,它们既是对手,也是朋友。但是马克·柯克认为,它们都没有通过多个零售渠道来销售,在这一点上 Smashwords 占据了很大的优势。

⑥作者利润分成情况。销售平台不同,作者获得的收益也会有所差别。如作者上传的图书只在 Smashwords 平台上直销,作者就可获得图书销售净收益的 85%,剩下的 15% 则归平台所有;如果作者采用了佣金销售制,则可获得图书销售收入的 70.5%。如通过 Smashwords 签约在第三方平台上销售,作者的收益为图书销售收入的 60%,Smashwords 和第三方平台获得余下的 40%。

(3)读者服务

读者可以在线阅读相关书籍,也可以下载到一些硬件设备上,例如 iPhone、Amazon Kindle、Sony Reader 或者 Barnes & Noble Nook。在购买之前,读者也可以阅读相关书籍的试读章节。读者在线阅读体验也设计得比较人性化。Smashwords 产业链上的读者有两类,一类是 Smashwords 的读者,另一类则是零售商的读者。

(4)业务流程

Smashwords 的出现为那些试图在各个不同平台上发行自己的电子书的作者提供了极大的便利。Smashwords 虽然会折扣一小部分版税作为自身收入,但为作者减少了格式转换等麻烦,也降低了作者的投资风险,使作者可以将精力集中于写作。Smashwords 也以它的免费服务著称,如免费 ISBN、将.doc 格式文档免费转换为其他格式等。Smashwords 自助出版业务模式可用图 4-7 描述。

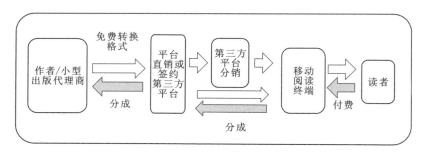

图 4-7 Smashwords 自助出版业务模式示意图

综上所述,Smashwords 是美国自助出版的经典案例。它的业务流程简单易操作,作者服务完善。众多的自助出版商收入主要来自向作者销售服务和销售图书,而 Smashwords 与它们不同,其盈利主要源于作者作品的销售利润分成,即只有作者赚钱,Smashwords才会获得利益。[①] Smashwords还拥有庞大的分销渠道,是世界上著名的专业电子书分销商。

4.2.7.2 亚马逊直接出版平台——KDP

(1)亚马逊KDP基本情况

亚马逊的KDP,本书翻译为"直接出版"。亚马逊是全球最大的电子商务平台,建于1995年,总部位于华盛顿州西雅图(Seattle)。亚马逊最初是网上书店,随着规模的扩大,亚马逊逐渐成为电子商务巨擘。2007年前后,亚马逊进军数字出版,成为电子书行业的领头羊,因此,在发展自助出版这个方面,亚马逊具有优势。有报道称,截至2021年,亚马逊占据了美国83.3%的电子书市场,如图4-8所示。

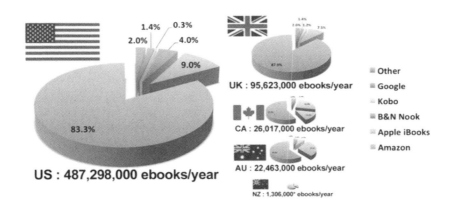

图4-8 美国等国家总市场占有率中每家零售商所持有的电子书市场份额

从目前来看,亚马逊在硬件设备上的生产能力及全球品牌形象还不足以与苹果媲美。因此,亚马逊的最佳策略就是推出低价Kindle,现在Kindle在中国的售价为658~2658元,这个价格让很多消费者心动。

2007年11月19日,亚马逊第一代电子阅读器Kindle开售,随后,电子纸显示屏的电子阅读器市场被激活。在Kindle市场份额和电子书市场的绝对优势下,亚马逊公司于2010年6月开启了Digital Text Platform(DTP)业务,2011年6月,DTP更名为Kindle Direct Publishing(KDP)。亚马逊KDP主要有下列特征:

---

① 宫丽颖,王爽.自助出版电子书分销商的商业模式探究——以Smashwords为例[J].出版发行研究,2016,(05):90-93.

①作者和亚马逊三七分成,在 KDP 上出版图书,作者可以得到 70% 的版税。但通过第三方代理发行的例外。

②作者拥有对自己作品完全的控制权,作者可以随时修改自己的作品,并且可以随时撤下自己的作品。

③KDP 拥有健全的市场策略。KDP 还有一小段宣传视频,以动画的形式介绍自助出版。在 KDP 上发布的作品进入市场非常快,24 小时内就可以发售到亚马逊平台上。

④KDP 面向全世界作者提供自助出版服务。KDP 服务支持英语、法语、德语、西班牙语、葡萄牙语、意大利语等多国语言。

⑤亚马逊 Kindle 用户遍布全球,规模巨大,KDP 与 Kindle 无缝对接,用户购书非常方便。

⑥所有的作品不仅可以在 Kindle 上出售,在智能手机、平板电脑上都开发有阅读 Kindle 电子书的 App。

(2)亚马逊 KDP 对作者的服务

亚马逊在走传统的纸质书变为电子书这条数字出版的道路时,也将自助出版放进这个产业链之中。KDP 由此产生。作者只需要在 KDP 注册一个账号,便可以在上面发布自己的电子书。作者可以自行上传电子图书封面,但是须按照一定的规格尺寸要求操作;作者也可以自己决定是否启用数字版权管理(digital rights management,DRM)。另外,上传书籍需要明确出版权利,如果你通过亚马逊 KDP 发布一本书,那么你必须是原创者或获得该书作者的权利许可。用户选择亚马逊 KDP 作为出版平台,就意味着不能在其他平台出版此书。一旦被发现违背这项规定,亚马逊就会删除该书。

另外,KDP 还为作者提供了一些营销方式,例如,可以在限定时间内打折或者免费推广。除了在 Kindle 平台上出售作品,作者还可以享用亚马逊的其他资源,如通过 ACX(亚马逊有声读物平台),在 Audible、Amazon、iTunes 等网上零售平台出售。为促销图书,亚马逊还为作者提供作者页面服务,该页面包括作者介绍等内容。

(3)亚马逊 KDP 对读者的服务

读者处于亚马逊的生态圈里。就像 iPad 是苹果生态圈的接口,Kindle 则是亚马逊生态圈的接口,亚马逊生态圈的特点在于海量和廉价。Kindle 读者可以享受到以下服务:

①读者可以购买 Amazon Prime(高级会员)。读者购买了年度高级会员之后,可以免费享受亚马逊提供的多部免费电影、电视剧和电子书,并且享受亚马逊购物免运费的权益。另外,读者可以通过亚马逊 Kindle 与其好友共享图书。

读者可使用任何平台上的 Kindle 电子阅读器应用软件,将他们购买的图书借给朋友看,最长可借 14 天。在电子书借出后,购买者将无法阅读。不过,哪些书可以外借将由作者或者版权所有者决定。在亚马逊网站上,符合出借资格的书会在书名下方标明"出借:启用"。

②用户可以免费享用 Kindle 云服务(Kindle Cloud Reader)——100 多万册的海量电子书和多设备同步云端阅读。对比亚马逊,苹果的 iBooks 只有 20 多万册电子书,并且 iBooks 至今不支持在 iMac 上阅读,苹果过于封闭的操作系统不但排斥其他商家的硬件阅读设备,而且连本公司产品也不能兼容。

2014 年 7 月,亚马逊正式推出了电子书订阅服务 Kindle Unlimited,用户每个月只需支付 9.99 美元,就可无限制地下载 Kindle Unlimited 中的电子书。此项服务已经推广至亚马逊在各国的网站,如中国亚马逊也已经开启了 Kindle Unlimited 服务。①

4.2.7.3 企鹅集团的社区化的自助出版网站——图书国

(1)基本情况

美国企鹅集团是世界上最为著名的大众图书出版商之一。企鹅集团 1935 年于英国成立,1937 年便成立了企鹅集团(美国)公司。80 余年以来,企鹅集团在大众出版领域成果卓著。1970 年,企鹅被国际传媒集团——培生收购。2012 年,贝塔斯曼旗下的兰登书屋与企鹅合并,共同组建新的合资企业,成立了企鹅兰登书屋。

2011 年 4 月,企鹅集团建立自助出版社区图书国。一开始,图书国社区的服务对象是神秘、科幻、浪漫、惊悚等类型小说的作者。2013 年 9 月,图书国社区重新设计改版,将社区的服务领域扩大至文学、青少年作品和非小说类型的作品。企鹅集团设立的图书国是美国传统出版商向自助出版进军的典型代表。

(2)作者服务

图书国网站的主要内容被分成四个部分,分别是"read & review""connect""learn"和"publish"。四个部分都是针对作者提供的服务。

作者通过"read&review"这个界面可以轻松地查看各种类型的手稿。作者会贴出一本书的前几章,用户可以查看作者的作品,并在下面评论和打分。评论分成综合评分、角色发展、情节发展、发展进程这四个部分。

"connect"分为"discuss""social media""create an account"。"discuss"是图

---

① 亚马逊正式在美国推出电子书订阅服务 Kindle Unlimited,每月 9.99 美元 60 万部图书随你读|亚马逊|图书|电子书[EB/OL].(2014-07-18)[2021-10-10]. https://3g. 163. com/tech/article/A1FC5F5R00094ODU. html.

书国中最为活跃的部分,以论坛的形式呈现,分为六大讨论内容,分别是"the craft of writing"(写作技巧)、"tools and resources"(写作工具和资源)、"genre talk"(分小说类型进行的讨论)、"the bussiness of writing"(写作的商业化,这里指如何寻找到商业合作等资源)、"industry happenings "(工业化进程,这里讨论的主要是作品的推广和营销)和"book country"(图书国相关事项)。

"learn"是给新手用户的指导教程,包括一些新手指导、帮助。

"publish"是小说的出版各项服务,这里拥有企鹅集团的资源,包括出版服务、打包服务、促销服务等。

关于"打包服务",我们可以从图4-9中看到,作者购买Prospect服务后可以定制书籍封面、拥有全部的收入、插入25张图片,等等。图书国为作者提供了一整套完整的打包服务,作者可根据自己的实际情况选择。

	Self-Starter $0	Standard $59	Landmark $149	Discover $249	Prospect $399
	Details | Get Started	Details | Add to Cart	Details | Add to Cart	Details | Add to Cart	Details | Add to Cart
Customer Service	✓	✓	✓	✓	✓
Manuscript Upload	✓	✓	✓	✓	✓
DIY Formatting and Layout	✓	✓	✓	✓	✓
eBook Cover Design	DIY	DIY	Custom	Custom	Custom
ISBN Assignment	✓	✓	✓	✓	✓
Retail Distribution	✓	✓	✓	✓	✓
Author Earnings	85%	85%	85%	85%	100%
Formatting and Correction Service	-	✓	✓	✓	✓
In-Text Image Insertion	-	up to 10	up to 20	up to 25	up to 25
Free eBook Copy (BookStub Code)	-	✓	✓	✓	✓
Marketing Copy Polish	-	-	-	✓	✓
BookStubs*	-	-	-	10	20

图 4-9 图书国的打包服务价格表

关于"促销服务",图书国提供了BookStubs促销服务。BookStubs为一种定制的电子书礼品卡,作者可将这张礼品卡送给亲朋好友或者忠实的读者,每张礼品卡包含一个单独的代码,一面是书籍的封面,另外一面是说明,刮开礼品卡可以免费下载电子书。作者购买Discover服务可以获得10张礼品卡,购买Prospect服务可以获得20张。

(3)特点

图书国与其他自助出版社区相比,有几个明显不同的特点:

①社区化平台。和其他既提供作者服务,也提供读者服务的自助出版平台不同,图书国着力为作者服务。在这个平台上,作者可以上传部分章节的草稿,让其他用户评价,及时交流、沟通。作者之间可以互相查看对方的手稿,可以及时地在社区里咨询各类问题,寻求各种建议。

②社交化平台。图书国社群内频繁的成员沟通也加强了成员在其他社交软件如脸书、推特等上的联系,让作者之间、作者与读者之间建立有效的联系。

③图书国是依托企鹅集团建立的,因此后续的电子书、纸质书出版会比其他自助出版平台更具有优势。另外,企鹅集团历史悠久,拥有一大批黏性大的读者和作者,更受年纪比较大的读者和作者的信赖。

4.2.8 美国自助出版的影响分析

4.2.8.1 对美国传统出版社的影响

(1)主导地位受到冲击

伴随着互联网技术的发展,数字出版对传统出版造成的压力与日俱增,迫使传统出版社不得不转向数字出版。在传统出版中,出版社在产业中一直占据着主导地位,出版社决定了书籍是否出版,决定了书籍的装帧设计和营销发行。然而随着自助出版的出现,出版社的地位受到了冲击,作者完全可以借助自助出版平台脱离出版社来完成图书的出版活动。并且,随着多元文化的发展,出版社出版的书籍已经没有办法满足市场更为个性化的需求。更多的作者有着强烈的自我展现的欲望,更多的读者渴求更为丰富多元的出版作品,自助出版平台通过比较成熟的商业模式满足了这些需求。我们可以通过数据看出自助出版的市场在逐渐扩大,不断地挤占传统出版的市场份额。尤其是教育领域,在传统出版中,教育出版物的市场份额一直比较稳定,伴随着电子教材和开放式教材的开发和发展,传统的教育出版社必然会受到冲击和影响。

(2)传统出版社涉足自助出版行业

在当前的数字化背景下,很多出版社都在积极应对数字化的变革。其中不乏很多传统出版商涉足自助出版行业。随着自助出版商业模式逐渐成熟,出版社也成为自助出版产业链中非常重要的组成部分。传统出版社相对于独立的自助出版平台有其自身独特的优势。其一,传统出版社拥有丰富的出版资源,包括作者资源、渠道资源等,它们可以吸引非常有名气的作者进入自助出版领域,避免了前期很多资源的投入;其二,出版社有着众多优秀的专业出版人才,他们对于如何筛选、整合优秀作品,合理利用出版资源有着丰富的经验。另外,自助出版能够很好地避免传统出版的一些缺点,如库存压力、资金回转压力等问题。然而,相较于互联网企业,传统出版社对互联网的接纳程度较差,传统出版社因为拥有多年的品牌和荣誉,对于新出现的出版形式持有傲慢和反感的态度,这些因素都阻碍了传统出版向数字出版的转型和发展。

在前文介绍 ASI 的时候,已经大致介绍了企鹅兰登书屋与 ASI 之间"联姻"又"黯然分手"的事实,除此之外,企鹅集团成立了图书国社区。这些举措都说明了传统出版社开始意识到自助出版的发展。因为自助出版的特质,读者对于小说类、轻阅读类的作品的质量要求没有那么高,因此,传统出版商意识到,涉及大型辞书、教材等要求较高的出版作品,就可以采用传统出版模式,而小说类作品就可以广泛地利用自助出版资源,利用自助出版平台筛选出优秀的自助出版作品,然后将自助出版作品通过传统出版的渠道出版。也就是说,传统出版社已将自助出版作为传统出版中的重要一环,不断完善出版流程和内容。

4.2.8.2 对传统出版作者的影响

对传统出版作者来说,自助出版的出现无疑是为他们多开了一扇窗。传统作者拥有优秀的写作能力,相对于自助出版作者来说,他们有着丰富的出版经验,了解读者需要什么样的作品。传统出版作者参与自助出版后,他们拥有了更多的自主权,在传统出版中很多出版社掌握着最后定稿的权利,即使是作者也没有话语权,出版社牢牢地掌握着对作品进行编辑和装帧设计的权利。

除此之外,作者也很难按照自己的想法和要求来对自己的作品进行营销和发行,除非是非常著名的作者。而自助出版的作者全程掌握了出版的内容,作者可以自己决定编辑、印刷、发行的全过程,作者的意愿能够得到最大限度的体现,并且作者可以随时和读者进行沟通和交流。就收入来说,传统出版的收入比例也是远远比不上自助出版的。例如,在 KDP、Smashwords 等平台上进行自助出版的作品销售,60%~80%的收入都由作者获得(见相关章节介绍),因此,很多畅销书的作者都采用自助出版平台出版,自助出版平台因为更高的收入和利润得到了作者的青睐。

然而自助出版的发展也使传统出版作者面临比较大的考验。首先,传统出版作家要在思想上接受自助出版的出版体制,很多老作家对于互联网有抵触心理,难以接受这种出版形式。其次,很多作家需要对出版有一个新的认识,传统出版只需要作者提供书稿,之后就跟编辑进行小范围内容的修改即可,但是作为自助出版的作者,就需要全程参与出版过程。

4.2.8.3 对读者的影响

(1)读者选择性增多

随着自助出版的发展,每年通过自助出版的电子书和纸质书籍的出版数量不断增加,自助出版作品数量多、品类广,给读者提供了各种类型的作品。即使是再小众的作品,在自助出版平台上也可以找到。另外,通过平台上的搜索功能,自助出版的图书也比传统书籍更容易找到,更便于阅读和做笔记。因为几乎没有传统书籍所特有的库存、印刷、纸张等成本,所以自助出版平台的书籍价格比较低廉。实体店里几十美元的图书在平台上可能只需要 5 美元,做活动的时候可能更低。在这样的价格优势和同等内容质量的前提下,习惯电子阅读的读者可能就更偏向于自助出版书籍。

（2）读者和作者的界限不明晰

随着自助出版的发展,平民化出版的趋势愈加明显,读者与作者的界限不再那么清晰。在平台上,你既可以是读者,也可以轻松地成为作者。平台用户的双重身份是 UGC 模式的一个重要特征。

（3）影响读者的阅读习惯

数字化阅读已经深刻影响读者的阅读习惯。平板和手机成为大多数读者的阅读首选。因此,在这种情况下,读者利用各种手机 App 和专业阅读设备进行阅读已是常态。虽然仍有许多读者保持着阅读纸质书的习惯,但是大部分读者对电子书并不排斥。

因为使用电子设备进行阅读,越来越多的作者习惯利用上下班和睡前的空闲时间进行阅读,读者养成了碎片化阅读习惯,这一现象促使读者更加青睐短篇作品,更加倾向阅读章节性质的作品,更加愿意阅读情节性比较强的作品,也就导致自助出版作品类型集中于小说等,进而使得自助出版平台发展不均衡。

4.2.9 小结:对美国自助出版的总结及思考

美国自助出版发展具有一定的优势。第一,美国的互联网发展迅速,数字产业和文化产业的发展带动了数字出版的发展,由此自助出版拥有了技术基础。第二,美国自助出版产业链模式比较成熟。产业链的上、中、下游都有紧密的联系和成熟的利益链条,各个部分有机融合和有效沟通。第三,作者自主性更强。无论是国内还是国外,在自助出版产业模式上,一直是由平台作为主导。平台的优势地位不言而喻。但是与国内相比,美国的自助出版作者自主性更强,他们将自助出版平台作为出版的中间商,可以自行选择是否将版权授权给出版平台,但是大部分作者保留了自己作品的版权,并且拥有很强的版权运营意识。而国内的自助出版作者几乎都将作品版权直接授权给平台,版权运营意识不强。第四,在版权相关的法律政策方面较为完善,而且紧跟时代步伐。

美国自助出版仍然存在一些比较严重的问题。第一,绝大多数自助出版作家收入偏低。虽然亚马逊成立的百万俱乐部不乏自助出版作者,但是参与自助出版真正成名的作者屈指可数。第二,作品质量参差不齐。自助出版的作品想要与传统出版的作品媲美,图书质量是最重要的决定因素。然而因为自助出版几乎没有门槛,创作节奏快,自助出版作品的质量就没有办法保证。如何利用各种科技手段加大监管力度,如何让优秀的作品脱颖而出成为自助出版平台需要考虑的问题。

5　网络文库出版研究

网络文库是近年兴起的一种自助出版模式，又被称作网络文档共享平台或者网络文档分享平台。网络文库的运营商提供开放的出版服务平台，用户通过简单的操作将文档上传到文库平台上进行共享和售卖。网络文库的诞生对于网络非正式文献的交流有重要意义。

5.1　网络文库概述

在我国出版体制下，传统出版物的内容和形式都有着一定的标准限制。以书、报、刊为代表的正式出版物能够通过编辑的加工整理及出版单位的发行，从各种流通渠道进入广大受众的视野。然而，在合法的出版物中，还有一类"资料性"的非正式出版物，由于没有统一的书号（刊号）、没有准印字号，无法通过上述渠道在市场流通，因此很难满足读者对相关信息的需求，对于这一部分出版物的研究也未得到足够的重视。

这种非正式的出版物也被称为"灰色文献"。灰色文献出现于20世纪70年代，它是指介于公开出版发行的正式出版物和非公开发行的密级限制出版物之间的文献，主要包括学位论文、报告、数据资料、会议文献、技术标准等。灰色文献本身具有内容丰富、信息量大等特点，有专业性和实用性，具有很高的价值，对人们的工作、生活和学习有着极大的帮助。

但是，在传统出版领域中，以灰色文献为主的资料性作品受各方原因的限制，如透明度较低等，难以进入出版流通渠道，通常只在特定的行业或者领域内流通，有较大的需求空缺。网络文库正是致力于这类隐性资源的开发，目的是发挥非正式资料或灰色文献的商业价值，促进人们工作、学习与交流。

5.1.1　网络文库的概念界定

网络文库诞生的时间较短,学术界对此尚无统一的定义。对于网络文库的定义,目前比较有代表性的主要有以下几种:

①网络文库是一种基于 Web2.0 理念的在线文档分享平台,它提供信息存储空间,使用户可以自由分享和发现文档。

②网络文库是基于 Web2.0 理念的在线文档分享平台,它免费为用户提供信息存取空间,并以自动存取的方式为用户提供信息的存取服务。

③网络文库是指互联网运营商设计发布的供网友在线分享文档的平台。

第一种定义强调网络文库的分享功能,第二种定义侧重网络文库对文档内容的存取功能,第三种定义则强调互联网运营商在平台建设和运营中的地位,三种定义在表述上略有不同,但是都将网络文库视为文档的存取和分享平台。笔者认为,网络文库除此之外更重要的是能够实现用户在这类平台上自助式地发布、销售和购买各类作品(主要是非正式出版物)。

为厘清网络文库的概念,明确网络文库的实质,我们可以将网络文库与自助出版的定义进行比较。目前,学术界对于自助出版较为认同的定义是:自助出版是在没有出版社和代理人的参与下,作者利用网络平台自行编辑、制作、印刷、发行的一种图书出版行为。自助出版包括实体书和电子书两种形式,后者也是目前自助出版的主要形式。对比之后可以发现,从本质上来看,网络文库就是自助出版模式的一种。较之第 4 章阐述的美国自助出版,网络文库中分享和销售的作品主要是非正式资料。而较之开放获取仓储,网络文库又具有明显的商业化特征。

因此,综合以上观点和笔者的观点,本书认为:网络文库是以 Web2.0 技术为基础,主要针对非正式出版物,面向所有用户提供作品的分享和交易服务的一类出版平台。平台只对用户上传的内容履行版权审查和删除义务,用户自行通过这一平台进行文档的免费共享或付费获取,平台运营商和版权方按照一定的比例对所获得的收益进行分成。

5.1.2　网络文库的类型和特点

在我国,网络文库主要有豆丁网、百度文库、道客巴巴、新浪爱问共享资料、MBA 智库文档、香当网等。国外的网络文库发展相对较早,主要有 Scribd、Slideshare、Docstoc、Yudu Freedom 等。网络文库中的文档内容包罗万象,涵盖各个专业领域的论文、资料、标准、报告、总结、策划等,形式也多种多样,文档格式包括.doc、.ppt、.pdf、.xls 等。

从内容上分,网络文库可以分为综合型文库(豆丁网)和专业型文库(MBA智库文档);从文档形式上分,有多样型文库(百度文库)和专一型文库(幻客网);从收费与否上分,有免费文库(香当网)、付费文库(豆丁网)和免费/付费文库(百度文库)。网络文库出版模式主要包括以下几个方面的特点:

①网络文库的出版流程可以简单归纳为:作者→平台商→读者。它与传统的出版形式相比,省去了出版商这一环节,缩短了信息流通的周期。网络文库中的作品由上传者自行编辑,文库运营商提供开放的存储和交易平台,用户通过文库运营商提供的平台进行各种文档的上传、阅读和下载。

②上传者自行对所上传的文档进行定价,可以选择免费或者付费。对于付费的文档,其他用户在进行阅读或者下载时必须支付一定的费用。

③平台运营者则不对文档内容的版权和质量负责,只在发生侵权时履行删除义务,而不对文档内容本身进行任何的编辑和修改。

④网络文库是致力于隐性资源的开发与分享的出版平台。不同于其他形式的数字出版,网络文库的内容多数为不便于出版商公开出版的短篇文档,也就是网络灰色文献,且上传的文档不限格式,一般将大小限制在 50MB 以内。

5.1.3　网络文库与其他相关概念的辨析

进一步将网络文库与相似的几个概念进行比较,也可以看出网络文库的特点,如表 5-1 所示。

表 5-1　　　　　　　　　　网络文库与相似概念辨析

比较项	网络文库	网络聚合	内容数据库	开放获取仓储
作者	普通用户与合作机构	各网站内容提供者	学者	学者
读者	大众	大众	学者	学者
内容特色	灰色文献、资料性文档	分类整理的各类网页信息	期刊论文、图书、报纸、会议录等	论文及各种类型的研究成果
编审制度	上传者编辑	网页编辑	严格的编审	上传者编辑
传播或分销	C2C 销售	B2C	B2B	C2C 传播

注:表中,C2C 是电子商务的专业用语,C 指的是消费者(customer)。C2C 即 C to C(Customer to Customer),意思是消费者与消费者之间的电子商务。B2C 也是一种电子商务模式,即 Business to Consumer,指商家直接面向消费者的零售模式。B2B,即 Business to Business,是指企业与企业之间的商业模式。

从表 5-1 可以看出,网络文库与网络聚合既有联系又有区别,网络文库强调的是知识的分享,网络聚合侧重不同来源的资源整合;网络文库的信息来源依靠用户的贡献,网络聚合则由网站自行搜集整理。

网络文库与内容数据库具有明显的区别:首先,内容数据库的分销渠道以 B2B 为主,团体用户为其主要营销对象;而网络文库则以 C2C 为主导,主要在用户个体之间进行传播和知识共享。其次,内容数据库具有较为严格的编审制度,需要对收录其中的内容进行编辑加工,而网络文库的平台方则不对文档内容进行任何修改和加工,只尽审查义务。

网络文库与开放获取仓储的区别更是显而易见。开放获取仓储的文档也多为极具价值的灰色文献,但它是为了便于学术交流,以学术共享为追求,因此更多的是非商业化的运营,这与网络文库的商业性有着本质的区别。

5.1.4 网络文库产业链构成

网络文库不同于传统的出版模式,省掉了出版商这一环节,因此在整个产业链中,平台运营商占据着主导位置。网络文库的产业链构成可用图 5-1 来简单表示。

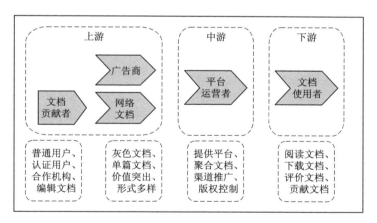

图 5-1 网络文库产业链

(1)文档贡献者

网络文库的文档贡献者主要包括个人用户和合作机构。个人用户又分为普通用户和认证用户两种,普通用户只需要注册,认证用户则需要提供真实姓名、本人真实头像及认证的领域,并经过文库平台审核。认证用户与普通用户相比,一方面具有相对的权威性,能够扩大文档的传播范围,达到更好的文档分享效果;另一方面,在某些文库平台,如百度文库上,普通用户上传的文档只能标价为免费或者固定的财富值,而认证用户则可以将文档标价为特定数目的现金,获取更直接的收益。

网络文库的合作机构一般必须是经过工商部门注册的正规公司或组织,能够保证共享文档的数量和质量。在对合作机构进行审查时,网络文库尤其看重的是合作机构是否拥有所上传文档的版权或者转授权的使用资格。

（2）网络文档

网络文库中的网络文档大多为灰色文献。网络文库中的灰色文献主要包括两部分:一是传统意义上的灰色文献经过数字化后上传到网络上的资源;二是网络上直接生成的灰色资料内容。网络灰色文献的内容广泛,包括各种报告、内部会议资料、论文、个人网站、通讯录等。灰色文献具有经济增效性,也就是说,获取灰色文献需要付出的成本很少,但是能够获得较大的使用价值,为人们的工作、生活提供极大的帮助。

文库中的文档形式多样,包括.doc、.ppt、.xls、.txt、.pdf 等多种格式,文档大小一般在 20MB 以下,读取迅速,多以 Flash 形式进行展示,不允许直接复制。网络文库中上传的文档分为免费和付费两种形式,免费文档对所有的注册用户提供免费下载功能。付费又包括现金付费和积分付费,可以通过上传文档或者评价文档获得积分,也可以直接使用网银进行购买。

（3）平台运营者

网络文库的平台运营者,为广大用户提供开放的文档存储空间,聚合了大量的灰色文献信息,用户在该平台上自由地进行文档的共享和交易。平台运营者除了要对网站的日常运作进行维护,保证存储空间的稳定性之外,还提供检索功能、推荐功能,方便用户在浩如烟海的信息库中搜索到所需要的信息。在保证文库稳定性和优化用户体验之外,平台运营者的当务之急就是文档质量控制,对文档内容进行审核,拒绝盗版侵权。

（4）文档使用者

文档使用者即网络文库的所有注册用户。由于网络文库具有明显的 UGC 特质,所以文档的使用者也可能是文档的提供者。网络文库的使用者可以免费浏览绝大多数的文档内容,有少部分付费内容只提供部分浏览,付费后才能阅读全部内容。对于需要下载的文档,使用者需要根据文档的标价进行相应的免费或者付费下载。

（5）广告商

前文讲到网络文库在运营过程中带有一定的盈利目的,广告商的参与很好地说明了这一特质。广告商在网络文库中投放广告的形式主要有两种,一种是在文库页面占据一定的篇幅进行广告展示,另一种是网页右下角的弹窗广告。广告商提供的广告一般会根据用户检索的内容进行有针对性的展示,如用户检索的是教育类文档,那么所展示的广告一般就是教育类广告。广告商根据广告流量支付给平台商一定的费用,这也是网络文库运营者盈利的主要方式之一。

5.1.5 网络文库的发展历程

目前,全球最著名的网络文库是创建于 2007 年的 Scribd。它所引领的文档分享模式打破了对灰色文献的封锁,使得用户可以通过简单、灵活的操作实现个人和机构手中的文献资料的自助出版和共享,并获得销售收益。该网站使用其独有的 Flash 阅读器 iPaper 进行文档的阅读,有力保护了文档的版权。另外,包括 Simon & Schuster 在内的诸多出版商还与其达成协议,通过在线商店出售电子书。

此外,亚马逊的 Kindle Singles 也是网络文档售卖的主要平台。Kindle Singles 上售卖的文档一般字数在 5000~30000 字之间,适合的长度是“恰好能够表达一个完整的观点”[①],标价一般为 0.99~1.99 美元。Kindle Singles 上的内容丰富多样,主要包括短篇小说、论文、报告、科学知识、商业知识等。用户将自己的作品上传到 Kindle Singles 平台,并且明确出版权利之后,作品将在 Kindle Singles 平台上向全世界的用户公开出售,作者可以获得 70% 的利润分成。

Slideshare 原本是一个专注于幻灯片分享与展示的网站,经过改革之后拓宽了文档范围,注册用户可以上传 .ppt、.doc、.xls 等多种格式的文档。该网站在 2012 年 5 月被 LinkedIn 以 1.19 亿美元收购。Calameo 和 Docstoc 也是近年来崛起的网络文库网站。

我国最早的网络文库是诞生于 2008 年的豆丁网,它是国内文档分享行业最早做付费阅读和机构合作的平台,最初以模仿 Scribd 为主。截至 2021 年 12 月,豆丁网官方公布有超过 7 亿的文档数[②]。豆丁网的定位是“文档销售与分享社区”,分享是建立在销售基础之上的,因此也是一直坚持付费模式的网络文库。与此同时,大量的版权合作机构和原创作者保证了版权内容和原创内容的供给。

百度文库的上线时间稍晚于豆丁网,它于 2009 年 11 月开始试运行,它凭借

---

① 亚马逊推 Kindle Singles 按长度为电子书归类［EB/OL］.（2010-10-13）［2021-07-06］. http://www.sootoo.com/content/60906.shtml.

② 数据来源于豆丁官网:https://www.docin.com/.

庞大的用户资源、便捷的搜索功能和免费的阅读机制,自诞生以来迅速抢占了豆丁网的阅读市场,成为与豆丁网并驾齐驱的网络文库"大亨"。

在 2011 年以前,百度文库给自身的定位是作为免费文档分享平台而存在,全部内容对用户免费开放,推动文档类学习资料及经验知识在互联网上的沉淀,帮助网民更好地分享知识、交流学习经验。由于其对上传的内容审查和限制力度不足,百度文库中小说类产品的上传量和分享量快速增长,因此造成了在 2010 年文库正式版上线时,文学作品在文库中数量已经占 8%、流量占到 10% 的局面[①],版权问题也就显现出来了。正是由于百度文库对版权保护不足和对作家著作权的侵犯,50 位作家在 2011 年与百度文库对簿公堂。[②] 经过双方的博弈和利益协调,百度文库最终将侵权作品全部删除,并且采用"版权绿色通道"和"版权 DNA 比对技术"等来解决版权问题。百度文库同时积极与版权方合作,通过用户付费阅读和广告分成等模式获取收益,将把大部分收益回馈给版权方。2011 年"百度文库侵权门"在社会上引起的轰动也使文档分享类网站在版权保护上的劣势暴露无遗,此后网络文库在内容审核和版权合作方面都开始进行积极的尝试。

紧随着豆丁网和百度文库的脚步,国内的网络文库也逐渐兴起,并且形成了差异化的发展格局。目前,网络文库有各种各样的类型:综合型网络文库,如道客巴巴、新浪爱问共享资料等;专业型网络文库,如新浪地产智库、MBA 智库文档等。这些网络文库的不断发展,不仅满足了不同的个人和组织对自助出版、个性化出版的要求,而且实现了用户对不同类型灰色文献的需求,充分挖掘了各个领域的有用资料。网络文库不仅聚合了大量的科研成果,而且开创了高效的出版和传播平台,是数字出版时代不可或缺的重要力量。我国的网络文库尚处于发展和整合阶段,比较有影响力的网络文库数量并不多。我国主要网络文库网站如表 5-2 所示。

表 5-2 　　　　　　　　　　　我国主要网络文库

网站	成立时间	商业性	类型
豆丁网	2008 年	付费	综合
百度文库	2009 年	付费＋免费	综合

---

① 百度文库清空文学类文档［EB/OL］.（2011-03-30）［2021-07-06］. https：//finance. qq. com/a/20110330/006469. htm.

② 贾平凹韩寒等 50 位作家联合署名 讨伐百度文库侵权［EB/OL］.（2011-03-16）［2021-07-06］. http：//news. sina. com. cn/c/2011-03-16/074822124352. shtml.

续表

网站	成立时间	商业性	类型
道客巴巴	2008 年	付费＋免费	综合
MBA 智库文档	2010 年	付费＋免费	专业
智客文库	2010 年	付费＋免费	综合
新浪地产智库	2009 年	付费＋免费	专业
免费论文下载中心	2006 年	免费	综合
缺少网	2009 年	付费	综合
人人文库	2013 年	付费	综合
3722 资料搜索网	2006 年	付费	综合
爱知客	2005 年	免费＋付费	综合
香当网	2007 年	免费	综合
OPEN 文档	2011 年	免费＋付费	专业
百事通文档	2010 年	免费＋付费	专业

5.2 网络文库运营模式综析

运营模式(operation model)能够解释企业是如何运作的,建构一个好的运营模式对企业的长期、稳定发展十分必要。本书将运营模式定义为,企业以盈利为目的所做的核心决定和种种取舍的综合。至于具体指标,本研究因采用个案分析法,从操作层面上来进行具体的分析更具有说服力。本书将运营模式细化为商业模式、管理模式和技术模式,并分别进行分析探讨。

5.2.1 网络文库商业模式

商业模式有清晰地说明价值命题,确定市场细分,定义企业的价值链结构,评估产品的成本结构和利润潜力,描述企业在连接供应商和消费者的价值网络中所处的位置,制定竞争策略等六大功能。因此,分析网络文库所采用的商业模式能够更清晰地了解这一行业的运作,并为其发展提供可借鉴的指导观点。哈佛大学教授克莱顿·克里斯滕森认为商业模式的要素是战略目标、用户价值主张、盈利模式和核心能力。

具体到网络文库行业,其商业模式要能够清晰地体现网络文库的产业链和价值链的构成、流程管理方式、产品流通方式、盈利模式等。网络文库的商业模式可以用图 5-2 来表示。

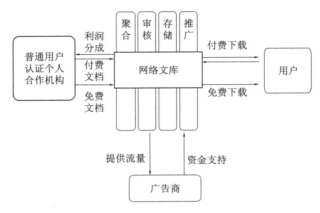

图 5-2 网络文库商业模式

(1)战略目标

网络文库的战略目标表现较为突出:一方面,要实现隐性资源的共享,充分挖掘广大用户手中的资源,将网络文库打造成为知识、信息共享和售卖的开放平台;另一方面,实现企业经济效益和社会效益的双丰收,为运营商带来最大化的利益。为实现这一战略目标,网络文库首先进行内容聚合工作,激励用户将自己手中的文档共享到网络文库中,然后对数量庞大的文献资源,尤其是灰色文献资源进行搜集、审核、整理工作,并按照内容相关性将文档资源存储在网络文库的数据库中。

(2)用户价值主张

用户价值主张(customer value proposition,CVP)是在构成商业模式的基本要素中得到一致认同的要素,也被认为是商业模式的核心。用户价值主张主要包括两个方面的内容,一是目标顾客,二是价值内容。

用户价值主张是对用户需求的深入探讨,对于网络文库来说,就是能够准确了解用户的需求,同时制定出相对于竞争对手的差异化服务形式。豆丁网和百度文库是我国目前占据主导地位的两个网络文库平台,因此它们的使用数据可以代表我国网络文库使用者的人群分布情况。百度指数搜索和分析结果显示,百度文库的用户年龄分布在 20～40 岁之间的占比超过 70%，如图 5-3 所示。[①]
豆丁网用户分布类似。

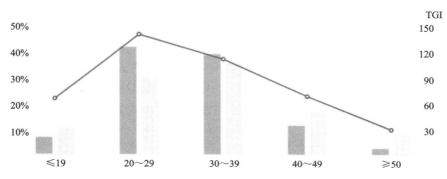

图 5-3　百度文库用户年龄分布图

注：TGI(target group index)，为目标群体指数。

网络文库的使用者主要集中在 20～40 岁的用户中，因此这也是网络文库主要的目标用户。网络文库只有了解这部分人群的上网习惯、职业分布、兴趣需求，提供大量便于检索的优良、优质、有效内容，并针对不同人群的需求进行针对性的推送服务，才能快速、高效地将文库的价值主张传递至目标用户，并且增加用户黏性，实现用户终身价值。

企业提供给目标用户的价值内容要能够满足用户的特定需求，能够在同质化日益严重的市场中形成自身独有的品牌力量。对于网络文库行业来说，充实的价值内容应当表现为网络文库所提供的产品不同于其他类型出版物和其他的网络文库平台，能够围绕自身的核心竞争优势，打造用户需要的文档产品和产品组合，实现资源成本的有效利用和产品价值最大化。网络文库在发展过程中也需要采取差异化或者更优化的价值内容，才能从众多的同行中脱颖而出。

（3）盈利模式

网络文库的盈利模式可以从上游商家和下游用户两个方面进行分析。针对上游商家，网络文库可通过广告获得推介收益或者收取佣金，例如，在网络文库中试读了某本书之后，可以通过链接进行线上的购买或者获得优惠券进行线下的购买，这些行为通过网络记录之后可以向上游商家收取一定比例的佣金。针

---

① 资料来源：百度指数 https://index. baidu. com/v2/main/index. html # /crowd/％E7％99％BE％E5％BA％A6％E6％96％87％E5％BA％93? words ＝％E7％99％BE％E5％BA％A6％E6％96％87％E5％BA％93.

对下游用户,网络文库可以收取虚拟货币或者虚拟物品等增值服务的费用或者通过开放的 API(application programming interface,应用程序编程接口),允许第三方使用自己平台的同时,收取一定的费用。

(4)核心能力

网络文库的核心能力主要包括资金能力和内容聚合能力。资金是维持企业正常运作的基础条件,也被称为企业的"血液"。内容的聚合则有助于吸引用户,提高用户黏性,同时也是网络文库的核心竞争力的先决因素。

资金的流动贯穿于企业运作的每一个环节,企业日常的生产经营需要资金支持,生产经营的成果也以资金为主要表现形式。网络文库的资金来源于企业内部资金分配和外部筹资、融资两部分。内部资金主要用于网络文库的初期建设,外部资金供给者主要是文库的利益相关者,如文库的投资者以投资回报为目的进行的投资。此外,网络文库的使用者也是网络文库资金的主要供给者之一。网络文库含有付费内容,用户进行阅读和下载需要支付小额的费用,用户支付的费用在文档上传者和文库经营者之间进行分配。

网络文库的内容资源,可以看作网络文库最有价值的资源,也是网络文库的主体构成部分。从文档形式上看,网络文库的内容资源通常是不超过 50MB(百度文库文档大小上限为 200MB)的文档,包含.doc(.docx)、.ppt(.pptx)、.xls(.xlsx)、.pdf、.txt、.pps、.rtf 等各种格式。每一个文档都拥有独立的文档名、简介、上传者、归属信息等,有的还有用户评分情况和评价内容,以更好地帮助用户了解文档。从文档数量来看,目前我国各大网络文库都拥有庞大的文档资源库,为广大用户提供了海量的文档资源。

5.2.2　网络文库管理模式

网络文库的管理模式主要从组织管理、产品运营管理、渠道运营管理和用户成长管理几个方面进行考查。

(1)组织管理

建立有效的组织对网络文库的每一个环节进行把控,是网络文库维持正常运营必不可少的。良好的组织制度要具备高效的决策层,能够迅速对市场变化做出反应,制定合理的战略决策;要具备合理的组织机构,以保证政策的制定和实施;要具备良好的职能体系,保证专业化的分工和责任管理;要具备合理的奖惩机制,激发员工工作热情,弱化消极怠工现象。

(2)产品运营管理

产品运营管理主要包括目标市场定位与细分、品牌管理、业务细分和质量控制几个方面。

市场竞争日益激烈，差异化的竞争也是网络文库在发展过程中需要积极探索的内容，因此找准目标市场是网络文库运营的首要目标。品牌形象的打造是在确定目标市场之后的首要目标。品牌形象不仅能够准确区分与竞争对手的不同，保证企业的可识别性，良好的品牌形象更是企业的无形资产，能够增加用户黏性，保证用户规模。例如，MBA 智库文档，就以工商管理方面的文档资源作为自己的主打品牌。业务细分是指将网络文库的产品进行精确的划分，以便用户能够以最快捷、简单的方法查找到需要的内容。质量控制主要体现在网络文库对用户所上传的文档的质量和版权审核上，只有审核通过的文档才能进入文库数据库。

目前网络文库主要是针对文档内容的合法性、原创性、多样性、规范性等进行审核，审核分为机械审核和人工审核两部分。合法性审核是指用户所上传的文档不能包括国家明令禁止的内容，如淫秽、色情等内容；原创性审核是指不能通过非用户本人所创作且未经创作者允许的文档；多样性审核主要是对内容相似或者雷同的文档限制通过；规范性审核一般由网站制定一定的规范，不满足相应规范的文档不能通过，例如，豆丁网和百度文库对文档中含有外链的文档一般不允许通过。经过重重审查筛选之后，一般在 7 个工作日内审核结果就会反馈到用户的个人中心。通过审核的文档会根据不同的文档属性归类到文库数据库中相应的子单元存储起来，以便用户查找。

（3）渠道运营管理

要实现知识的销售与共享，就要将文库中的内容资源推送至广大用户。互联网是一个虚拟的世界，人与人之间关系网的形成和相互作用使人们能在虚拟世界中找到归属感，而只有建立在成员互动基础上的虚拟世界才能便于网络信息的传递，并进一步成为知识销售与共享的空间。

虚拟世界的关系网展现了社交网络在信息传递上的极大优势，网络文库在进行信息推送时，也注意到了这一信息传播渠道的强大力量，鼓励用户利用社交网络将文档信息进行分享。在网络文库的阅读界面通常都设置有"分享到"这一选项，用户点击该选项之后，一方面能够将网络文库与用户的社交网络媒体紧密联系起来，及时推送信息，另一方面也可以扩大文档的流通范围，增加阅读量。有些文库还对读者的分享行为进行一定的积分奖励，以激发用户的分享热情。

根据马斯洛的需求层次理论，物质需求是人类的基础需求，当物质激励达到一定程度时，就会出现"边际效用递减"的现象。此时，精神激励对于人自我价值的满足感更加强烈。同时，人际关系的维系很大程度上靠付出与奉献的等值交换，这种交换包括物质和情感两部分，当物质的交换不等值时，感激的力量就作为情感的付出,成为恢复平衡的砝码。在网络文库中,这种"信任/感激"范式的存在也为文库信息的传播提供了极大的空间。

由此看来,在网络文库平台上,用户之间出于知识共享的共同目的,能够形成较强的吸引力。文档的分享和售卖,不仅能够带来物质上的奖励,而且能够通过获得积分、提升等级及帮助他人等方式带来精神上的满足。这些都为网络文库的使用和推广提供了良好的基础。

(4)用户成长管理

网络文库用户成长管理的方式和方法众多,然而其落脚点都是增加用户黏性,并且吸引更多的用户。普通网民只要经过免费注册就能成为网络文库的使用者,能够浏览并下载标价为免费的文档资源。网络文库依据用户对文库的使用情况设置了不同的等级,用户可以通过上传、下载、评价、分享文档进行升级,级别越高带来的满足感就会越强烈,同时也能增加所上传文档的浏览量。一般情况下,上传文档并通过审核是用户最快的升级方式。除了能够提升级别和称号外,用户每进行一定的文库活动还能获得相应的虚拟货币奖励,这也是培养用户使用习惯、激励用户踊跃上传文档最为直接和有效的方式。

除了成为普通用户外,使用者还可以申请成为网络文库会员或申请个人认证。使用者成为会员之后能够获得会员特权,比如全年免费下载文库内的任意文档、文库根据会员专业和关注点定期推荐优秀文档等。而经过认证的用户所上传的文档能够得到更多的推荐机会。

除了这些虚拟的激励方式外,用户还可以通过上传文档获得直接的物质奖励。对于收取虚拟货币或者现金的文档,一经下载,下载者所支付的费用便被网络文库和文档上传者分成。对于分成获得的收益,文档上传者可以用来付费下载其他人的作品或者提现。网络文库通过这样的方式,不断拥有固定的使用者,同时也让持观望态度的潜在使用者看到了文库的优势,不断吸引着新用户的加入。

5.2.3 网络文库技术模式

网络文库是基于云技术的开放性网站,承载了成千上万的文档资源内容,因此需要强大的技术支撑以实现快速、高效的上传和下载功能。

在移动阅读发展迅速的今天,构建一个拥有良好用户体验的网络文库网站,云技术是必不可少的。依托云端庞大的信息存储功能、快捷的信息检索调度功能、即时的信息处理功能,云技术不仅能够优化阅读体验,而且摆脱了阅读终端的限制,在任何终端上都可以实现同步更新和下载。

为了实现庞大的数据分类归集、加工整理和检索功能,网络文库还必须拥有强大的数据库技术。网络文库数据库应当能够满足用户检索信息的需求,能够提供精准的检索服务以便用户搜寻所需要的信息,这也是优化用户体验的一个重要方面。近年来,随着数据挖掘、人工智能、数据推送等新技术的发展,数据库系统还可以揣度用户感兴趣的信息,进而推荐给用户,实现智能检索。同时,借助数据仓库等技术,数据库产品还能进一步揭示文章间的相互关系,例如,在检索完成后网络文库会提示"您可能感兴趣的内容""与该检索信息相似的文档"等信息。

在版权保护意识逐渐加强的今天,如何保护好展示的文档内容的版权,以及如何对上传到网络文库的文档进行版权的审查都是网络文库工作的重点。在"百度文库侵权门"中,百度文库因为没有意识到版权保护的重要性,同时也没有健全的版权保护机制和技术,所以陷入了版权纠纷中。因此网络文库的经营者纷纷采取多样措施,在审核用户上传的文档时,审查其是否与已发表的内容雷同,从源头上遏制侵权行为,如百度文库使用的"版权绿色通道"和"版权 DNA 比对技术"等。

5.3　网络文库个案研究

自从国外的 Scribd 发展起来之后,国内诸多企业和创业者看到了文档分享行业的巨大潜力,纷纷效仿。最早进行文档分享的诸如爱知客、免费论文下载中心等,由于企业本身实力不足,产生的影响力并不明显。直到 2008 年,豆丁网声名鹊起,文档分享这一行业才真正进入大多数人的视野,成为数字阅读行业的"黑马"。纵览我国网络文库的运营类型,既有依靠集团力量运作的文库,如百度文库,也有独立运作的文库,如道客巴巴;既有以豆丁网为代表的综合型文库,又有以 MBA 智库文档为代表的专业型文库。

在目前四种类型的网络文库中,由于独立运作的专业型文库的运作模式主要借鉴了集团运作的专业文库的模式,因此笔者选择百度文库、豆丁网和 MBA 智库文档三个网络文库平台为个案研究的对象。

5.3.1　集团运作模式——以百度文库为例

百度是全球第一大中文搜索引擎,百度公司除了不断完善搜索引擎的用户体验和功能以外,还依托庞大的用户群体和资金来源,开发了一系列的品牌和应用,囊括了贴吧、音乐、视频、文库、云盘等近百种产品。根据 Alexa 网站公布的数据,在百度公司的所有产品中,搜索引擎的访问量占比最大,为 87.45%,其次为百度知道和百度文库,分别占总访问量的 25.85% 和 16.56%,由此可窥见百度文库庞大的用户群体。

5.3.1.1 百度文库发展历程

百度文库正式上线于 2009 年,此前一直是豆丁网在网络文库领域独领风骚,百度文库上线之后快速占领市场的半壁江山,形成与豆丁网分庭抗礼的局面。

2009 年 11 月 12 日,百度公司公布文库测试版"百度知道文档分享平台"与百度知道共享积分系统,并于同年 12 月将其更名为"百度文库",使用独立积分系统。2010 年 7 月,百度公司公布文库手机版。2010 年 12 月底,百度文库上线"文库书店",用户可以在其平台上购买电子书。2011 年 3 月 15 日,贾平凹、韩寒等 50 位作家发布《三一五讨百度书——这是我们的权利》,"百度文库侵权门"成为业界关注的重点。[①] 事后百度文库将相关侵权作品删除,文档数量由 2000 万份锐减至 1700 多万份,同时推出版权合作平台。2011 年,百度文库对文档内容进行优化改革,重点突出教育、PPT、专业文档和应用文书四大类,深挖内容资源,突出品牌优势,并且将正版阅读平台"文库书店"分离出来,改称"百度阅读"。2013 年,百度文库推出个人认证服务,认证个人可将所上传的文档标价为现金金额。同年年底,百度公司收购纵横中文网,形成百度文库、百度阅读、91 熊猫看书、纵横中文网共同抢占数字阅读市场的新局面,百度公司的数字阅读产业战略布局基本形成。

2015 年,百度文库上线精品文库,进一步优化品牌形象。2015 年 12 月 23 日,百度文库发布基础教育战略,并推出其首套"大数据透视高考"系列专题书。2019 年 11 月 7 日,百度文库与首都版权产业联盟等单位联合推出版权保护"文源计划",力求"为每篇文档找到源头"。内容创作者可在百度文库为原创作品申请版权服务,审核通过后,即可获得版权认证,并获得流量、收入、法务扶持。

5.3.1.2 百度文库商业模式

百度文库的商业模式主要是依托搜索引擎的优势地位,以及集团本身的固有资源和用户优势,结合公司其他产品的辅助,形成集团化的发展。与百度文库

---

① 贾平凹韩寒等 50 位作家联合署名 讨伐百度文库侵权[EB/OL].(2011-03-16)[2021-07-06].
http://news.sina.com.cn/c/2011-03-16/074822124352.shtml.

类似的还有新浪爱问共享资料,这一类网络文库的商业模式主要是免费模式或者是免费/付费形式。百度文库的商业模式见图5-4。

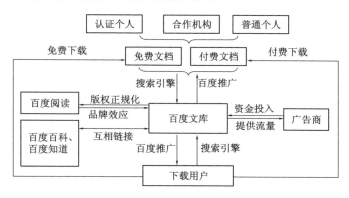

图 5-4　百度文库商业模式

（1）战略目标

百度公司很擅长做基于海量数据的存储与检索产品,这可以说是百度文库诞生的先决有利条件。百度公司自创立以来通过百度知道、百度贴吧、百度百科等明星产品已经培养了一大批重视贡献的用户,有着庞大的 UGC 用户,这些用户手中拥有的档案也是海量的。通过简单的鼠标动作将用户手中的文档分享到互联网上,实现知识的共享和自由流通是百度文库最初的设想。

百度文库致力于加快网络教育资源建设,推进教育均等化,因此在上线之初就主攻教育资源的整合。到 2014 年,根据媒介发布的信息,在当时百度文库1 亿多的文档中,教育类超过 4000 万份,占比近 40%[①]。截至 2021 年 12 月,超过 15 万名认证教师加入百度文库,1 万余所学校选择在百度文库上传学习和研究资料,百度文库中的"教育文库"有 55328033 份文档。教育文库中包含"高中教育""初中教育""小学教育""教学研究""教师工作""作文库""试题库""家庭与幼儿教育"等[②]。无疑,教育类资源已成为百度文库中最值得关注的重量级"明星"。

（2）用户价值主张

与豆丁网重商业性质不同,百度文库更加专注于教育资源。百度文库的核心用户群体是其教育类资源的使用者。目前,百度文库文档下载前四名的内容分别是英语学习、生活医学、职场知识和专业技能,这些内容均与教育相关。百

① 百度文库文档破亿 教育类资源占 4 成[EB/OL].（2014-04-09）[2021-07-06]. http://tech. sina. com. cn/roll/2014-04-09/15509307939. shtml.

② 资料来源（统计时间为 2021 年 12 月 22 日）：https://wenku. baidu. com/edu/index.

度文库的用户黏性处于较高水平,这除了与百度本身的品牌优势相关外,还因为学习是人生活的刚性需求,终身学习的理念逐渐深入人心。

(3)盈利模式

百度文库上线之初实行完全免费的非商业化运营,只是单纯的平台提供商,用户在百度文库上自由地进行文档的分享。经历版权风波之后,百度文库上线了数字版权开放平台,并且承诺在3年内采用"零分成"模式,因此,百度文库目前的盈利模式主要是依靠广告收入。百度文库的广告形式包括页面底部的百度推广和文档中部的横幅广告两种。百度推广是指在文档浏览界面底端,将用户近期通过百度搜索引擎搜索的相关内容进行展示,一般提供7个展示位,用户通过该链接进入网站后,网站获得流量并付给百度文库一定推广费。横幅广告比较直接,百度文库将与文档内容相关的广告投放在文档浏览界面,吸引用户流量,而广告商则向百度文库支付一定的广告费。

由于百度文库拥有巨大的用户资源和内容资源,尤其是在其加强对文档内容的质量审核,品牌效应日益显现之后,可以预见与版权方的利润分成也将成为水到渠成的盈利模式。

(4)核心能力

针对核心客户的价值需求,百度文库在其内容资源的丰富、完善和权威性上也进行了周密的布局。

首先是利用庞大的用户群充分发挥 UGC 模式的优势,聚合海量资源。百度本身拥有其他网络文库不可比拟的庞大用户群体,辅以百度文库的免费模式,尽管在2011年侵权事件之后删除了大量文档,百度文库还是以超过1亿的在线文档名列前茅。

其次是积极挖掘核心资源。毫无疑问,百度文库的核心资源是其教育类文档,百度文库在教育类文档的开发上主要采取两种策略。

一是积极与机构和认证教师合作,获得大量优质资源。截至2021年12月,与百度文库合作的教育机构超过1万所[1],权威机构有35810所[2],这些机构涉及教育、互联网、金融、法律等诸多行业。同时,百度文库入驻了15万余名认证教师[3],其中大部分是中小学教育一线优质教师。百度文库已经成为云集全国名校名师的知识"聚宝盆",成为精品 UGC 的提供者和受益者。

二是携手教育部。我国历来重视教育,对于教育的改革和投入也是政府工

---

[1] 资料来源(统计时间为 2021 年 12 月 22 日):https://wenku.baidu.com/edu/index.
[2] 资料来源(统计时间为 2021 年 12 月 22 日):https://wenku.baidu.com/.
[3] 同注①。

作的重点,百度文库善于抓住契机,积极与教育部开展合作。"教育文库"就是与教育部合作的成果之一。教育部在 2014 年立项的重点课题"信息技术与教育教学深度融合典型案例研究",百度文库也是唯一合作平台①。

5.3.1.3 百度文库管理模式

(1)百度文库组织管理

百度公司旗下拥有 100 多个产品,百度文库是百度的明星产品之一。百度公司为所属的每一个产品都成立了专门的团队,负责市场调研、研发、设计、推广等全流程工作。此外,还专门成立了新产品研发部门,专门负责新产品的研发、业务升级和架构优化工作。

百度文库产品部一般由调研团队、研发团队和测试团队构成,由产品经理进行全局的规划和管理工作,团队其他成员之间进一步划分具体工作。调研团队首先经过市场调研,确定项目的可行性和需求,并将调研结果反馈至研发团队。研发团队则要从用户需求与产品角度去确定最终需求,然后从技术角度去评估成本与排期,最终通过与产品经理的多次沟通,达成一致意见。设计出产品之后由测试团队对产品进行测试,确定产品设计与需求实现之间的差异,通过研讨决定是否推出产品。产品推出测试版之后,调研团队则要仔细收集用户反馈,并对反馈信息进行分析,据此对产品进行修改,最终正式上线产品。

(2)百度文库产品运营管理

①目标市场管理。

在版权问题暴发之后,百度文库积极调整产品策略,重新定位目标市场,删除文学分类,开展个人和机构合作。百度文库首先删除了容易出现版权纠纷的文学娱乐分类,并删除了该分类下的全部文档,将文档的重心放在教育、专业文档、PPT、应用文书四大类别上。为了实现文档的专业化并增强市场渗透力,百度文库上线了机构合作专区和个人认证专区。通过个人认证的用户通常是某一领域内较有影响力或者较为权威的人士,他们能够给百度文库增加权威性和认可度,也能及时为广大用户提供更为优质的资源。

②品牌管理。

第一,严格控制产品质量,积极争取优质资源。原有模式下,产品的迅速发展也使得 UGC 模式的弊端不断显现,一方面,资源的累积速度会减慢,另一方面,一些有价值的稀缺文档更多地不是掌握在普通用户手中,而是被一些公司、机构掌握。因此,为了进一步吸引用户,挖掘百度文库的价值,百度文库推出了

---

① 百度文库上线专门针对中小学教育教学应用的全新"教育文库"［EB/OL］.（2014-04-01）［2021-07-06］. https://fudaoquan.com/p/4405.html.

机构合作专区。这样，百度文库能够获得机构高质量的文档资源，从而达到丰富文库资源的目的，同时合作机构可以借助百度文库为其官网带去流量和进行品牌宣传，从而实现双赢。

第二，发力正版市场，百度文库与百度阅读齐发展。在文档分享行业获得较大成功之后，百度文库并没有停止对数字阅读市场的圈地战略。由于侵权问题，百度文库删除了市场接受度较高的文学作品，为了弥补这一部分的损失，百度文库研发了"文库书店"，与版权方合作进行版权资源的售卖和阅读，也就是后来的"百度阅读开放平台"。其运作模式与百度文库相似，只是用户提交的作品不再是单篇文档，而是各类电子图书。用户自行对作品进行定价，上线的作品可以通过网银、支付宝、虚拟货币等各种方式包月购买、分章节购买或者租赁。在百度文库和百度阅读两个品牌独立后，百度文库专注于文档资源的分享，继续走UGC模式的主流发展道路；百度阅读主打电子图书的售卖与阅读，采取 PGC（professionally generated content，专业人员生产内容）模式，二者之间的关系类似于阿里巴巴旗下的淘宝和天猫一样，两个产品，两个团队，分别由不同的产品经理负责。

第三，收购文学网站，抢占文学市场。2013 年百度公司先后收购了多酷阅读、91 熊猫看书和纵横中文网，其中 91 熊猫看书主攻移动终端、多酷阅读主攻WAP 端、纵横中文网主攻 PC 端，三方虽有重合但是各有侧重，完整地覆盖了网络文学产业链。这三家文学网站拥有大量的优质文学内容资源和优质作者，百度公司通过收购这些网站，拥有了优质的原创平台，具备了规模优势，品牌效应更加明显。

③质量控制。

2011 年 3 月 15 日的"百度侵权案"可以说给了百度公司以极大的打击，同时也使百度文库开始意识到版权保护的重要性，追求三方共赢成为百度文库的新目标。经过这次事件后，百度文库加强了对用户上传文档的内容的审查，加紧步伐开发了版权 DNA 比对技术。版权 DNA 比对技术类似于人类基因对比技术，通过学习提取版权文档的诸多特征，建立起版权 DNA 特征数据库。基于该海量特征，对每一个用户上传的文档进行反盗版扫描，一旦识别出来则给予自动删除处理。该项目的最大难点是特征库的收集与建立，它如同杀毒软件，但任何一种杀毒软件都不能保证 100％查杀所有的病毒，因此不断地升级、更新特征库也是百度文库的日常工作。

此外，百度文库还开通了"绿色通道"，主动联系国内版权方和作者，发放数百个绿色账号，通过快速通道方式及时响应、处理他们的版权投诉需求。同时上线文档举报功能，发动广大用户来检举侵权文档，还积极倡议各类反盗版绿色主题活动,对文库用户实施引导教育,增强版权保护意识。

(3)百度文库渠道运营管理

百度文库的渠道运营主要包括文档内容的推荐、渠道整合、销售型向服务型转变几个方面。

第一,利用搜索引擎创造流量优势。百度公司本身具有很高的品牌知名度,百度也是目前最大的中文搜索引擎,会给百度文库带来天然的流量优势。用户在利用百度进行信息检索的时候,百度文库的内容在默认情况下能够得到较为优先的显示,从而提升用户对文档的接近度。

第二,通过推荐有限展示优秀资源。百度文库的推荐形式主要包括:①首页推荐,如认证作者推荐、精品专区推荐、限时特惠推荐、热搜推荐机构推荐、文库贡献者排名榜推荐等;②浏览页推荐,在文档浏览界面提供专题推荐、相关文档推荐、"你可能喜欢"、今日推荐等;③"分享到"推荐,在文档浏览页底端,百度文库提供"分享到"功能,用户可以将本文档分享到 QQ 空间、新浪微博和微信;④下载后推荐,在用户下载文档之后提供"下载本文档的用户还下载了""下载了本文档的用户还在搜"等推荐。

第三,大力向移动端推广内容。百度文库积极研发移动阅读 App,目前各大应用商店均可下载百度文库 App。百度文库还开设微信公众号等,在自媒体平台上通过软文等方式大力宣传自己,增加百度文库 App 的下载量。百度文库通过与终端的无缝对接,健全了"终端+内容+商业"的生态圈。

第四,由销售型向服务型转变。百度文库进一步探索用户需求,为用户提供更加优化的文辑服务。文辑包括用户自行上传的文辑和百度文库整理发布的文辑,百度文库通过将相关文档整理形成系列专题为用户提供相对具体的解决方案。一个文辑由三个及以上文档组成。当用户看完一篇文档时,可进一步阅读相关文档。这样,既可以提高用户的阅读体验,也能进一步增加网站的 PV(page view,页面流量)数。

(4)百度文库用户成长管理

百度文库的用户成长管理主要体现在吸引用户使用和增加用户黏性两个方面。为吸引更多的用户使用,百度文库采取了"免费+付费"的模式来提高用户活跃度。为保证良好的互动性和活跃度,百度文库使用了免费的交流模式,提供免费注册、免费下载服务,这种"自成长"的学习模式成为满足人们日常知识需求的、促进教育均等的有效途径,这些措施极大地提高了用户使用活跃度。

为提高用户黏性,百度文库主要采用两种方式。第一,对优秀认证作者排名推荐。百度文库在综合考查了用户上传的文档数量、质量和下载量的情况下,对优秀的用户在首页上进行排名推荐,增加用户使用过程中的"满足感"。个人认证的方式让原本的 UGC 模式逐渐转变为 PGC 模式,用户上传的文档资料来源更加可靠,最终形成 PGC 与 UGC 齐头并进的局面。第二,对合作机构引入竞争与激励机制,让机构之间互相竞争。机构可以通过竞争获取更优质的推广展现资源,更多的展现机会与权重,甚至获得更多的文档售卖收益等。

5.3.1.4 百度文库技术模式

用户上传到百度文库的文档有各种格式,完成各种格式的文档的上传、转化、存储和展示是百度文库首先要解决的问题。

百度文库第一版的技术解决方案是采用业界已经成熟的 Flash 展现方式,这种方式能够很好地保护文档不被网民随意复制,而且技术简单。但是采用这种技术需要浏览器安装 Flash 插件,IE 系统是默认安装的,但是 Firefox 等浏览器需要用户手动安装,否则无法在线阅读,而且 Flash 格式的数据文件较大,加载速度相对较慢,并且伴有小概率的加载失败现象。在移动阅读发展势如破竹的今天,Flash 文档不能自适应屏幕的劣势也使得第二代百度文库应运而生。百度文库为了解决上述问题,迅速进行技术攻坚和创新,率先研发了文档 HTML5 化的解决方案。这种技术使文档以类似于网页的形式进行加载,速度更快,并且能够实现字体根据阅读终端的屏幕大小自行调整、分屏展示。

百度文库面对日渐庞大的文档数据库,积极开展"筋斗云"计划,扩大文库存储空间。该技术的实施使得文档上传后的格式转化等后台处理至线上可见的过程明显加快,文档上限可达 200MB,支持更多的不常见格式,如.vsdx 等,文档在全屏浏览时能够自动放大,减少二次点击,实现了文档上传的批量操作并且支持繁体字,加载速度更快。

针对手机 WAP 站点的阅读,百度文库也进行了技术攻坚。因为手机不支持 Flash,普遍适用的 Flash 技术无法在手机端展现。百度文库的核心解决方案是抽取出文档中的文本内容,且对汉字统一转码为 UTF-8 编码,然后在手机端进行分屏展现。之所以要统一转码为 UTF-8,主要是为了解决分屏时出现半个汉字的问题。

版权 DNA 比对技术能有效保护内容版权。经过 2011 年 50 位作家的声讨之后,百度文库在版权保护方面进行了尝试。百度公司在 2012 年推出了版权 DNA 比对技术,这一技术能够通过后台识别,有效拦截文档中的恶意盗版链接或者夹杂的侵权作品。上线之后百度文库不断根据数据库资源进行升级,提高盗版作品抓取的覆盖率,有力地打击了盗版行为。该技术以版权方提供的正版内容资源为依据,用户所上传的文档均要与正版内容资源进行对比,以识别和清理用户上传文档中的侵权内容。

5.3.1.5 小结

百度文库借助百度公司的海量信息资源和用户基础,在建设网络文库上有着天然的优势,百度文库也积极发掘并有效利用各种有效资源,在成立短短几年时间内,迅速占领文档分享行业,并将触手延伸到网络文学,其发展势头不容小觑。百度文库在经营管理方式方面也积极进行新的尝试,虽然由于版权纷争在2011年受到了重创,但是经过此次事件也让迅速膨胀的百度文库乃至整个文档分享行业认识到版权保护的重要性,并且开始转变经营管理策略,引导百度文库往更加健康的方向发展,这对于网络文库行业的整体长期发展而言其实是有利的。百度文库具有长远的发展眼光,在不断占领文档市场的同时,还积极涉足网络文学,二者齐头并进,扩大了百度的数字阅读市场。

虽然百度文库在发展中取得了一定的成绩,但是我们也不难发现百度文库在经营过程中存在诸多问题,如文档质量偏低,难以成为权威资料;分类不够精准,查找困难;检索方式过于简单,没有设计高级检索功能;用户自行创建的文辑仅凭爱好,有的甚至将全部文档不经分类就放在一个文辑里;版权资料库有待完善;等等。这些都是百度文库在今后发展中需要不断改善的地方。

5.3.2 独立运作模式——以豆丁网为例

5.3.2.1 豆丁网概述

在国内的网络文库领域中率先上线的豆丁网一度处于领头羊的地位。豆丁世纪(北京)网络技术有限公司成立于2007年,豆丁网正式上线于2008年。截至2021年12月,豆丁网官方公布有超过7亿的在线文档[①],囊括了政治、经济、文化、教育等各个领域的实用文档、行业研究报告,以及数千位行业名人贡献的专业文件,是目前全球最大的中文文档库,支持包括.doc、.ppt、.xls、.pdf等多种文件格式,单个文档的容量在20MB以内。相比于其他的网络文库或者音频、视频分享网站,豆丁网的版权纠纷甚少,这与豆丁网的合作推广模式有着莫大的关系。与豆丁网类似的还有道客巴巴、爱知客等。

5.3.2.2 豆丁网商业模式

豆丁网商业模式的设计最早是模仿 Scribd 的 C2C 模式,是一个综合型的网络文库,普通用户参与文档的上传、定价、分享、评分等,用户所得收益与豆丁网进行分成。豆丁网对用户上传的文档进行审核、格式转换并提供分享与销售的

---

① 数据来源于豆丁网:https://www.docin.com/.

平台,其本身则主要通过广告获取收益。

不同于百度文库,豆丁网虽然是综合型的网络文库,但是其主要服务对象是从事商业活动的各界人士,因此其集中关键优势资源,深挖自身的商业价值,逐渐形成与百度文库不同的商业模式。豆丁网商业模式可用图 5-5 进行表示。

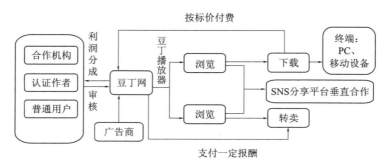

图 5-5　豆丁网商业模式

（1）战略目标

豆丁网的建立是为了让一切有价值的读物能够通过豆丁平台进行发布和销售,不仅在国内,更要在全世界范围内形成文档分享与销售的服务网络,成为人们寻找和阅读各种有价值内容的首选平台。豆丁网是国内第一家实现盈利的网络文库网站,并且开始在日本、韩国、北美等建立分站,由专门的团队负责分站平台的运营,在推广豆丁品牌的同时,为世界范围内的用户提供自助出版服务。

（2）用户价值主张

豆丁网在发展过程中极其注重对用户体验的优化。对于文档使用者来说,他们希望通过网络文库方便、快捷地获得价格低廉的文档信息,因此豆丁网依据文档内容进行了详细的分类,包括 24 个大类,数百个子类。豆丁网的付费模式相对于免费模式来说也有一定的优势。在免费模式下,用户需要通过积分下载部分内容,而积分一般通过评价文档、上传文档获得,而评价文档获得的积分较少。相对于白领阶层来说,他们的时间和精力有限,花费大量的时间上传或者评价文档来获得下载权限是比较繁杂的工作,在这种情况下,豆丁网的付费模式就能在很大程度上简化下载程序。

（3）盈利模式

根据豆丁网官方发布的消息,豆丁网在 2009 年底已经实现盈利。豆丁网的盈利模式主要有两种,一种是通过文档销售进行利润分成,另一种是与广告商合作收取广告费。豆丁网给自己的定位是"文档销售与分享社区",即豆丁网上的文档作者可以将自己的文档设置为免费文档,也可以进行适当标价。但是豆丁网在强调分享的同时更加注重以高质量的文档获得实际的收益。对于标价不为零的文档,成功销售之后,上传者和豆丁网对销售的文档进行 5：5 分成。豆丁网业务重心已逐渐向移动端转移,目前豆丁网已经拥有了手机、平板等移动设备的客户端。

豆丁网在 B2C 业务上也进行了积极的尝试。这种盈利模式主要是通过推广传统出版社的电纸书销售来获得分成收益。

（4）核心能力

网络文库的关键资源即文库的内容。在成立之初,豆丁网的商业模式参考了国外的 Scribd 网站,采用 UGC 和免费模式。但是豆丁网成立不久就根据国内市场进行了积极调整,减少了 UGC 模式及容易产生版权纠纷的小说和电子书频道内容。与此同时,豆丁网开始积极与机构和经过认证的原创作者合作,积极维护与文档原创作者的关系,保证文档版权的可靠性。在 2011 年,豆丁网在北京推出"行业名人计划",鼓励行业名人入驻豆丁网,上传自己的文档的同时分享和推荐他人的文档,这是豆丁网引进更多原创内容、提升内容质量的一大尝试。豆丁网目前的内容来源主要包括普通个人用户、名人用户、出版单位、研究机构等贡献的各自领域的专业文档。在 2011 年,豆丁网先后上线了豆丁书房、豆丁会议和企业工具,给用户提供了更具专业性的文档内容。豆丁书房主要与传统的出版社、杂志社等合作,将它们贡献的正版资源在豆丁网平台上销售;豆丁会议是针对国内外大型会议中相关的文件、论文、标准等进行的内容聚合;企业工具则针对各领域的商业活动提供系统的解决方案。

5.3.2.3　豆丁网管理模式

百度文库有大量的周边产品与网络文库形成良性互动,助推文库的发展,豆丁网则不同。豆丁网是一个独立的网站,它的管理完全依靠自身,在不断的摸索中,形成了一套独具特色的管理模式。

（1）豆丁网组织管理

豆丁网由于是一个独立的网站,在组织机构的设计上相比于百度文库要简单很多。豆丁网的决策层负责对网站的整体运作进行方向性的规划和设计,下属的职能部门主要承担平台搭建、数据分析、平台运营、编辑审核、客户端设计、客户服务等职责,分工协作,完成豆丁网的日常运作。

（2）豆丁网产品运营管理

①目标市场管理。

豆丁网虽然是一个综合型的网络文库,但是由于其核心资源是其商业工具,因此豆丁网也就形成了与百度文库不同的目标市场,即以从事商业活动的工作者和研究者为主要目标受众。在这样的目标市场中,目标受众的消费能力相对较高,而且针对这一目标群体的广告投放市场资源也相对充裕,这为豆丁网的盈利提供了有利的环境。

②品牌管理。

在品牌管理方面,豆丁网注重挖掘文档内容的附加价值。在原有内容的基础上,豆丁网不断挖掘商业价值,先后上线了豆丁书房、豆丁会议、企业工具、创业全案、微案例、股票、医疗等频道,目前企业工具和豆丁会议已经拥有独立的域名,这几个频道之间各自相对独立发展,这样便于用户检索,也便于豆丁网对每一个频道进行直接的管理。

豆丁书房是与传统出版单位合作的产物,通过将出版单位的优质资源汇集到豆丁平台上,利用云技术,可实现在 PC 端与移动端的在线和离线的阅读。

豆丁会议主要汇集国内外重大会议中的相关论文、报告、标准等文档,主要以幻灯片和视频相结合的方式,展示商业领域知识,为用户提供参考和学习资源。

企业工具是豆丁网对文档分享价值充分挖掘的成果。企业工具中的文档经过严格审核,具有较高的价值,标价也比普通文档高出很多。它将中小企业发展中需要的人力资源、财务等系列文档整合打包,系统、科学地为企业提供全面的文档解决方案。企业工具的主要目标用户为企业和机构用户。企业工具包括人力资源管理、财务管理、营销管理、项目管理、商业合同法律文书、战略管理和生产管理七个一级类目,每个一级类目之下又含有若干个二级类目。

③质量控制。

豆丁网在内容管理上开辟了快速审核通道和标准审核通道。快速审核通道主要针对机构、行业名人和认证个人用户所上传的文档,这些文档被上传到网站的服务器之后拥有优先审核权,经过排重系统审核之后优先进入人工审核,在网站平台上的审核周期相对较短。而标准审核通道则主要是针对普通个人上传的文档,在排重系统审核之后还要进入关键词审核,然后才能进入人工审核通道,这一部分文档的审核周期相对较长。

(3)豆丁网渠道运营管理

其一,塑造意见领袖进行营销推广是豆丁网的主要营销渠道。豆丁网在发展早期就看到了 UGC 模式存在的诸多不足,于是积极拓宽用户范围,与各行业组织、机构和名人展开合作。虽然目前普通用户贡献的文档仍然是豆丁网内容的主要组成部分,但与豆丁网合作的机构数量和机构贡献的文档数量远超其他网络文库。这些合作者由于本身在业界具有一定的影响力,因此吸引了部分读者的目光。此营销渠道成为最佳的营销推广途径之一。

其二,豆丁网采用文档转卖机制,拓宽文档销售渠道。豆丁网的文档转卖主要有三种渠道:一是通过豆丁 API 进行转卖,二是通过与合作机构开设"店中店",三是通过 SNS 社交软件进行转卖。前两种主要针对企业用户,企业用户在申请豆丁 API 之后能够享受豆丁联盟中的上万个文档,在企业自己的网站上可以销售这些文档,或者在豆丁网"开店"售卖自己的文档,所得收益将会在豆丁网和企业用户之间进行分成。通过社交软件的转卖主要是通过个人用户进行的,用户将自己的收藏或者下载信息通过 SNS 社交软件向四周辐射,如果有用户通过该链接进入豆丁网并且下载豆丁网上的文档,那么分享者也会获得相应的积分奖励。

其三,在终端管理上,除了封闭的豆丁书房,还针对不同需求推出了"豆丁开放阅读器"。通过豆丁开放阅读器,用户能够阅读常见的各种类型的文档。此外,该阅读器还提供开放的图书下载来源,与豆丁书房共同占领数字阅读市场。

(4)豆丁网用户成长管理

豆丁网的用户主要是从事商业活动的个人和机构。豆丁网在对这些用户进行管理时,主要采用邀请行业名人增加用户黏性和奖励制度维持用户活跃度两种方式。豆丁网通过实名认证的方式,邀请行业内较有影响力的用户加入,如2011 年 3 月,豆丁网专门举行了行业名人签约发布会,这是历来低调的豆丁网少有的高调宣传自己,吸引用户的活动。通过这样的合作,行业名人和专业机构的影响力能够在广大的用户群体中形成舆论领袖的效应,通过"粉丝经济"带来更多的追随者关注和使用豆丁网。此外,用户上传的文档一经浏览,文档就会给予上传者一定的积分奖励;文档被下载,上传者可以获得分成收益;对于贡献较大的用户,豆丁网会在首页进行推荐。豆丁网通过如此多的手段赋予用户较多的权利和自由,以此维持用户使用活跃度。

5.3.2.4 豆丁网技术模式

(1)豆丁 API

豆丁 API 是开放式"文档在线预览"接口程序,操作系统可以通过调用这个接口执行某项操作。简而言之,就是豆丁网的注册用户(主要针对企业用户)通过付费申请一个 API 账号,获得一组网页代码,将这组代码嵌入自己服务器的相应文件中,经过页面导航就可以将豆丁网的软件系统和播放组件直接展示在自己的页面,站长可以在自己的网站上实现文档的上传和销售,从而增加流量。在运作初期,豆丁网还向站长提供豆丁 API 内容联盟中上万篇文档,以解决初期资源匮乏的问题,并提供宣传推广服务。嵌入豆丁 API 的网站可以自行设计栏目进行分类,并且可以作为购买网站的自有品牌,进行自主招商,获取直接的广告收益。网站访问的数据都被计入站长网站,网站中的文档每进行一次销售活动,利润是在上传者和站长之间进行分成的,能够增加网站的流量和直接的经济收益。

豆丁 API 工具的开发一方面为合作网站搭建了文档分享与销售的平台,在企业、高校和其他组织之间能够更好地进行在线文档的分享和销售,也可以带来更多的流量和经济效益;另一方面,通过不断地发放 API 接口,豆丁网将获得更多文档资源,同时也减少审核、分类等一系列工作量,两者是互惠互利的。

(2)豆丁播放器

为了让用户获得更好的阅读体验,豆丁开发了专门的阅读器 DocIn Player。该播放器以 Flash 技术为基础,能够展示.doc、.ppt、.txt、.pdf、.psd、.jpg 等格式的文档。豆丁播放器非常小巧,通过内嵌的代码实现文档的播放,因此加载速度很快。豆丁播放器不提供复制功能,有利于保护版权人的著作权。

另外,在保护文档版权的前提下,豆丁播放器还特别针对搜索引擎做了优化设置,使文档被更多的搜索引擎收录,从而让更多的人找到需要的文档。

(3)豆丁版权库

豆丁网对于版权的保护力度也较大,积极与合作机构创办了版权库,只有经过版权库审核的文档才能进入豆丁网的展示平台,以此来获得正规的出版内容。

用户上传文档之后,首先通过后台提取文档关键字,进入排重系统,与版权库中的资源进行对比,对文档是否有侵权行为进行初步审核,只有通过版权库审核的文档才会进入第二步的人工审核。豆丁网有专门的版权部,专人负责内容的版权问题,通过两步审核的文档才会在文档分享平台上进行展示。

5.3.2.5 小结

豆丁网虽然没有良好的数据资源和用户资源作为支撑,但是上线以来凭借"内容为王"和"优化用户体验"的指导理念不断在内容的深度上挖掘新的可能性。与百度文库相比,豆丁网目前拥有更多的文档资源,并且比百度文库更早一步认识到如何有效组织利用这些资源,采用组合销售等方式不断提升资源价值,因此取得了较好的成效。百度文库内容的中心是教育和应用文书等领域,而豆丁网采用的是付费模式,其倾向于消费能力更强的商业领域。

豆丁网敢于在文档分享行业不断进行新的尝试:采用豆丁 API 和转卖机制使得文档内容的分销渠道更广;开发企业工具和豆丁会议频道,采用系统性的工具包一站式解决用户需求。这些举措都是豆丁网将目光集中于自身的体现,充分挖掘豆丁网各种资源的可能性,最大限度地实现了豆丁网各项资源的价值。

当然,豆丁网在发展中也有一些不足之处。首先,豆丁网的发展一直都比较低调,在公众面前的曝光度远不如百度文库,且没有百度文库具有的天然流量优势,网络时代竞争激烈,"酒香不怕巷子深"已经不再适用;其次,目前网民付费意愿相对较低,采取免费模式的文库仍然是网民的首选,豆丁的收费模式极容易让普通用户望而却步;最后,版权保护工作同样需要进一步加强,版权库中的资源需要不断更新、完善。

5.3.3 专业型网络文库模式——以 MBA 智库文档为例

5.3.3.1 MBA 智库文档概述

专业型网络文库模式是指网络文库平台提供商提供的是一个专业化的平台,注册用户在该平台上只能上传、浏览和下载该领域相关知识的文档。MBA 智库的英文名为 MBA Library,专门为管理领域的用户提供各类服务。MBA 智库文档是 MBA 智库的一个频道。MBA 智库是一个专注于经济管理领域的专业网站。除了 MBA 智库文档,MBA 智库还包括百科、课堂、资讯、国际 MBA 等子频道,每一个频道都以经管类的信息为主要内容。

在百科业务发展得如火如荼的时候,考虑市场需求,MBA 智库开通了文档服务。其原始内容和品牌知名度也是建立在 MBA 智库百科的基础之上的。国内与 MBA 智库文档类似的网络文库还有 IT168 文库(IT 类相关文档)、新浪地产智库等。

MBA 智库百科拥有较为稳定的用户群体。MBA 智库文档能够取得这样的成绩,与其商业模式、管理模式、技术模式是分不开的。

5.3.3.2 MBA 智库文档商业模式

(1)战略目标

MBA 智库创办于 2006 年,是一个以服务经济管理领域各类用户为宗旨的专业网站。MBA 智库积极总结优秀管理思想和先进管理理念,并通过广泛的推广手段在全社会普及管理知识。通过不断的资源积累,MBA 智库拥有了大量的专业相对集中的用户,这些用户对于经济管理类的文档有较大的交流和分享需求,MBA 智库文档应运而生。MBA 智库文档不仅能够协同 MBA 智库其他频道,还能在竞争逐渐激烈的文档分享与销售领域独辟蹊径,走差异化路线,在满足用户对经济管理类文档资源需求的同时,为自身发展创造更加广阔的天地。

(2)用户价值主张

MBA 智库文档的用户群体针对性强,主要为公司企业的中高层管理人员、MBA 学员、商科院校学生等。相对而言,MBA 智库文档的用户诉求更为统一,在这一共同诉求的引导下,用户与用户之间进行文档资料的共享和售卖,有更大的概率能够获得所需要的资源。这些用户希望通过 MBA 智库文档实现的价值是,在庞大的信息海洋中搜寻到自己所需要的经济管理相关知识,填补知识空缺,并且进一步形成对经济管理领域的全面把控和系统性的解决方案。

（3）盈利模式

MBA 智库文档由于既有付费的也有免费的，在盈利方面也是依靠广告收入和用户付费利润分成两种方式。一方面，MBA 智库文档的页面包含 4 个广告位，智库在向用户提供广告商的相关信息的同时，收取一定数额的广告费。另一方面，用户每下载一份付费文档，MBA 智库就可以从中抽取 40％的财富值收益，用户要想获得足够的财富值下载文档，就需要通过网银购买积分。这也是 MBA 智库盈利的一种主要方式。

采用收费的模式也是 MBA 智库经过调研后决定的。百度指数检索结果显示，在 2021 年 11 月到 2021 年 12 月检索 MBA 智库的人群中，年龄在 20～39 岁的人占到 70％[①]，是使用 MBA 智库的主力军。这个年龄段的用户，需要学习和使用经济管理相关知识，较能接受微付费的阅读模式。

MBA 智库文档单个文件大小在 20MB 以内。内容来源主要为 UGC，用户对上传的文档自行进行财富值定价。对于免费文档，其他用户可以免费浏览文档内容，但是不允许复制和修改。对于非免费的文档，用户可以通过上传文档获得积分或者在线购买积分的方式进行下载。用户每成功上传一份文档便可获得 1 个积分，标价非免费的文档每被下载一次，上传者可获得标价 60％的积分。此外，MBA 智库在下属的百科、文库、咨询等频道都设计有专门的广告位，广告商根据不同的广告位支付给 MBA 智库相应的费用。MBA 智库文档广告位分布及规格如表 5-3 所示。

表 5-3　　　　　　　　　　**MBA 智库文档广告位分布及规格**

广告类型	广告位	广告规格
按钮广告	文档顶部横幅广告	234 像素×60 像素，15KB 以内
	文档右侧图片广告	250 像素×250 像素，25KB 以内
	文档内容底部横幅广告	728 像素×90 像素，25KB 以内
浮窗广告	文档右下角浮窗广告	300 像素×250 像素，25KB 以内

（4）核心能力

专业化的文档内容资源是 MBA 智库最具代表性的竞争力。MBA 智库文档首页将所有的文档按照不同的子领域分为管理、营销、经济、金融、行业和综合六个大类，每个大类下又分若干个小类，方便用户进行检索。相较于综合型网

---

① 资料来源（统计时间为 2021 年 12 月 22 日）：百度指数 https：//index. baidu. com/v2/main/index. html ♯ /crowd/mba%E6%99%BA%E5%BA%93？ words＝mba%E6%99%BA%E5%BA%93.

站,MBA 智库文档的所有文档都围绕"经济管理"进行分类,虽然不能在资源广度上不断扩展,但是能不断挖掘资源深度,而且因为拥有很多经营管理教材、教辅类文档,保证拥有更多专业资源,形成行业内的权威,从而吸引用户。

5.3.3.3　MBA 智库文档管理模式

(1)MBA 智库文档组织管理

从公司层面的管理来看,MBA 智库文档采用的是系统化的管理模式。MBA 智库文档在全体员工中形成了一种将文库打造成为"高级管理人员的智慧宝库"的理念氛围,在这样一个战略性目标的指导下,MBA 智库文档在组织机构、工作责任分工、员工招聘与培训、绩效和薪酬管理体系上都进行了系统的规划。MBA 智库文档的六大产品相对独立,由不同的部门负责运营。在文档产品中,针对产品运作的每一个不同的模块又成立不同的工作小组,责任细分到个人,并以此作为绩效考评的依据。如数据录入员主要负责根据语义系统提取出的字段将用户上传的文档按照既定的标准录入文档数据库中,并根据产品的特征进行分类;网站文字编辑则要负责文档的审核、网站信息的内容策划和整合;经过审核和准确分类的文档则要在网站美术编辑设计的网页中进行展示。这些工作人员相互配合完成网站的运营,具体的职责也可以清晰地追踪到每一个人。

(2)MBA 智库文档产品运营管理

①目标市场管理。

在综合型网络文库中,豆丁网和百度文库占据绝大多数的市场份额,而MBA 智库文档本身的规模相对较小,在这种市场结构下,MBA 智库就只有以专业化经营求生存,通过专注于某一行业、领域的细分市场,在"专、精、特、新"上下功夫,将有限的资源集中使用,创造优势,才能形成独有的竞争力,抢占市场份额。MBA 智库文档的用户群体集中,对于经营管理类文档的需求是其主要需求。因此,MBA 智库文档也都是根据这一需求进行内容建设的。

②品牌管理。

从 MBA 智库的品牌管理来看,专业化的管理已经渗透到 MBA 智库的每一个角落。"MBA 智库文档"这一网站名称就表明了文库的文档是经营管理方面的资源库,且容易记忆。从竞争无序的网络文库乃至整个数字出版行业来说,品牌的力量往往能够带动市场消费力量,巩固既有市场的同时还能刺激潜在客户的消费动力,不断拓展市场版图。

MBA 智库文档的品牌建设主要表现为对工商管理领域的深入挖掘,在形成六大产品线之后,以 MBA 智库百科和 MBA 智库文档为主,六大产品互相配合,共同发展,产品平台可相互切换。MBA 智库文档逐渐成为经济、管理行业的综合服务商。

③质量控制。

MBA智库文档对用户上传文档的审核十分严格,首先是对文档的格式要求较为严格,一般而言,PDF格式版权信息齐备、格式较为标准,所以审核的时间也相对较短,对其他格式的文档审核时间较长,主要对其使用价值有较高要求。MBA智库文档收录的文档以.pdf格式为主,占比接近50%。其次,为了实现在经济管理领域内的精耕细作,有效实现文档的价值转化,MBA智库文档对文档的准确分类也进行了十分严格的审查。一般而言,文档分类是由用户自行决定的,为了便于用户准确地将文档划分到最合适的类目中,MBA智库文档的类别划分得很细,并且有专人负责审核用户的归类是否得当,保证了文档在检索上的便捷性和有效性。最后,采用机械审核与人工审核相结合的方式,积极排查粗制滥造、滥竽充数的文档,保证每一篇通过审核在平台上予以展示的文档都具有相对较高的质量。

(3)MBA智库文档渠道运营管理

在内容的聚合上,MBA智库文档包含了.doc、.ppt、.xls、.pdf、.txt、.pot等8种文件格式,其中以.pdf、.doc和.ppt格式为主。也就是说,被MBA智库收入的文档拥有不容更改的版权信息,对于版权的保护更加有利。同时,.pdf格式的文档更容易获得用户的信任,能够帮助MBA智库文档进行专业化运营。

在营销方式上,MBA智库文档与百度文库有一定的共性,都是依托强大的母体进行联合营销。Alexa发布的网站访问数据显示,MBA智库百科是访问量最大的子频道,"近月网站访问比例"达到95.79%,其次就是智库文档,达到了8.62%①。从数据中可以看出,目前MBA智库百科的使用者是最多的。MBA智库百科相比于其他的百科网站,专业性较强,专有名词更新速度快,而且具有畅通的沟通渠道,与用户有着较好的互动。通过MBA智库百科,用户可以直接利用首页的导航链接到文档频道,进行深入的检索和阅读,这对于MBA智库文档的点击量有着极大的贡献。

MBA智库文档与百度文库的不同之处在于,首先MBA智库文档不做全网搜索,而是借助包括百度在内的搜索引擎进行检索,而百度则可以借助搜索引擎优先展示自己的产品,因此,在文档资源的曝光度上,MBA智库文档不及百度文库。其次,MBA智库文档是专注于经济、管理行业的综合服务商,因此虽然开发的产品不及百度,文档涵盖的范围也远不如百度文库广,但是它在经济、管理领域已经形成了较权威的声音。

---

① 统计数据(统计时间为2021年12月22日)来自http://www.alexa.cn/rank/mbalib.com。

（4）MBA 智库文档用户成长管理

根据"圈子理论"，个人所累积的社会关系是其进行经济活动的潜在资本，这些资本构成以自我为中心的网络，网络的维持以信任为基本枢纽。也就是说，在 MBA 智库文档圈子里面，用户的关注点是一样的。用户通过上传优秀文档，能够获得圈子里众人的信任，信任累积到一定程度就成为圈子内的权威，最终能够吸引其他用户购买自己所上传的文档。在 MBA 智库文档这个圈子里，用户通过不断上传文档不仅能够获得心理上的满足感，还能带来经济收益，这样的效果在一个诉求相对统一的圈子里更容易实现。这也是 MBA 智库文档在用户成长管理上不同于其他类型网络文库的重要特点。

5.3.3.4 MBA 智库文档技术模式

由于 MBA 智库文档中.pdf 格式的文档居多，这种格式的文档加载速度较慢，而高速的文档显示是实现优质用户体验的必备条件，所以 MBA 智库文档在文档展示上也进行了积极的探索，最终采用了基于静态网页的 Flash 技术，实现了 HTML 网页与 Flash 之间的静态传值。MBA 智库文档通过程序内置的 Flash 插件，将文字以矢量图形的方式存储起来，在全屏显示文档的时候，不依赖输出设备也不会改变分辨率，所以无论用户以何种终端或者屏幕大小阅读都能完全显示，且不会降低画面质量。同时，在播放文档内容时，不需要再安装任何插件，采用这种技术之后，文档可以以流媒体的形式，边观看边加载，不必等到全部加载完成之后才能观看。

值得关注的一点是，现在百度文库与 MBA 智库文档的合作越来越密切，在百度文库和 MBA 智库文档的检索界面可以互相检索对方文档数据库中的资源。这一合作也可以看出二者已经明确了自己的优势和不足，MBA 智库文档所收录的文档数目远少于百度文库，因此引入了百度文库的数据库来扩大检索范围，但是二者之间又相互保持独立，检索结果可以清晰划分，不得不说这一结合对二者的发展都是大有裨益的。

5.3.3.5 小结

强大的企业背景固然能够为文库的经营带来天然的优势，但是在市场竞争中，采用有效的差异化竞争策略，在内容的专、精、特、新上做文章，也能够打造特色品牌，创造竞争优势，占领一席之地。

从 MBA 智库的商业模式来看，专业化的内容资源和收费模式是其主要特色，MBA 智库文档中的内容资源大都采用.pdf 格式，一方面具有较高的可信度，另一方面也减少了对内容的篡改和对版权的侵犯。文库中的文档由经济、管理领域内的用户自行上传，在该领域内具有较高的共同需求，容易激发用户的交流热情,形成固定用户群体。MBA智库文档的盈利模式已经逐渐清晰,对于从事经济管理的工作者而言,微付费的模式能够节约时间成本,所以接受度较高。在文档展示技术上采用内置 Flash 播放器,加载速度快且不需要安装插件,用户体验感较好。专业化的经营管理模式保证了文库内的文档拥有较高的质量,在用户群体中具有较高的权威性,用户规模稳中有升,并且与百度公司合作,加大了与用户的接近度,对于扩展市场规模有益。

5.4 小　结

网络文库这一出版模式凭借其内容的实用性、获取的便捷性、交流的互动性,自诞生以来迅速被用户接受并获得认可。进入数字时代之后,学习更成为人们的刚性需求,相比于其他类型的阅读形式,通过网络文库获取这些实用信息花费的成本更少,因此网络文库能够在短期内占据较大的市场份额。然而,我们也应当注意到,网络文库发展至今也经历了诸多风波,这些问题的产生也暴露了网络文库这一新兴数字出版模式的不足之处。

第一,法制建设滞后,侵权现象严重。自助出版在我国兴起的时间不长,针对自助出版的相关法律条款和行业规范尚未成型。尤其是网络自助出版,出版物和发行渠道都是数字化的,传播速度快、路径广,难以实现有效监管。因此,在网络自助出版领域中,有的企业和个人被经济利益驱使,做出侵犯版权的行为,阻碍了网络自助出版产业的健康发展。

第二,产业链方面也存在一些问题。首先,各方利益分配不均。网络文库实际上是提供给广大普通用户分享和销售知识信息的平台,应该说文档的版权人应当是获益者,但实际的情况是,网络文库的用户成了最直接的受益者,网络文库平台成了最大的利益分享者。在国外,网络文库与版权方的分成比例多为3∶7,然而我国的分成比例则以5∶5为主。另外,网络文库的用户可以通过微消费甚至是免费的方式获得自己想要的海量文档资源,文库平台的利润分成制度看似把大部分利益给了上传者,却因为文库中的版权作品获得了巨大的流量。在互联网领域,流量是衡量网站影响力的主要因素,也是投资者的主要考查指标。而在这场利益的博弈中,版权方只能获得少量的收益,甚至会因为上传者并非版权方而遭受巨大的损失。利益关系的难以调和也是难以实现版权方和文库平台共赢期望的原因。其次,产业链延伸不足。根据我国《网络出版服务管理规定》,要取得互联网出版资质,则必须经过国家广播电视总局审批,而出于各方原因的考虑,我国各大网络文库平台都未申请网络出版资质,也就是说,它们不对用户上传的资料进行任何的编辑加工,只是提供一个开放的平台供用户进行自由的交换和销售。这样的管理机制也限制了网络文库对海量资源价值的充分挖掘,影响产业链的延伸。普通用户及认证个人和机构上传到网络文库中的都是各自独立的单个文档,在网络文库的数据库中还含有大量的相关文档,这些文档好比是一台机器的不同零部件,单独发挥的作用微乎其微,只有相互整合,共同构成一个有机整体才能实现更大的效益。虽然豆丁网已经开始尝试采用整合营销的方式,将文档进行打包销售,但是也只是将相关文档进行分类,文档之间的层次关系并不明显。如果能够进一步优化经营策略,对文档内容进行深度加工,针对用户需求提出一个系统的解决方案,那么文库的价值势必会得到更大的提升。

第三,文库文档质量管理有待加强。从网络文库目前的发展局面来看,网络文库内容的数量、范围、品种几乎成了赢得市场竞争的重头戏,因此各个网站都在大力吸引、鼓励用户上传文档,以抢占内容资源市场。但是网络文库的内容来源主要是广大用户,由于用户的专业水平、职业素养等不同,文档质量参差不齐。

6 移动出版研究

移动出版活动从 21 世纪初肇始。移动阅读端包括手机、平板电脑和其他移动阅读工具,其中最主要的移动阅读工具是手机,一则因手机具有随身携带性;二则因手机是液晶屏,可承载多媒体内容;三则因手机 App 商店生态已经比较成熟。鉴于手机在移动出版活动中的重要地位,很多人把移动出版和手机出版等同起来。早期的手机出版活动其实是传统出版内容和互联网原生内容向移动端的分销和推广,无论是手机报还是网络文学 App,都是这一时期的代表。随着手机用户(包括其他移动端用户)越来越多,移动端的原生内容生产机制也越来越成熟。本章将陈述移动出版的演进,并针对当下主要的移动内容生产和分销模式进行研究。

6.1 移动出版概述

6.1.1 手机出版和移动出版的定义

(1)手机出版的定义

早期的移动出版活动更多地使用"手机出版"一词。早期的手机出版定义强调手机出版是网络出版的组成部分,代表学者是匡文波。他认为:所谓手机出版,就是以手机为媒介的出版行为,是网络出版的延伸和组成部分。目前手机正在成为互联网的重要终端,手机与互联网的结合正在使手机媒介成为一个具有发展潜力的出版平台。[1]

《2005～2006 中国数字出版产业年度报告》认为,手机出版是另一种网络出版形式,它虽然与互联网出版有联系,但不能简单地说成是互联网出版的延伸。

---

[1] 匡文波.手机媒体概论[M].北京:中国人民大学出版社,2006:80-81.

该报告认为：手机出版是指将加工后的数字作品以无线通信技术为手段，按照特定的付费方式向手机用户发布的一种出版形式。在这里，"加工后的数字作品"主要是由手机的内容提供商来提供的，包括报社、出版社、唱片公司、网络运营商等，或者由移动运营商自己提供；数字作品的内容包括新闻、小说、漫画、音乐、游戏、图片等；其特定的付费方式包括包月收费、按条计费和按流量计费等多种模式。[①]

《2008 中国数字版权保护研究报告》在这个定义的基础上作一定的修正，该报告指出，手机出版是指手机出版服务提供者使用文字、图片、音频、视频等表现形态，将自己创作或他人创作的作品经过选择和编辑加工制作成数字化出版物，通过无线网络、有线互联网络或内嵌在手机载体上，供用户利用手机或类似的移动终端阅读、使用或者下载的传播行为。[②] 该定义不但指出了手机内容产品的表现形态，而且强调了有线互联网络和无线网络要素，以及移动终端要素。

我国手机出版标准制定小组制定的《手机出版标准体系（2009）》对手机出版的初步定义是：将有知识性、思想性、娱乐性的信息内容经过具有国家行政管理部门赋予合法资质的机构编辑加工后，以数字代码方式，通过手机出版服务提供商、网络提供商，在手机等移动终端上发布、传播和运营等活动的总称。该定义强调出版者资质。

综上所述，学者和我国相关管理机构过去对手机出版的认识和解读，主要强调：①手机出版是网络出版的延伸，内容来自"加工后的数字作品"，产品范围较广，不但包含文字图片，还包含音频、视频、游戏等。②终端不但包括手机，还包括其他移动终端。③用户接受行为不仅仅包括阅读，还包括视听。

上述定义主要诞生在 2010 年之前，彼时，智能大屏幕手机、Kindle 等电子阅读器、iPad 等平板电脑尚未普及，App 应用商店模式还未深入出版活动中，那一时期的移动用户也是少于互联网用户的。随着技术条件和移动商务的发展，大屏幕手机阅读越来越时兴，移动阅读产业崛起。因此，无论是学术界还是实践界现在都更趋向于使用"移动出版"一词。

（2）移动出版的定义

关于移动出版，斯蒂芬·索顿在 *The Elusive E-book：Are E-books Finally Ready for Prime Time？* 一文中谈到移动阅读是通过一种可便携移动的，类似 Sony Reader 或者 Amazon Kindle 的专门电子阅读器进行阅读的活动，通过具有阅读功能的掌上电脑、手机等电子设备进行的阅读活动也属于此类范畴。学

---

① 郝振省.2005~2006 中国数字出版产业年度报告[M].北京：中国书籍出版社,2007：155.

② 郝振省.2008 中国数字版权保护研究报告[M].北京：中国书籍出版社,2008：120.

者罗丁瑞认为移动出版是一种"以内容代理商(出版社)、通道提供商(移动公司、联通公司)及服务提供商(如华友世纪公司)为内容源头,以无线传播为主要传播方式且以移动式手持终端为阅读载体的一种互联网出版形态。"①李熙认为,移动出版是指将图书、报纸、杂志等内容资源进行数字化加工后,通过互联网、无线网及传输设备进行传播,并通过各种移动终端来阅读的行为方式。其中包括手机出版、平板电脑出版和其他移动终端出版。②

对移动出版的解释远不止于上述,但这三位学者的观点具有代表性。或是强调载体的移动特征(Stephen Sottong),或是强调移动阅读的内容产品必须来自传统的书、报、刊(李熙),或是强调内容提供商的资质(罗丁瑞),或是强调无线网络传播(李熙、罗丁瑞)。正如本章开头所述,很多学者对移动出版活动的理解就是传统出版内容和互联网内容的"搬运",即将传统书、报、刊和网络文学等内容产品搬运到移动端来推广和分销。实际上,这些定义都还没有延伸到移动端内容生产机制的形成。

笔者认为网络文学和开放获取等原生出版形态诞生于互联网。随着移动阅读的发展,移动原生出版活动也日益兴盛。其中,微信公众号和头条号等自媒体平台就是代表。因此,笔者认为移动出版是基于移动阅读端而展开的一类出版活动,有两方面的内涵:一是基于移动端的内容发布和推广,即传统内容提供商(包括传统纸媒和传统互联网)将内容产品在移动阅读 App 上进行发布和销售而形成的相关出版活动;二是基于移动端自媒体而形成的移动互联网原生出版活动。根据我国对网络出版物的规定,国家行政领导机构有"认定其他类型的数字化作品"的灵活性,因此,从理论上讲,对大众生活产生重要影响的自媒体出版物可纳入网络出版物的范畴。

6.1.2　移动出版的特点

移动出版的主要载体是手机,它具有如下主要优点:

(1)受众的广泛性

CNNIC(中国互联网络信息中心)第 47 次《中国互联网络发展状况统计报告》称,截至 2020 年 12 月底,我国手机上网人数已达 9.86 亿,与互联网上网人数基本相当,普及率在 70% 左右。移动应用创新热潮持续,2020 年末,移动应用安全大数据平台收录全国 Android 应用共计 3307221 款,iOS 应用共计 2101025

---

① 罗丁瑞.网络出版新形态研究[D].武汉:武汉理工大学,2006.

② 李熙. 2014—2015 年移动出版发展观察[J]. 出版参考,2015(8):22-23.

款,微信公众号 5197144 个,微信小程序 643372 个。① 这些数据都说明了手机媒体受众的广泛性。又根据艾瑞网《2019 年中国移动阅读发展趋势研究报告》,截至 2018 年底,在移动阅读的双端(PC 端和移动端)服务中,移动端覆盖了 39427 万人,阅读时长高达 300599 万小时,而在 PC 端,用户数只有 6952 万人,时长 8072 万小时。② 这些数据说明,无论在服务覆盖广度,还是在用户黏性上,移动端阅读均大幅领先 PC 端阅读,PC 端阅读空间正在逐渐被挤占,移动端阅读逐渐成为数字阅读行业的主战场,也是目前付费阅读收入的重要来源。

(2)传递的即时性

随身便携是手机及其他移动阅读工具作为载体最为核心的特质。手机的便携和永久在线特点,使移动传播异常方便。用户无论是接收内容还是发布内容,都是即时的,与世界的连接基本是无缝的。利用移动阅读工具,上下班途中等碎片时间可变为黄金阅读时间。

(3)传播的针对性

一方面,运营商可根据阅读浏览记录对用户进行画像,并结合大数据,开展 AI 智能推荐,实现千人千面的个性化推荐;另一方面,手机是一种更加私人化的终端,方便用户定制产品。这些都有利于产品分发。

(4)出版物的多样性

手机、平板电脑等集常用功能于一体。电脑虽然功能强大,但比之手机,缺乏便携性和通信功能。借助手机的多样化功能,手机出版物也形式多样。就数字出版物来说,即使是传统内容产品,用户也主要通过手机或其他移动端阅读。

当然,移动出版也存在一些缺点,主要有损伤视力、手机屏幕小、内存有限、持续供电时间不长等。其中,针对损伤视力这一缺点,有 Kindle 类阅读器弥补,但总的来说,这一缺点也对移动出版有所限制。

6.2 移动出版的发展历程

最常用的移动阅读工具是手机,在早期,这一出版活动也普遍被称为手机出

---

① 2020 年全国新发现 Android 应用 336104 款,年增幅为 11.31%［EB/OL］.（2021-03-02）［2021-03-02］. https://mydown.yesky.com/news/724601633.html.

② 2019 年中国移动阅读发展趋势研究报告［EB/OL］.（2020-01-16）［2021-03-01］. https://www.sohu.com/a/367214801_445326.

版。所以,下文较多地使用"手机出版"一词叙述移动出版的发展历程。

手机出版最早在日本产生、发展。NTT DoCoMo 公司是日本最大的移动通信公司。i-mode 是 NTT DoCoMo 公司于 1999 年 2 月 22 日推出的数据业务,可供手机用户使用移动互联网服务。i-mode 中"i"的含义是 interactive、Internet 和 I(代表个性),i-mode 用户可以随时上网浏览。i-mode 的成功为日本新闻、广告和增值服务奠定了技术基础。在它的促进下,日本手机内容产业也得以发展。许多日本出版社也将纸本出版物通过 i-mode 同步出版。日本手机出版的发展为其他国家树立了榜样。

我国的手机出版从 21 世纪初开始,二十几年的历程可以划分为三个时期,即初创期(2000—2004 年)、成长期(2005—2009 年)和成熟期(2010 年至今)。

6.2.1　初创期(2000—2004 年)

我国手机出版萌芽于 21 世纪之交。2000—2004 年是我国手机出版的初创时期,也是奠基时期。在这一阶段,标志性的事件有:中国移动互联网启动、手机报获得初步发展、苹果创造 iPod＋iTunes 模式。

移动互联网的概念最初诞生于 2000 年 9 月。中国移动和国内百家互联网内容提供商在当时首次聚集一堂,探讨商业合作模式。随后,"移动梦网"在当年 12 月开始实施,并于 2001 年 11 月正式开通。① 移动梦网开通后,用户可以通过手机连入互联网。按照网络技术平台区分,移动梦网产品包括短信(SMS)、彩信(MMS)、手机上网(WAP)、互动式语音应答(IVR)、彩铃 (CRBT)、百宝箱等。百宝箱业务于 2003 年正式推出,它是中国移动向客户提供的可下载的应用程序及其服务的统称。百宝箱业务性质与后来苹果推出的手机应用类似,其中手机游戏较多。在移动梦网业务诞生后,国内其他运营商也相继创造出同类服务,如中国电信的"互连星空"、中国联通的"联通在信"等。

手机报在这一时期获得初步发展。关于手机报,CNNIC 在 2009 年的《中国手机媒体研究报告》中认为:"所谓手机报,是将传统媒体的新闻内容通过无线技术平台发送到手机上,从而在手机上实现阅读短信新闻、彩信新闻等功能(的业务)。"②手机报的类型有短信手机报、彩信型手机报、WAP 型手机报、IVR 语音

① 张毅:5.17 电信日盘点中国移动互联网发展历程与教训[EB/OL]. (2010-05-17)[2021-12-13]. https://www.iimedia.cn/c480/7418.html.

② CNNIC. 中国手机媒体研究报告(2008 年 12 月)[EB/OL]. [2012-12-05]. http://tech.sina.com. cn/z/WAP2009/index.shtml.

型手机报等。2001 年 7 月,《扬子晚报》推出了短信型的"扬子随身看",成为中国报业最早一批"手机报"的践行者。[①] 2004 年 7 月 18 日,《中国妇女报》(彩信版)正式开通。[②] 2003 年 9 月 1 日,基于 WAP 技术的《扬子晚报》(手机版)在移动和联通两个平台同时正式开通。[③] 2005 年 9 月,《华西都市报》与四川电信联手打造的《华西手机报》(语音版)开通,中国第一张可以听的报纸由此诞生。[④]

此外,这一时期苹果创造了 iPod＋iTunes 模式。2001 年,苹果公司推出了第一代 iPod,2003 年创立了 iTunes 在线音乐商店,将第三代 iPod 和正版音乐"捆绑"销售。iPod＋iTunes 模式成为数字音乐史上第一个成功的商业模式。iPod＋iTunes 模式与后来的 iPhone＋App Store 模式如出一辙,而应用商店的发展对内容行业影响非常大。

这一时期,中国网络文学网站启动并成长,付费阅读机制初创。2002—2004 年,起点中文网、晋江文学城、天下书盟、逐浪网、小说阅读网等网络文学网站陆续成立,极大地丰富了移动阅读的内容储备,吸引了大量的手机阅读用户。此外,2003 年,起点中文网首创 VIP 制度这一付费阅读模式,对移动阅读的盈利模式进行了探索。

总的来说,此阶段是手机出版的奠基时期。这一时期,手机出版虽然有成绩,但在 2005 年之前,手机网民规模小,甚至尚未纳入统计的范畴,政策支持也不足,而各种类型手机出版物都刚起步,各种模式尚在探索之中。时至今日,初创期的很多模式已经完全消失或式微,但它们仍是发展历程上的重要节点。

6.2.2 成长期(2005—2009 年)

2005—2009 年是中国手机报的繁荣期。2005 年 2 月 24 日,人民网与中国人大新闻网、中国政协新闻网共同开办的以手机为终端的"两会"无线新闻网站开通。这是第一次以移动互联网的形式宣传国家重大政治活动,标志着手机成为真正意义上的新闻传播工具,此举对于中国大众传媒事业的发展以及手机互

---

① 孙宝传. 报纸也要飞上天——扬子晚报网站创办"扬子随身看"的启示[J]. 中国传媒科技,2002(9):18-19.

② 手机报——"中国妇女报彩信版"开通. [EB/OL]. (2004-07-19) [2021-12-13]. http://news.sohu.com/20040719/n221081078.shtml.

③ 扬子晚报手机版开通[EB/OL]. (2003-09-18) [2021-04-26]. http://www.paper.com.cn/news/daynews/03091805.htm.

④ 有手机就能看《华西手机报》[EB/OL]. (2005-09-05) [2021-04-26]. http://news.sohu.com/20050905/n226869018.shtml.

联网的应用都具有重要意义。[①] 至 2005 年底,全国手机报用户达到 100 万;2007 年底,这一数字超过 3000 万。[②] 截至 2008 年底,全国报业整体(包括中央大报、都市报、行业报)已推出涵盖娱乐、体育、财经、旅游、健康、饮食、双语、教育等领域的手机报约 1500 种。[③] 从 2001 年《扬子晚报》推出短信型手机报,发展到 2009 年遍地开花,手机报的发展用了近 10 年时间。此后,由于手机应用商店兴起,新闻 App 逐渐强势,手机报迅速式微。

2008—2009 年,手机阅读用户增长迅速,中国手机阅读市场呈现快速发展的态势。据易观国际《中国手机阅读市场专题报告 2009》,2008 年中国手机阅读活跃用户数达 1.04 亿户,年增长率为 25.8%。[④] 2008 年,中国手机阅读市场收入规模达 3.77 亿元,年增长率 54.9%。2009 年中国手机阅读市场的活跃用户数达到 1.55 亿户,数量直逼移动互联网用户规模。在这种背景下,移动运营商——中国移动进入手机阅读市场,中国联通、中国电信也相继跟进;服务提供商——盛大文学、中文在线、空中网、3G 门户及传统出版商相继进入手机阅读市场。

这一时期,中国网络文学获得较大发展。盛大文学于 2008 年 7 月成立。盛大文学整合了起点中文网、红袖添香网、小说阅读网、榕树下、言情小说吧、潇湘书院六大原创文学网站,以及天方听书网、悦读网、晋江文学城(50% 股权)等,成为国内当时最大的原创文学公司。盛大文学还开启了全版权运营模式,对此后网络文学和移动阅读的发展起到了重要作用。

6.2.3 成熟期(2010 年至今)

这一时期,移动出版进入成熟期。在技术方面,首先,移动阅读终端越来越多样化。早在美国时间 2007 年 1 月 9 日,大屏幕智能手机的代表苹果 iPhone 正式发布[⑤]。亚马逊 2007 年底发布的 Kindle 也大获成功,带动了我国以汉王、方正等为代表的国产电子书阅读器的发展,电子书阅读器成为移动阅读的新工

---

① 手机将首次全方位介入"两会"报道[EB/OL]. (2005-02-28)[2021-04-26]. http://finance. sina. com. cn/roll/20050228/08571388361. shtml.

② 张田. 论 3G 时代手机报的嬗变[J]. 新闻爱好者(下半月),2009(10):135-136.

③ 经济参考报:手机报今年用户将达 8000 万[EB/OL]. (2009-04-16)[2021-04-26]. http://jjckb. xinhuanet. com/cjxw/2009-04/16/content_154106. htm.

④ 易观国际. 中国手机阅读市场专题报告 2009[R]. 2009:3(网址 https://www. docin. com/p-1679218179. html).

⑤ 苹果 iPhone 发布![EB/OL]. (2007-01-10)[2021-09-15]. http://news. mydrivers. com/1/75/75752. htm.

具。2010 年 1 月 27 日,苹果 iPad 1 发布[①],引发了国内的平板电脑热。其次,应用商店也迅速登上历史舞台,早在 2008 年 7 月,苹果向第三方开放苹果应用商店(App Store)[②]。2008 年,谷歌 Android Market"出世"。[③] 苹果 App Store 的推出,为移动应用产业模式树立了典范。2007 年 11 月,谷歌宣布推出安卓手机操作系统。开源的安卓系统的出台,有利于 Android 阵营的应用商店的产生。在应用商店和移动操作系统逐步完善和推广的基础上,移动应用呈爆发式增长。

得益于移动阅读终端的便利性及移动应用程序的增强特性,用户黏性及网络文学平台参与度不断提升,用户逐渐向移动端转移,移动阅读时代逐渐到来。2014 年,百度公司整合旗下业务成立百度文学;2015 年,腾讯文学与盛大文学合并,成立阅文集团;同年,"阿里文学"成立。掌阅科技、咪咕阅读、中文在线等也开始整合旗下移动阅读事业,重点在移动阅读上发力,打造泛娱乐产业链,探索多元商业模式。

经过长期探索,移动阅读厂商找到合理的盈利模式,开始积极追求上市。以中文在线、掌阅科技、阅文集团等为代表的优质移动阅读企业登陆资本市场,行业开启发展新阶段。2015 年 1 月,中文在线在深交所创业板上市,在资本助力下开启"文学+"和"教育+"双翼发展战略。2016 年 12 月,平治信息在深交所创业板上市;2017 年 9 月,掌阅科技在上交所主板上市;2017 年 11 月,网文巨头阅文集团在港股上市。移动阅读龙头企业上市既可以借助资本力量做大做强现有主业,进行优质内容的全产业链运营,实现利润的大幅提升,也可以稳定行业格局,拓宽行业发展新思路,开启行业发展新阶段。总体来说,在该时期,移动阅读行业市场格局逐步稳定,移动阅读厂商实现盈利,商业模式成熟。

另外,自媒体平台成长迅速,出现了头条号和微信公众号两种类型的自媒体平台。2011 年 1 月 21 日,腾讯公司正式推出微信(WeChat),为智能终端提供即时通信服务。微信一入市场就受到欢迎,用户量持续大幅度增加。经过近十年的发展,截至 2020 年三季度末,腾讯财报显示,微信月活跃账户数达 12.13

---

① 2010 年苹果 iPad1 发布会[EB/OL].(2013-09-27)[2021-04-12].https://news.tongbu.com/59862.html.

② 苹果软件应用商店软件下载量达 20 亿次[EB/OL].(2009-09-30)[2021-09-15].http://www.pcpop.com/doc/0/447/447526.shtml.

③ 评论:安卓会成为下一个 Windows 吗[EB/OL].(2012-12-27)[2021-09-15].http://tech.sina.com.cn/t/2012-12-27/09237928703.shtml.

亿。微信毫无疑问已经成为中国的第一 App。早在 2012 年，微信 App 就推出了微信公众号，自此，大量自媒体涌入微信，微信内容生产生态日益完善。"微信＋公众号＋朋友圈"完成了信息传播的闭环，微信逐渐从单一的通信工具转变为社交和内容分享平台。2013 年，微信 5.0 版本推出了微信支付功能，此后，商业生态逐渐形成，内容变现之路的"任督二脉"被打通。

2012 年 8 月，字节跳动推出今日头条 App。今日头条是一款基于数据挖掘的推荐引擎产品，为用户推荐信息，简而言之，最初的今日头条是内容聚合与推送的平台。2013 年，字节跳动再推自媒体平台——"头条号"，一则，头条号是今日头条针对媒体、国家机构、企业及自媒体推出的专业信息发布平台；二则，头条号也是个人作者创作和发布作品的平台。头条号还逐步完善了内容变现体系，形成了内容变现生态。至此，头条号成为与微信公众号不同的另一类自媒体平台。在二者的带动下，2016 年，中国"自媒体号"爆发，企鹅号、百家号、凤凰号、一点号等出版平台纷纷涌现，普通大众和专业媒体共同形成创作主体，为自媒体出版创造海量内容。

6.3 移动出版的产品

移动出版主要有哪些产品呢？上述发展历程指出，早期的移动出版产品主要有各种类型的手机报、手机杂志、手机小说等，但随着时间的推移，这些形态的产品逐渐式微。目前，按照"产地"划分，常见于移动端的出版物主要有三类：①传统媒介内容产品，如书、报、刊内容，这类产品的"原产地"为传统出版机构；②互联网原生内容产品，如中国网络文学等，这些内容的"原产地"是互联网；③移动出版原生内容产品，如当下活跃的头条号、微信公众号等，这些内容的"原产地"为移动互联网。

对应不同的内容产品形态，形成了不同的运作平台，如表 6-1 所示。

---

① 微信月活用户达 12.13 亿[EB/OL].（2020-01-20）[2021-09-15]. https://m. gmw. cn/baijia/2021-01/20/1302055242. html.

表 6-1	移动出版物及其对应的分销平台或出版平台	
内容产品形式	基于移动端分销平台	隶属的行业
①传统媒介内容产品	早期有手机报、手机杂志等形态。App 应用商店模式成熟后,电子图书分销平台有掌阅读书 App、微信读书 App 等;各种报刊 App,如中国国家地理 App、人民日报 App 等	移动阅读
②互联网原生内容产品(网络原生内容产品)	我国的网络文学原生于互联网,国外的亚马逊 KDP 等也是互联网原生出版平台。营销端口逐渐向移动互联网迁移,形成各类阅读 App,如 QQ 阅读、起点读书等	
③移动出版原生内容产品	目前有代表性的移动出版平台有微信公众号以及头条号等	自媒体

上述①类和②类内容产品原"产地"都是传统媒介或互联网,移动端只是这些内容产品的"分销店",在移动端主要依靠移动阅读 App 分销和推广。在我国,移动阅读已经形成了一个发展强劲的产业。针对这个产业,艾瑞咨询等机构长期发布中国移动阅读发展趋势研究报告,将在 6.4 节对其进行讨论。

表 6-1 中的③类为移动出版原生内容产品,是基于移动自媒体平台而产生的。与中国网络原创文学出版一样,自媒体平台已经形成出版生态,有编辑、发布、传播等出版要素,已经形成事实性出版活动,学者一般将这类活动称为自媒体出版,它和移动阅读有不同的产业链和业务方式,在 6.5 节对其展开讨论。

6.4 移动阅读运营研究

6.4.1 移动阅读概述

6.4.1.1 移动阅读的概念

"移动阅读"指的是使用手机、平板电脑、电子书阅读器等移动终端进行的所有阅读行为,包含通过浏览器浏览网页,阅读书城客户端、新闻客户端、报纸客户端、杂志客户端、微博、微信的文章,以及收听有声读物等。广义的移动阅读是指通过移动终端浏览或收听小说、报纸、图书、杂志、动漫及有声读物等内容。狭义的移动阅读是指通过手机、平板电脑、电子书阅读器等移动终端设备进行文学作品的听读,阅读/有声读物内容类型仅包含网络文学与出版物的电子版。[①] 本章的研究对象是狭义的移动阅读。

6.4.1.2　移动阅读 App 及其功能

移动阅读类 App 是指基于智能手机、平板电脑等移动终端所开发出来的为用户提供阅读服务的移动应用软件,一般简称移动阅读 App 或阅读 App。移动阅读 App 的主要内容为网络文学和传统图书的数字化图书。著名的移动阅读 App 有掌阅、米读小说、QQ 阅读、书旗小说、必看小说等。移动阅读 App 以其使用便捷、方便利用碎片化时间、利于个性化阅读等特点深受读者喜爱。

从功能方面来说,移动阅读 App 是一座电子书城,首先,移动阅读 App 是用户的客户端,是将用户接入移动互联网的入口,在汇聚流量和留存用户方面发挥十分重要的作用;其次,移动阅读 App 向用户展示电子内容资源,推广分销内容产品,为用户提供阅读服务;再次,还可通过移动阅读 App 进行流量变现,建构商业模式;最后,对用户或读者来说,移动阅读 App 的主要功能是完成电子书报刊或网络小说的购买、下载、阅读、试听及评论互动等。

移动阅读 App 处于产业链的核心环节,其上游对接创作者和内容提供商,下游对接用户,同时还兼具版权运营职能。它可分为内容提供商自建 App 和第三方 App 分销平台。有两类内容提供商自建 App 的可能性大。一是出版行业的品牌,如《中国国家地理杂志》自建的移动客户端“中国国家地理畅读”;二是拥有海量内容生产能力的内容提供商,如起点中文网自建“起点读书”。

大多数内容提供商必须依赖第三方平台推广和分销产品。在中国,以传统纸质图书为主的第三方平台有“微信读书”等;以网络小说和漫画为主的第三方平台有“QQ 阅读”;兼具传统图书和网络小说的第三方平台有“掌阅”等。在国外,美国亚马逊 Kindle Store 是世界领先的电子书平台,Kindle 在中国的客户端为“Kindle 阅读”,一般以售卖传统图书的电子书为主。另外,从内容资源的角度,移动内容分销平台又可分成垂直型分销平台和综合型分销平台。大多数内容提供商自建平台为垂直型分销平台,只经营一种出版物类型,如上文提到的“中国国家地理畅读”,以及三联生活周刊 App 等;而综合型分销平台分为两种,一种是由综合性电商经营的,如亚马逊“Kindle 阅读”和中国的“京东阅读”,另一种综合型分销平台是指出版物品类的“综合”,如掌阅、咪咕阅读等,书城中含有较多类型的出版物。

据艾瑞咨询的《2019 年中国移动阅读发展趋势研究报告》,2019 年中国网络

---

① 艾瑞咨询.2019 年中国移动阅读发展趋势研究报告[R].上海:艾瑞集团,2019.

文学市场规模总计达 180.5 亿元,在 2020 年达到 206.3 亿元,自从有统计以来持续增长。移动阅读已经成为数字阅读行业的主战场和收入的重要来源。

移动阅读行业竞争激烈,当下主要的移动阅读 App 平台从收费的角度可划分为付费阅读 App 和免费阅读 App 两类。

(1)付费阅读 App

结合近几年的数据来看,掌阅、QQ 阅读和咪咕阅读一直稳居排行榜 Top10,尤其是掌阅和 QQ 阅读,长期占据榜一和榜二。而一些曾名列排行榜前十的 App 如熊猫阅读等如今却不见了踪影,一些新上线的阅读 App 则后来居上,榜上有名。这几年,移动阅读 App 的发展可以说是风起云涌、竞争激烈。

①掌阅。掌阅为掌阅科技旗下产品。掌阅科技成立于 2008 年 9 月,2011 年 1 月正式发布 iReader App。多年来,掌阅用户数一直名列前茅。目前拥有数字阅读内容 50 多万册,数字内容资源丰富,包括图书、有声读物、杂志、漫画等多种类型。掌阅注重版权管理,维护版权者利益,与国内外 700 多家优质的版权方合作,曾荣获国家版权局颁发的"全国版权示范单位"和世界知识产权组织版权金奖。2015 年 8 月,掌阅推出了 iReader 电子书阅读器,公司愿景是"做全球最专业的阅读平台"。①

②QQ 阅读。作为阅文集团旗下产品,QQ 阅读的活跃用户数量也稳居前列,且在用户黏性方面持续领跑。在 2020 年第二季度的统计中,QQ 阅读为用户规模超过 5000 万的四家平台之一,其用户数量达到 5027.66 万。② 由于阅文集团在中国网络文学行业中占绝对优势,QQ 阅读在网络文学资源方面得天独厚,是阅文集团内容生产、内容发行、版权运营生态中的重要一环。

③咪咕阅读。2010 年 5 月,中国移动浙江公司推出的中国移动手机阅读基地是咪咕阅读的滥觞。2013 年 12 月,中国移动手机阅读基地更名为"和阅读"。2015 年 4 月,中国移动手机阅读基地正式挂牌转型为咪咕数字传媒有限公司。2015 年 10 月,"和阅读"正式更名为"咪咕阅读"。③ 咪咕阅读也拥有网络原创文学创作发布机制。同时,它还汇聚了传统出版机构的图书、杂志、漫画等各类产品形态。咪咕阅读与咪咕旗下咪咕音乐、咪咕视频、咪咕动漫等互通,方便用户使用。

---

① 掌阅科技上半年实现净利 1.1 亿元 拓展 to B 服务"掌阅精选"[EB/OL]. (2020-08-27)[2021-09-15]. https://baijiahao. baidu. com/s? id=1676155155738804607&wfr=spider&for=pc.

② 中国移动阅读市场规模逐年增长 2020 年 APP 在装用户规模小幅上升[EB/OL]. (2020-10-22)[2021-10-21]. http://free. chinabaogao. com/it/202010/102251XI2020. html.

③ 移动阅读大佬"和阅读"正式更名"咪咕阅读"[EB/OL]. (2015-11-03)[2021-09-15]. http://www. cnhubei. com/xw/jj/201511/t3437259. shtml.

（2）免费阅读 App

免费阅读模式正在崛起。2019 年 1 月到 2020 年 2 月，在移动阅读行业月活跃用户 Top10 的 App 中，免费阅读 App 占了 5 席，其主要盈利方式有二：一是广告，二是会员费①。

七猫免费小说在免费阅读 App 中占第一梯队，它隶属于上海七猫文化传媒有限公司。七猫免费小说发展势头迅猛，上线不到两年就占据了排行榜第四名。七猫免费小说月活跃用户数量稳定上涨，于 2019 年 6 月起跃居中国移动阅读行业免费阅读月活跃用户排行榜第一，成为行业龙头。2020 年 2 月，七猫免费小说月活跃用户数达到 3366.72 万人②。

移动阅读行业免费阅读月活跃用户排行榜第二梯队的有番茄小说、米读小说、米读极速版和连尚免费读书。番茄小说（原名为番茄免费小说）为今日头条旗下的免费阅读 App，于 2019 年 11 月正式上线，推出后月活跃用户数持续上涨。依托今日头条业内领先的智能推荐技术，番茄小说可为用户精准推荐其感兴趣的内容。2020 年 2 月，其跻身中国移动阅读行业免费阅读领域第二。

米读小说和米读极速版，同为掌阅科技的"趣头条"旗下产品。二者皆凭借趣头条用户体量的优势，利用"看小说赚钱"等激励措施，拉取下沉用户（从主流市场下沉到低一级市场的用户群体）成为 App 新用户，月活跃用户数增长较快。

连尚免费读书是连尚文学旗下产品之一。早在 2018 年，连尚文学就成为免费阅读商业模式的先行者。它采用"广告＋会员"的双重模式。其中，非核心内容插入广告上架，核心优质内容采用 VIP 付费阅读。逐浪网为连尚文学提供原创内容，与其他免费阅读平台相比，逐浪网有独特的原创内容优势。

6.4.2　移动阅读 App 的内容运营

6.4.2.1　内容来源

移动阅读的内容来源主要包括出版图书、网络文学、杂志、有声小说等。其中，最主要的内容来源是出版图书和网络文学。移动阅读 App 的内容提供商分为两类：一类是传统图书的版权方，主要是出版社和版权代理机构，如春风文艺出版社、长江文艺出版社等；另一类是个人作者、网络文学网站和网络文学公司。目前中国主要的网络文学公司有阅文集团、纵横中文网、晋江文学城、17K 小说网等。

---

① 易观分析：中国移动阅读市场年度综合分析 2020［EB/OL］.（2020-04-08）［2021-09-15］. https://www.analysys.cn/article/detail/20019738.

② 同上。

作为移动阅读 App 主要内容来源之一的出版图书,其版权主要在出版社手中。但是,出版社将纸质图书转换成电子书,首先得拥有作品的信息网络传播权。由于数字出版产品离不开编辑加工,传播离不开产品的复制,在签数字出版合同的时候,最好注明拥有改编权、复制权、汇编权等权利。未经作者授权的作品,不可以被加工成电子书。纸质图书与移动阅读 App 中的电子版,在内容上一样,而在排版设计与价格上有些不同,通常电子版的售价会比纸质书更低。因此,对于出版社而言,图书数字化专业人才相对缺乏,将出版图书数字化要花费大量的人力和物力,但是所获得的利润少。所以出版社一般还是以销售传统纸质图书为主,出版电子书为辅,保证电子书的发行不会影响纸质图书的销售。传统出版社由于拥有高素质的选题、策划、编辑、出版人才和"三审三校"等规范制度,在管理和出版物标准方面形成了标准化管理,保证了出版社内容的质量,这是传统图书的优势。

网络文学是移动阅读 App 最大的内容来源。网络文学站在内部建立了一套比较完整的对内容进行筛选、淘汰和修正的机制,包括内部制度控制、筛选机制、自我修正机制、作者激励机制等。总的来说,网络文学写作的低门槛、网络文学写手素质的参差不齐,导致网络文学作品质量参差不齐。但相比传统文学,网络文学题材广泛,具有独特的吸引力。

6.4.2.2　内容导航

向用户展示作品以吸引用户阅读是移动阅读 App 的重要功能之一。对于移动阅读 App 而言,要想展示作品,就需要对 App 本身进行导航功能的设计。移动阅读 App 常用的导航功能有书架、导航菜单、电子书搜索、书签、收藏、分享、同步更新等。以下择其重要的推荐模块、榜单模块、分类模块、信息检索模块等进行重点陈述。

（1）推荐模块

推荐是移动阅读 App 一种重要的内容推广工具,对作品进行筛选和推荐。推荐模块又分如下两种:

其一,"编辑推荐"。这是编辑根据作者和作品的具体情况而向用户进行推荐。"编辑推荐"包括对新晋作者及作品的"推荐",以及对优秀作品和热门作品的"推荐"等形式。"编辑推荐"的效果受"推荐"出现的位置、时间的影响。

其二,内容智能推荐。近年来,人工智能在移动阅读产业中得到充分利用,除了过去的编辑及榜单推荐外,内容智能推荐逐渐受到重视。该方式通过技术建立用户与内容之间的关联,自动分析出用户阅读喜好,选出用户感兴趣的内容并推送给用户。内容智能推荐可以扩大用户内容的接触机会和接触面,满足用户的差异化需求。如,网络文学的后起平台"必看小说"主打 AI 智能引擎推荐,结合用户画像、大数据、AI 算法,为用户推荐其感兴趣的内容,实现千人千面的个性化推荐。而传统网文巨头阅文集团本身拥有强大的编辑推荐和榜单机制,当下也将智能推荐算法作为编辑推荐和榜单的重要补充。QQ 阅读 7.0 新版本升级了推荐算法,将智能推荐算法与编辑人工筛选做了精细区隔,以便用户随时根据不同需求进行内容挑选。根据调查统计,有 53.1% 的移动阅读用户会通过阅读平台的智能推荐来选择自己想要阅读的小说。[①]

(2)榜单模块

艾瑞咨询数据显示,50.6% 的用户选择小说的依据是网络文学平台的排行榜。掌阅 App 和各个移动阅读 App 都设有各种各样的排行榜,这些排行榜体现了某一类文学作品的质量和阅读热度,对各文学作品进行比较,在激励作者的同时也将作品推荐出去,对读者的选择产生直接影响。有别于"推荐"模块的编辑推荐制度,榜单是由读者决定的,其核心是读者点击率、赞赏、推荐等。因此,榜单模块反映了大多数用户的喜好,不可低估榜单的作用。常见的榜单有月票榜、用户喜爱榜、新书榜、畅销榜、特价折扣榜、原创风云榜、人气榜排行,等等。不同的榜单可以满足用户的不同阅读需求。

(3)分类模块

分类频道在各移动阅读 App 上占据非常显著的位置,一般出现在书城的首页。分类的作用是展现和推荐某类小说,用户可以根据自己喜欢的类型直接在分类的指引下进行作品的选择和阅读,较为节省寻找的时间。移动阅读 App 上常见的一级类目主要有出版、男生、女生、听书、漫画、杂志等;每个一级类目中还会根据题材进行二级分类,常见的有玄幻、魔幻、都市、穿越、言情等。

(4)信息检索模块

信息检索模块包含搜书、书签等功能,用户通过搜书和书签可以直接找到所需信息。搜书功能一般允许读者按照书名、作者、出版日期等检索。书签功能的设计则较为简单。用户在阅读书籍时看到想要重复阅读或觉得有用的页面时点击"添加书签",便可在当前阅读页面设置书签,之后如果想再次阅读此页面,直接点击该书籍的相应书签即可。

6.4.2.3 阅读功能设计

电子书的阅读功能也非常重要。一个设计良好的阅读功能有利于给用户带来良好的阅读体验,更能够吸引用户。电子书的阅读功能主要包括文字调节功能,字典功能,批注、笔记、评论功能,纠错功能,听书功能等。

---

① 艾瑞咨询.2019 年中国移动阅读发展趋势研究报告[R].上海:艾瑞集团,2019.

①文字调节功能。其包括文字字体的选择、文字大小的调节、行间距的调节等,用户可以根据自身的阅读偏好选择,实现个性化阅读。

②字典功能。字典功能是在电子书中植入字典和词典,用户点击相关的字词,可以查找其释义,方便及时为用户解惑,以使其更好地了解和阅读书籍。

③批注、笔记、评论功能。电子书中的批注和笔记功能是模仿传统图书阅读特点而设计的,方便用户在阅读时像读纸质书一样体验做笔记的感觉。同时,一些电子书有"评论"或"想法"功能,用户在阅读电子书时可以发表自己的意见和想法,可以与其他用户共享,实现用户与用户之间的互动交流。

④纠错功能。目前,一些移动阅读 App 会给电子书设置纠错功能,用户可以向平台反映电子书的错误以及时修正书籍的错误。

⑤听书功能。目前,市场上大部分的移动阅读 App 设置了听书功能,用户在不想阅读书籍时可以点击语音朗读,开启听书模式,满足多样需求。

6.4.3 移动阅读 App 的分发

App 分发属于用户运营的范畴。用户运营的流程主要包括拉新、留存、促活、转化(营收)四个方面。其中,拉新是指招募新用户的活动,也就是把 App 推广出去,提高 App 下载量和注册量,通常也被称为 App 分发推广。

传统图书等内容产品主要从书店等平台销售推广,而移动阅读业务链显然比较复杂。作为电子书城的移动阅读 App 本身必须推广到用户的手机端上,然后才有机会使其内容产品在 App 平台销售。所以,分发 App 是移动阅读运作中的重要一环,主要从以下几个方面进行。

6.4.3.1 将用户导流至移动阅读 App

内容生产机构自建 App 一般需要进行这项工作。这些机构一般都是出版品牌机构,拥有垂直性的用户或海量的用户群体,因此,将用户导流至 App 即可。引导的办法主要有:

①在已有渠道上投放 App 二维码。已有渠道包括纸质出版物及其网站、微信公众号、官方微博、头条号、抖音号等。一般在首页或显眼的位置投放下载 App 的二维码,为了提高下载率,可赠送读书卡、小红包或其他礼物。

②在有相关内容的流量的平台上投放 App 二维码。如,找出一些有流量、有影响力的相关行业网或相关网站,在网站上直接投放广告;或者在相关领域传统的出版物上如专业报刊上投放 App 广告。

③在线下展会、会议、报名处等相关场合宣传 App,吸引感兴趣的读者。

6.4.3.2　通过应用商店分发移动阅读 App

移动应用商店又叫手机应用商店,简称"应用商店",它提供免费或付费手机应用软件的浏览和下载服务,同时为应用软件开发者提供开发工具及产品发布渠道,所有发布应用均获得出版机构或出版个人的内容许可,用户可以通过特定的支付方式购买相关应用。① 应用商店中的"应用"一般主要针对手机和平板电脑。

应用商店的出现具有非凡意义,至少有二:①开创了一种全新的商业模式。它提供了一个应用软件开发者与消费者之间的商业渠道,能够让应用软件开发者将应用直接发布和销售给最终客户,去掉了所有开发和销售环节的中间商。②在我国,应用商店动摇了移动运营商在产业链中的垄断地位。在应用商店诞生之前,内容提供商只有选择与移动运营商合作才能将内容产品分发到消费者手中,而应用商店的出现改变了这种状况。内容提供商可以自建和加入不同的第三方平台来销售自己的产品,这就增加了选择性和多样性,使这个产业更加活跃。

对移动内容提供商来说,应用商店的相关业务主要有两部分:

①规范移动阅读 App 的制作,使移动阅读 App 能适用于各类移动终端操作系统、不同的屏幕尺寸及分辨率等。移动终端操作系统目前主要有普遍性的安卓系统和封闭式的苹果 iOS 系统。在我国,华为的鸿蒙系统已经诞生了,但相关生态还未搭建起来。阅读终端屏幕的尺寸大小不一,小到手机大到 iPad 都有。应用商店提供相关技术规范,使各种应用能适用于不同的移动终端。

②分发移动阅读 App。应用商店行业的四大板块如下:第一大板块是第三方应用商店,主要包括 360 手机助手、百度手机助手、豌豆荚和应用宝。第二大板块是手机厂商应用商店,主要包括小米应用商店、华为应用商店、vivo 应用商店等。第三大板块为移动运营商应用商店,即 MM 商场、天翼空间和沃商店等。第四大板块为系统运营商应用商店,主要是 iOS 系统下的 App Store 及 Google Play 等。应用商店的市场份额变化较快,如豌豆荚等老牌应用商店,现在已经逐渐萎缩。

据统计,2020 年安卓手机市场占有率:应用宝第一,华为第二,OPPO 第三;华为、OPPO 表现强势。② 除了应用宝外,其他皆为手机厂商的应用商店。应用宝是腾讯公司专为智能手机用户打造的应用获取平台。应用宝在应用搜索方面

---

① 艾瑞网.2010 年中国手机应用商店研究报告.

② 2020 年安卓各大应用市场份额占比分析 [EB/OL]. (2020-09-29)[2021-09-15]. https://www.pianshen. com/article/64081976506/.

推出"唯一"搜索,可有效帮助用户解决应用下载过程中误下载山寨应用的问题,使用户安全、放心地下载应用。2016年10月,应用宝还推出"微下载"功能,App接入该功能将生成"微下载"链接,链接可分享至微信朋友圈及公众号中供直接下载,可有效提高App下载转化率。华为应用市场号称是全球第一家实施"开发者实名认证"制度的应用商店,所有入驻的开发者都要经过严格的实名认证审核,以此过滤安卓生态中来源不明的第三方应用,保障用户使用的安全性。在终端设备销售的强势表现之下,华为应用市场的用户体量非常大。排名第三的OPPO应用商店的表现也较好。该应用商店安装有较多的视频播放、游戏等应用。

移动应用商店的应用推荐方式形式多样,主要包括免费推广、付费推广两种。欲参加免费分发,需要参加各应用商店的各种活动,如节日活动、专题活动、优惠福利、小编推荐等,以获取大量的流量。应用商店的活动种类多样,周期不定,给用户带来新鲜感,可以在一定程度上促使用户下载参与活动的App。

付费推广是App推广的重要方式。应用市场是综合性平台,并没有针对性的用户,推广就是为了获得好的展示位置,好位置意味着流量大、用户下载量大。App被投放在不同的位置,价格是不同的,主要计价方式为CPD(按下载次数计费)。主要的展示位置有首页、分类、热搜安装、安装有礼、开机必备,等等。不同的位置,获取的流量不同,价格有差异。

6.4.3.3 在移动终端中预装的阅读App

手机中预装的App主要是由App推广商花钱让手机商在硬件中写入或者在手机操作系统中植入相应的App,只要用户一开机,相应程序就被激活,从而快速地为手机安装各种App应用软件。这种推广的效果甚至会远远大于在网站、微信、应用商店等地方的推广效果。但手机预装也有一些缺点:年轻用户常常更换手机,这就导致用户忠诚度降低;手机预装成本往往较高,且预装后,手机不一定马上卖到用户手上,所以市场效果不能马上显现。

6.4.3.4 其他途径分发App

①撰写App体验的专业软文,在软文中投放二维码,引导用户下载App。软文是以引导性的思想传达,润物无声地将产品信息灌输到消费者的头脑中,打动消费者,最终促成消费行为。软文营销的成本远低于硬性广告,综合效果与性价比却远高于硬性广告。软文一般被投放在论坛、微信公众号、贴吧、微信、头条号等针对性强、流量大的工具上。

②App之间的互相推广。用户在使用你的应用外,还同时使用很多其他应用,通过挖掘App之间的隐含关系,将一个App推送到另一个相关类App上。

③搜索引擎推广。搜索引擎具有先天的推广优势,搜索行为本身就表明了用户对产品的兴趣度与关注度,企业使用搜索引擎进行 App 推广会使推广效果更加精准。目前的搜索引擎主要有百度搜索、搜狗搜索、好搜等。

值得注意的是,相关的分发方式又叫作新媒体分发,由于新媒体受众广、定位精确、应用场景一致,其推广转换率一般较高。

6.4.4　移动阅读 App 的用户留存

QuestMobile 发布的相关报告显示,2017 年中国移动互联网月度活跃设备总数稳定在 10 亿台以上,从 2017 年 1 月的 10.24 亿台到 12 月的 10.85 亿台①,增长放缓。2019 年统计显示,中国移动互联网月度活跃用户规模在 2019 年一季度触顶11.4 亿人,而在 2019 年二季度则净减少近 200 万人。这是自 2018 年以来首次出现的月度环比负增长。② 移动互联网人口红利消失,移动互联网领域内的各行业的目标从开发增量市场转向深入运营存量市场。

同时,在移动设备的使用上,用户人均单次使用时长上升 4.45%,使用时间分配更聚焦,App 使用集中度越来越高。内容成为吸引用户的重要决定因素。这意味着阅读 App 的运营必须从分发 App 引流的流量导向,转向以内容吸引用户留存的内容导向。对于一款移动阅读 App 来说,最重要的是内容资源和用户体验。根据对市场上移动阅读 App 的统计分析,本书认为可以从以内容为中心、植入社交功能和建立读者激励制度这三个方面进行分析。

6.4.4.1　以内容为中心

对于移动阅读 App 来说,阅读是其最基本也是最重要的功能。移动阅读 App 的内容储备是其最核心的竞争力。优质内容是吸引用户付费的关键因素和进行 IP 运营的基础。

其一,优质内容是吸引用户付费的关键因素。根据《2016 年度数字阅读白皮书》,用户愿意为数字阅读付费的原因包括:题材类型符合自己的口味、内容质量好、丰富多样,更新速度快等。而艾瑞咨询在 2013 年及 2015 年针对数字阅读和网络文学用户的调查也均显示,"作品质量高"是促使用户为正版内容付费的最重要因素。根据易观咨询的中国阅读产业生态图谱,内容提供方处于产业链的上游,占有重要地位。内容的丰富性是移动阅读企业形成竞争优势的关键。因此,各大移动阅读厂商都在积极丰富自身的内容储备,通过作家扶持制度、征

① QuestMobile. 2017 年中国移动互联网年度报告[R]. 北京:QuestMobile,2018.
② QuestMobile. 中国移动互联网 2019 半年大报告[R]. 北京:QuestMobile,2019.

文大赛等各种方式,建设覆盖不同年龄、群体的内容架构,从而提高用户黏性,扩大市场份额。

其二,优质内容是进行 IP 运营的基础。由于付费阅读的市场空间存在天花板,所以对文学作品进行 IP 运营成为未来移动阅读行业的重要收入来源。随着 2014 年之后 IP 变现模式的逐渐成熟,部分文学 IP 的全版权开发大获成功,如《琅琊榜》《魔道祖师》《天涯客》《知否知否应是绿肥红瘦》《斗罗大陆》等 IP 都获得较好业绩。IP 培育已经成为移动阅读企业的重要发展方向。

6.4.4.2 植入社交功能

随着移动互联网的发展,微博、微信等社交应用的出现,线上互动成为人们的日常行为。同时,阅读的社交性显著提升,社交网络已经成为读者进行阅读交流和讨论的重要渠道。反过来,读者的线上互动又提升移动阅读 App 的用户黏性。通过对部分移动阅读 App 的社交功能的统计,本书将移动阅读 App 的社交功能体系分为人书互动、社区互动和社交互动三个层次。

（1）人书互动

在移动阅读 App 中,人书互动是最基础的互动形式。人书互动是指读者通过笔记、书评、打赏、投推荐票等形式表达对所阅读书籍的观点和对书籍的支持度。而移动阅读 App 则可以对读者的观念进行运营,形成图书的"口碑评价体系",为其他读者提供阅读参考。此外,人书互动为书籍阅读圈的建立奠定了基础。表 6-2 是对市场上的 12 款移动阅读 App 的人书互动形式的统计。

表 6-2 　　　　　　　　　　**移动阅读 App 人书互动形式**

移动阅读 App	人书互动
QQ 阅读	书单、书评、想法、书签、收藏、打赏、投推荐票、投月票、粉丝榜
掌阅	书评、想法/画线、书签、投月票、全文搜索、更新通知
百度阅读	书单、书签、想法、书评、收藏、全文搜索
书旗小说	评分、书评、收藏、投推荐票、投月票、粉丝榜
咪咕阅读	加入书架、书签、书评、投月票、打赏、笔记
当当云阅读	书签、书评、笔记、收藏、点赞、打赏、搜索书籍
熊猫看书	书签、想法、添加桌面、本地搜索、推荐本书
塔读文学	书单、书签、书评、书单、收藏、打赏、粉丝榜、章节报错
多看阅读	加入书架、书单、书签、书评、笔记、想读、类别标签、收藏、搜索全文
网易云阅读	加入书架、书评、书签、笔记、追更提醒、搜索
微信读书	点评书籍、书签、添加到书单、想法
追书神器	加入书架、书单、书评、短评、评分、收藏本书

通过对上述移动阅读 App 的人书互动形式的对比分析可知,总的来说,移动阅读 App 的人书互动的形式大致相同,一般都有书签、书评和想法这几种基础形式,还有伴随着付费阅读兴起的投月票、投推荐票、打赏等付费形式。在各种人书互动形式中,最重要的是书评。书评体现读者对书籍的想法,创造了新的内容,产生了书籍属性的延伸,对书籍的进一步传播起着重要作用①。

（2）社区互动

移动阅读 App 的社区互动,是打造基于某种兴趣或主题的虚拟社区,方便有相同兴趣或对某种主题有想法的读者在这个虚拟社区进行交流互动,如掌阅 App 的"书友圈",QQ 阅读的"书荒互助""大神沙龙"等。目前移动阅读 App 的社区互动表现形式具体如表 6-3 所示。

表 6-3　　　　　　　　移动阅读 App 社区互动的表现形式

移动阅读 App	社区互动
QQ 阅读	书评广场（包括书荒互助、原创空间、大神沙龙）、红包广场
掌阅	书友圈、红包广场
百度阅读	圈子
书旗小说	高能 HI 聊
咪咕阅读	借书、热评广场、树洞话题
当当云阅读	社区（书吧广场、频道、精选书单、读书活动）
熊猫看书	—
塔读文学	共享书单、书荒神器
多看阅读	—
网易云阅读	阅读圈（关注、大师榜、找好友）
微信读书	发现、想法
追书神器	社区（综合讨论、书荒互助、女生密语、网文江湖等）

目前,QQ 阅读的书评广场和掌阅的书友圈是较为成功的社区互动形式。QQ 阅读的"书评广场"分为书荒互助、原创空间、大神沙龙 3 个模块。①"书荒互助"模块是书迷以阅读为中心交流内容的地方,如书籍讨论、书评创作、书籍推荐等;②"原创空间"鼓励用户发布原创内容的相关帖子,如故事创作、诗歌创作、续写等;③"大神沙龙"是由 QQ 阅读的运营团队担任话题员,发布关于小说、作

---

① 戴和忠,王秀昕. 数字阅读网站社交化互动体系比较研究[J]. 中国出版,2013(18):32-35.

者、人物故事情节等话题来引起书友们的关注和讨论①。大神沙龙建立了读者
与读者、读者和作者之间的联系，为彼此的交流提供了多方位的入口和桥梁，打
造了一个闭环的社区，利用社区的黏性及相关统计，反哺内容和读者间的关
系链。

（3）社交互动

随着微信等社交媒体的发展，通过社交媒体推荐、分享书籍成为读者在进行
移动阅读时的一个重要行为。通过社交媒体推荐、分享书籍，一方面可以激发其
他用户了解、阅读的兴趣，另一方面也可以展现自己的文学素养。根据对 12 个
主流移动阅读 App 的社交互动表现形式的统计，发现所有 App 都实现了与微
博、微信、QQ 等外部社交网络的互通，读者可以通过微信等外部社交网络以分
享书单、读书笔记等形式与好友实现共享。移动阅读 App 社交互动的表现形式
见表 6-4。

表 6-4　　　　　　　　　**移动阅读 App 社交互动的表现形式**

移动阅读 App	社交互动	主要的社交网络
QQ 阅读	私密阅读、分享图书、 分享阅读基因、分享书单	微信朋友圈、微信好友、 QQ 好友、QQ 空间、新浪微博等
掌阅	分享图书/文章、 分享赚钱活动	微信好友、微信朋友圈、 新浪微博、QQ 好友、QQ 空间
百度阅读	分享阅历、邀请兑券、 分享图书、私密阅读	朋友圈、微信好友、QQ 空间、 新浪微博
书旗小说	分享图书、邀请有礼	微信好友、微信朋友圈、 微博、QQ 好友、QQ 空间等
咪咕阅读	图书分享、邀请好友、 咪咕壹句分享、专题活动分享、 咪咕杯比赛分享、悦读咖活动分享	微信好友、微信朋友圈、新浪微博、 QQ 好友、QQ 空间、和飞信等
当当云阅读	分享图书/文章、分享书单、 书评分享、读书活动分享、 频道分享、书吧分享	书友、书吧、微信好友、 微信朋友圈、QQ 好友、 QQ 空间、新浪微博、其他
熊猫看书	分享图书	微信好友、微信朋友圈、 QQ 好友、QQ 空间、新浪微博
塔读文学	分享图书、话题分享、共享书单	微信朋友圈、微信好友、QQ 好友、 QQ 空间、新浪微博

---

① 金鑫，朱亮亮.移动阅读 App 用户社交互动行为的驱动力研究——基于认知倾向的社会交换理论
的启示[J].科技与出版，2017(4):107-111.

移动阅读 App	社交互动	主要的社交网络
多看阅读	图书分享、阅历分享、书单分享	新浪微博、微信好友、微信朋友圈
网易云阅读	分享书籍、订阅分享	新浪微博、微信朋友圈、微信好友、支付宝好友、QQ 空间、QQ 好友、有道云笔记、LOFTER 等
微信读书	阅读情况分享、图书分享、私密阅读	微信好友、微信朋友圈、新浪微博、QQ 空间等
追书神器	图书分享、书帖分享、邀请好友、每日分享	新浪微博、微信好友、微信朋友圈、QQ 好友、QQ 空间

总的来说,移动阅读 App 社交功能是基于满足读者社交互动需求而设置的,其本质目的是通过提升用户对 App 的使用黏性,最终提高 App 的收益。移动阅读 App 社交功能的人书互动、社区互动和社交互动这三层体系,伴随着读者原创内容(笔记、书评等形式)而产生。但是,原创内容的产生需要花费读者的时间和精力,不是每一个读者都愿意进行原创内容的生产。因此,如何激励读者在移动阅读环境下生产原创内容,完成社交互动,是移动阅读 App 运营过程中必须解决的问题。

6.4.4.3 建立读者激励制度

不同类型的读者进行阅读的动机是不同的,有的是打发时间,有的是为缓解压力,还有的是单纯爱看书,想要增长见识以及寻找与朋友的共同话题等。因此,移动阅读 App 可以根据阅读动机的不同制定相应的激励政策,从多个层面、多个角度满足读者的需求,激发读者阅读、参与活动的积极性,从而提高移动阅读 App 读者的活跃度和使用黏性。

通过对几个移动阅读 App 的激励手段进行研究可知,主要有成长体系和会员体系两种激励体系。因而本小节主要从成长体系和会员体系对移动阅读 App 的读者激励制度进行深入的分析。

（1）成长体系

对用户而言,用户成长体系是一种让用户自我驱动成长的手段。对移动阅读 App 而言,用户成长体系是留存用户、产生收益的一个重要手段。目前,市场上的移动阅读 App 所设计的成长体系是:用户通过各种任务获得相应的积分,然后根据积分数量划分不同的等级,赋予不同的特权以满足人们的虚荣心和攀比心,从而刺激用户持续使用移动阅读 App。

①获取积分。

积分制度是官方通过让用户完成一些特定任务,用户从中获得对应虚拟货币奖励,并且累积这些虚拟奖励,可以逐步兑换实际利益,或与用户的等级提升等建立关系的刺激手段。在移动阅读 App 中,积分会与任务系统结合,通过设置各种形式的任务或活动鼓励读者参与以获取积分。根据对目前设置了用户成长体系的移动阅读 App 的积分获取方式的对比分析,移动阅读 App 获取积分的方式有:

a.完成新手任务。其包括完善个人资料、绑定手机等。例如,网易云阅读在用户完善个人资料之后(包括头像、昵称、个人介绍、个人标签)会一次性奖励 5 个积分和 5 个经验值。

b.完成每日任务。例如,签到、书籍分享、点赞、阅读时长等。每日任务是用户获取积分的最主要来源。其中最特别的任务是签到。一般来说,累计签到会有额外的奖励。比如,咪咕阅读规定:每月签到天数满 15 天的用户可获得一次抽奖机会,全勤签到的用户可获 5 元全勤书券,累计签到达 100 天的用户可获得 10 元书券奖励。

c.其他。其他主要是指用户通过参与移动阅读 App 不定时举办的活动任务获得积分奖励。比如追书神器有个"支持追书"的活动,用户通过在应用商城给追书神器好评,就可以获得 15 元书券。

②设置等级特权。

积分是用户成长体系的基础,移动阅读 App 通过获取积分的多寡,对用户进行相应的等级划分,不同等级所需的积分数量不同,而不同的等级所能获得的特权也会有不同。

例如,在 QQ 阅读中,积分值为 100~10563875 的用户,对应的等级为 1~30 级,可获得相应的等级奖励,诸如"成长值赠送、每月等级礼包领取、每日推荐票等";在咪咕阅读中,积分值为 15~5000000 的用户,对应的等级为 1~10 级,可获得等级奖励,如"点播折扣、借书次数、抽奖卡、兑换卡、月票、会员体验卡"等,可拥有的荣誉称号为"新秀、大侠、掌门、盟主"等。

总体来说,移动阅读 App 的激励政策分为特权差异化和个人展示差异化两种。特权差异化是指不同等级可以获得的不同奖励;个人展示差异化是指在身份标识、专属效果等方面的不同。用户在不同等级所获得的荣誉称号是不同的。因此,等级特权的设立在一定程度上满足了用户的虚荣心,刺激用户为获得等级特权而不断地参与到移动阅读 App 的使用中来,不仅成功留住用户,还提高了 App 用户的活跃度。

（2）会员体系

会员体系是指通过会员等级、会员权益、积分、成长值等载体再加上数据化的精准营销来维系客户关系,特别是沉淀更多高价值用户。这里说的"会员",等同于一般意义上的"VIP",必须付费才可以获取,本质上是一种增值服务,目的是鼓励用户付费。在移动阅读 App 中,会员体系一般称为 VIP 制度。移动阅读 App 的会员体系设置见表 6-5。

表 6-5 　　　　　　　　　　**移动阅读 App 的会员体系设置**

移动阅读 App	会员体系	会员特权
QQ 阅读	包月 VIP	包月免费读、折扣特权、包月礼包、身份铭牌、专享限免、成长加速、签到特权、专属活动
	年费 VIP	包年特权、包月免费读、折扣特权、年费礼包、年费铭牌、专享限免、成长加速、签到特权、专属活动
掌阅	连续包月、1 个月、3 个月、12 个月	VIP 书库全免、出版书籍 8 折、杂志全免、尊贵身份标识、赠送代金券、赠送 2 张月票、任务双倍经验
咪咕阅读	至尊全站包会员	身份点亮、全站随心看、阅读页免广告、成长加速、优先签名

通过对 QQ 阅读、掌阅等移动阅读 App 的会员体系进行分析,笔者发现移动阅读 App 明显鼓励多阅读、多投票等互动行为。在会员体系中还有一个不容忽视的特权就是会员尊贵身份的彰显。移动阅读 App 通过对会员身份的标识,将会员与普通读者区分开,同时会员与会员之间还存在不同等级的区分,让不同的用户获得来自身份标识的荣耀感,满足用户的虚荣心。

6.4.5　移动阅读 App 的盈利模式

移动阅读 App 的盈利模式的基石是付费阅读,除此以外,还有版权增值、广告收入、实体图书出版、用户打赏、硬件销售等盈利模式。

（1）付费阅读

付费阅读是移动阅读 App 最主要的收入来源。付费方式有按章节、按本、包月/包年、VIP 付费模式,等等。其中,章节支付是移动阅读 App 用户的主要付费方式,一般按照字数计费。例如,在 QQ 阅读平台上,阅读付费的主要方式有:①0.04元/千字,按章节购买;②按本购买;③超值包。在掌阅 App 中,付费方式主要有:①5 阅饼/千字(1 元＝100 阅饼),按章节购买;②按本购买。

VIP 制度起源于起点中文网。2003 年 10 月,起点中文网开始实行 VIP 制度,后来这一模式成为移动阅读 App 的主要盈利模式。VIP 制度,是指用户在

移动阅读 App 开通一个"VIP 套餐",交纳一些费用,就可以成为该移动阅读
App 的会员。然后,这位会员就可以享受该移动阅读 App 所提供的 VIP 特权
服务。目前,VIP 有月付、季付、半年付和年付这几种类型。VIP 制度适合图书
阅读量大的用户。在包月、包年等机制下,用户可以自由选择,接受程度高。所
以,VIP 制度是网站吸引深度用户的关键手段。近年,起点读书、掌阅、咪咕阅
读、喜马拉雅等移动阅读相关企业还推出联合会员的新模式,用优惠的价格获得
双重 VIP 福利的方式吸引用户购买会员。

付费阅读已经形成了一个比较稳定的市场。据艾瑞咨询统计,中国移动阅
读市场规模有统计以来一直呈上升趋势,2012 年市场规模才 18.4 亿,到 2019 年已
经达 204.9 亿。2012—2017 年增长率都超过 30%。2018—2019 年,网络文学免
费阅读 App 兴起,付费阅读市场规模增速放缓,但增长率也超过 20%。①

(2)版权增值

版权增值是移动阅读 App 的第二大收入来源。在付费阅读和免费阅读拉
取大量粉丝后,平台和作者会进行 IP 销售,实现版权增值。网络文学经过多年
积淀培育了大量优质 IP,成为影视、游戏、动漫等创作的重要内容来源。目前,
版权增值开发主要有影视、游戏、动漫、音频等典型形式。在此之前,影视剧作题
材主要源自对传统文学的改编。而近年来《琅琊榜》《知否知否应是绿肥红瘦》
《大江大河》《都挺好》《陈情令》等一系列火爆荧屏的影视作品,则向行业和市场
证明了源自网络文学的改编同样可以创造经典。在第 22 届上海国际电影电视
节互联网影视峰会发布的"2018 年度百强 IP"中,网络文学占比高达 90%,中国
网络文学已经走进"+时代"。②

(3)广告收入

广告收入是指广告主在阅读平台投放广告所支付的广告费用。移动阅读
App 由于用户使用时间较长,且活跃用户基数较大,因此广告是移动阅读 App
流量变现较好的渠道。同时,广告也可以反哺移动阅读 App。广告收入不仅可
以弥补移动阅读 App 在内容上的投入,还可以逐渐培养用户的付费习惯,从而
逐步提升整个 App 的吸金能力。

近年来,网络文学的免费阅读 App 崛起。这些平台一般选择中腰部网文作
品为主,在小说章节与章节之间添加广告,或在书目列表中增加信息流广告,让
用户通过看广告的方式免费解锁付费章节。这种做法能更好地激活三线及以下

---

① 艾瑞咨询. 2019 年中国移动阅读发展趋势研究报告[R]. 上海:艾瑞集团,2016.
② 聚焦网络文学影视改编,网络文学+影视融创共进论坛在京举办[EB/OL]. (2019-08-11)[2021-09-15]. http://shareapp. cyol. com/cmsfile/News/201908/11/255310. html.

城市和广大乡镇农村的用户。经过几年的探索,有的移动阅读App已经形成了"免费阅读+广告"的新商业模式。

但是,必须指出,在移动阅读App上,广告过多,将会影响读者阅读,造成不良的阅读体验。比方说百度阅读App会在免费阅读全本的书籍中插入广告(以今日红包的形式出现),一般两个章节会插入一个广告,较为影响读者的阅读体验。因此,移动阅读App对于广告的投入态度十分谨慎。但是对免费阅读App来说,用户接受插入广告降低阅读体验的事实,以获得"免费"的实惠。

(4)实体图书出版

实体图书出版就是依托移动阅读App庞大的消费者群体,将优质网络文学作品出版成纸质书,获得纸质出版的销售收入。实体图书出版的实质是对网络文学内容的二次开发。对于出版社而言,网络文学IP自带庞大的读者群,降低了图书出版的风险。对于作者而言,出版实体图书一方面可以获得丰厚的报酬,另一方面可以提高知名度。对于读者而言,实体图书的出版满足了读者的收藏欲。

此外,还出现了网络文学作品期刊连载、报纸约稿等"线下"出版的新形式。2017年5月,广东省作家协会推出中国第一份网络文学学术期刊——《网络文学评论》,主要功能是介绍和刊载人气网络文学作品。

(5)用户打赏

打赏是指用户通过赠予虚拟金币、虚拟礼物或现金的方式,表达对作品及其作者的赞赏。① 起点中文网最早推出打赏功能,以起点币进行打赏。到目前为止,几乎所有的移动阅读App都设置了打赏功能。用户对作者或喜爱的作品等通过赠送鲜花、红包等虚拟物品进行打赏,以表达自己对作者或作品的喜爱。打赏具有付费的主动性、非强制性的特点。但是,由于打赏更多地反映了用户的即时心情,以及对作品的偏好程度,打赏金额和形式具有不确定性,因此打赏只能作为一种辅助的盈利模式。

打赏分为打赏现金和打赏道具。比如,咪咕阅读是直接打赏现金,而百度阅读打赏的则是道具,打赏的道具价格不同,所能得到的奖励也不同。

除了打赏之外,还有投月票、投推荐票等形式。只要设置了打赏功能,就一定会设置粉丝榜或者打赏排名榜,打赏越多,排名就越高,可能还会根据打赏给予特殊称号。比如,网易云阅读就为打赏的读者设置了一个粉丝榜,根据打赏所获得的粉丝值的不同设置了从见习到盟主10个粉丝值等级,既满足了读者表达对作品和作者的喜爱的需求,也满足了读者的虚荣心。

---

① 张聪,吴思岐,常帅,等.应用于自出版平台的"打赏"模式研究[J].科技与出版,2015(6):134-139.

（6）硬件销售

一些数字阅读企业也出售电子阅读器，不断为用户提供更好的阅读体验，从而提升用户对于阅读平台的忠诚度。由于电子阅读器具有不伤眼、能超长待机等优点，其受到大众欢迎，成为当前较受欢迎的书籍阅读工具，始终占据一定的市场。我国的电子阅读器生产厂商已经经过一轮洗盘。早期的电子阅读器如"汉王电纸书"等已经风光不再，市场曾经一度消沉。2015 年，掌阅科技推出第一款电子书阅读器，目前掌阅科技在国内电子书阅读器市场占有率仅次于亚马逊的 Kindle。

6.4.6 移动阅读小结

移动阅读行业形成于 2010 年，其内容主要来自传统出版业和以网络文学为代表的原创内容网站。移动阅读端只是这些内容的推广和分销端口。近年，移动阅读在内容分发方面，除了编辑推荐、榜单、搜索等之外，受今日头条等自媒体的影响，智能推荐已经成为内容分发的新工具。在商业模式方面，移动阅读除付费阅读模式和 IP 运营模式外，逐渐兴起免费阅读模式。此外，移动阅读 App 的分发、用户留存等相关制度也越来越完善。

6.5 自媒体出版研究

6.5.1 自媒体出版概述

6.5.1.1 自媒体及自媒体出版的概念

自媒体是指具有自主化、平民化、私人化特点的传播者以数字化的方式，向特定的个人或不具有某些共同特征的普通群体，传递规范性和非规范性信息的新媒体的总称[1]。国内的自媒体可追溯到 20 世纪末的校园 BBS 论坛，匿名的普通个体开始传达信息内容，接着博客进入视野，自媒体开始走向成熟，包括后来的贴吧等网络社区，都是早期自媒体的存在形式。

---

① 张蒙. 基于移动端自媒体平台的内容传播治理研究[D]. 武汉：武汉理工大学，2019.

直到微信的出现才彻底解决了自媒体如何盈利的商业模式问题,自媒体开始呈井喷式发展,包括私人自媒体号、平台订阅号等。随着自媒体行业的兴起,自媒体平台市场竞争也变得异常激烈,多数媒体公司把自媒体运营列入了企业的发展规划之中。国内现在主流的自媒体平台较多,随着技术的不断发展,基于大数据定位与智能分发的自媒体平台逐渐成为用户首选。

媒介形态的变迁带来了表达方式的解放,以及出版方式的变革和创新,自媒体出版这个概念因之形成。自媒体出版是指作者(包括机构作者)通过自媒体平台,对文字、图片等作品进行编辑加工,并通过网络广泛传播的行为。其过程已经包含作品编辑、复制、公开传播等出版要素,形成了事实性的出版活动。自媒体出版有广义和狭义之分,广义的自媒体出版是指自媒体平台上一切知识和信息的流动和传播行为。狭义的自媒体出版是指"作者在没有第三方介入的情况下,利用多种形式的自媒体出版系统和平台,自主出版图书或多媒体产品的一种出版方式"①。本节的研究对象是狭义的自媒体出版。

6.5.1.2 自媒体出版的特点

互联网让每个人都成了出版者。自媒体出版具有不同于传统出版的显著特点:内容生产的自主性、传播方式的多样化、内容与渠道的融合性等。

(1)内容生产的自主性

自媒体出版突破了传统媒体出版存在的对传播主体的严格限制,受众不再是被动的信息接收者,而是信息生产与传播的参与者和创造者,多种角色合一的主体参与模式彻底打破了传统媒体的垄断。庞大的用户群通过文字、图片、语音等编辑、转发、分享各类精彩资讯,丰富了自媒体出版的信息源,实现了草根话语权的崛起。自媒体出版门槛低、操作简单,无须经过严格的采编、审查,出版者能自主实现作品展示及与读者的有效沟通,出版的意愿被大大激发。

(2)传播方式的多样化

随着大数据技术的发展,作为媒体融合背景下的产物,移动端自媒体平台的内容传播方式逐步变得多样化,用户也从广播、电视等传统媒体中处于被动接受、无反馈(或延时反馈)地位的配角,转变为能够进行双向沟通、即时反馈的主角。移动端自媒体需要更加注重精准化传播、分众化传播。移动端自媒体平台内容传播方式主要有:

①用户关注方式。自媒体平台最为人熟知的内容传播方式之一,便是用户主动关注相应自媒体账号。用户与自媒体之间处于"一对一"的私密性联系的状

---

① 谢俊.自媒体出版及其发展研究[J].出版发行研究,2016(7):28-31.

态,内容主题的契合度、完整性、准确性、创新性、娱乐性及有用性都是用户纳入参考的标准。

②智能推送方式。智能推送是随着移动端自媒体平台的出现而迅速兴起的,是基于大数据,通过识别和预测用户的兴趣偏好,在数据库中绘制对应的用户画像,从而有针对性地、实时地向用户主动推送所需内容,以满足不同用户的个性化需求。在移动阅读普及、用户大数据收集容易的情况下,智能推送具有精准度高、针对性强等优点。

③分享转发方式。分享转发方式,是指将内容通过人际分享、转发的形式进行传播,属于用户的自传播范畴,以微博、微信为代表。该传播方式一定是基于用户所关注的内容,具有最强的用户差异性。对于移动端自媒体平台来说,分享、转发也是所有平台都会进行虚拟物品奖励的方式。这种方式能够提高平台知名度,提升市场占有率,更能帮助导入新的用户。

(3)内容与渠道的融合性[①]

与传统出版不同,自媒体出版是内容生产和传播渠道深度融合的产物。出版主体既是内容生产者,也是集编辑、发布于一体的传播者。内容生产与传播渠道的深度融合,实现了出版传播的便捷性、即时性,符合现代社会碎片化阅读的需求。移动终端的普及促使碎片化自媒体阅读方式的兴起,快速、零散的时间管理模式则使自媒体出版悄然成为时代的宠儿。这种碎片化"全天候"的创作成为更富于效率、更贴近读者、时效性更强的内容创作模式。

6.5.1.3 现阶段主要的自媒体出版平台

自媒体的概念源于美国丹·吉尔莫"新闻媒介 3.0"的概念,人们将其命名为"We Media"(自媒体)。其中最具代表性的是美国的 Facebook 和 Twitter,国内自媒体出版则开始于博客、论坛等社交性质的网站。2002 年,博客进入中国,自媒体出版开始出现。2012 年,腾讯的微信 App 推出微信公众号,这是中国互联网具有里程碑意义的自媒体出版平台,自媒体出版开始具备商业变现的能力。2016 年,"自媒体号"爆发,各类自媒体出版平台纷纷涌现,普通大众和专业媒体共同形成创作主体,为自媒体出版创造海量内容。受益于传播平台的创新发展,自媒体出版内容逐步朝专业化,形式多元化、社交化的方向发展。在行业监管日趋严格的背景下,自媒体出版竞争越发激烈。

自媒体出版平台大体上可以分为三类:其一,基于门户网站或新闻咨询平台的自媒体号,如,百度公司基于百度新闻,借搜索引擎的优势推出"搜索+内容分

---

① 秦绪军.刍议移动互联网对数字出版发展的影响[J].出版发行研究,2016(1):41-43.

发"的"百家号";基于网易新闻开设的"网易号";基于新浪新闻而推出的"新闻看点";基于凤凰新闻而产生的"凤凰号"。其二,基于浏览器入口的自媒体平台,如,阿里巴巴旗下 UC 浏览器也推出了 UC"头条号"(大鱼号)。其三,基于聚合软件、即时通信等大流量 App 的自媒体平台,如,腾讯背靠 QQ 巨大的用户量而推出的"企鹅号",基于微信用户量的微信公众号;聚合软件一点资讯开设"一点号";聚合软件今日头条的"头条号"等。

"大鱼号"的前身可以追溯到 UC 订阅号和优酷的自媒体频道,2017 年 3 月,UC 订阅号升级为阿里大文娱的自媒体内容平台"大鱼号",意在为内容创作者提供"一点接入、多点分发、多重收益"的整合服务。入驻"大鱼号"的内容创作者可以获得阿里大文娱生态的多点分发渠道,包括 UC 浏览器、UC 头条、优酷、土豆、天猫、支付宝、阿里文学等多个端口和平台。大鱼号同时也在创作收益、原创保护、内容服务等方面给予了创作者充分的支持[①]。

2016 年 6 月,百家号正式启动并内测,同年 9 月 28 日正式开放。百家号是百度公司为内容创作者提供的内容发布、内容变现和粉丝管理平台。通过搜索和信息流双引擎驱动,百家号创作者发布的内容将被分发至百度移动生态下的 12 个平台,包括百度 App、百度知道、百度百科、百度文库、宝宝知道、好看视频、全民小视频,以及百度贴吧、百度网盘,等等。百家号支持内容创作者轻松发布形式多样的内容,包括图文、视频、动态、直播、音频、专栏、圈子图集等。同时,百家号在创作者扶持、内容变现、原创保护等方面提供了诸多服务。

网易号基于网易新闻客户端,于 2016 年 4 月 19 日正式发布,其前身为网易订阅,是网易传媒在完成"两端"融合升级后,全新打造的自媒体内容分发与品牌助推平台,也是集高效分发、原创保护、现金补贴、品牌助推于一体的依托于网易传媒的自媒体发展服务解决平台[②]。

企鹅号是腾讯旗下的一站式内容创作运营平台,旨在帮助媒体、自媒业、机构等获得更多的关注。同时,企鹅号也致力于建立合理、健康、安全的内容生态体系。腾讯本有 QQ 公众号,其运作方式类似微信公众号。2019 年 1 月 7 日,QQ 公众平台发布通知公告,腾讯 QQ 公众平台(mp. qq. com)围绕账号开展的相关所有业务功能,将于 2019 年 1 月开始逐步迁移融合至腾讯内容开放平台(om. qq. com,简称企鹅号),其内容进行全平台分发,如,可同时发布在腾讯新闻、天天快报、QQ 浏览器等腾讯旗下平台上。[③]

① 刘培辛. 关于阿里大文娱体系下自媒体内容平台"大鱼号"的调研报告[D]. 北京:中央民族大学,2019.
② 史华. 情感类网易号的传播效果研究[D]. 西安:西安工业大学,2018.
③ 王宁. 以手机百度为平台的百家号的生产运营研究[D]. 兰州:兰州大学,2019.

众多自媒体出版平台不一一赘述。其中,聚合软件今日头条的头条号和腾讯的微信公众号代表着两种类型的平台,有着独特的优势,本节将对之做具体讨论。

6.5.2　头条号出版研究

6.5.2.1　头条号发展历程简述

头条号隶属于今日头条,今日头条是字节跳动开发的一款基于数据挖掘的聚合软件。创始人张一鸣 2006 年进入旅游搜索网站酷讯,研发出国内第一个全旅游搜索引擎,奠定了酷讯在生活搜索领域的领军地位。2008 年,张一鸣以技术合伙人身份加入王兴的饭否网创业,负责饭否网的搜索、消息分发、热词挖掘、防作弊等方向。同年 10 月,饭否网被关闭,张一鸣开始第一次独立创业,创办垂直房产搜索引擎"九九房"。2012 年 5 月,张一鸣推出实验性产品"内涵段子",该产品与"今日头条"现在的技术结构类似。收到不错的反响之后,在 2012 年 8 月,推出"今日头条"。经过近 10 年的发展,字节跳动已经成为能与腾讯、百度、阿里巴巴三大巨头比肩的互联网公司。图 6-1 是今日头条发展历程示意图。

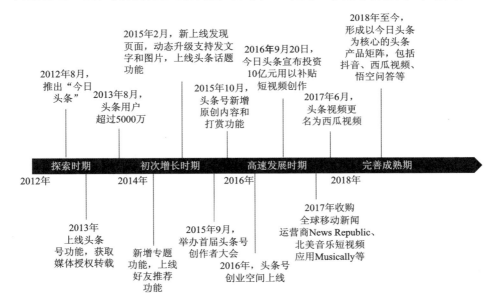

图 6-1　今日头条发展历程示意图

今日头条平台上聚合海量的内容。头条号是呈现在这个平台上的主要自媒体出版平台,它是今日头条针对媒体、国家机构、企业及自媒体推出的专业信息发布平台,致力于帮助内容生产者在移动互联网上发布和传播作品。2013年,头条号以"今日头条媒体平台"的名称正式上线。2015年,头条号正式开放申请"原创"功能。2016年4月,头条问答开放。2017年6月26日,"头条问答"升级为"悟空问答"。2018年,头条号改版升级,为作者提供"微头条、文章、问答、视频和直播"等创作类型。2019年,头条号创作者均可申请开通头条小店,通过内容变现增加收入。

字节跳动发布的《2019今日头条年度数据报告》显示,2019年,头条号创作者全年共发布内容4.5亿条,累计获赞90亿次,1037万条评论,平台还助力创作者获得46亿元的收入。[①] 今日头条《2020年度数据报告》显示,头条号创作者2020年共发布多种体裁的内容6.5亿条,累计获赞430亿次,分享相关内容7.4亿次,总评论数达443亿次,今日头条的专业创作者已经达到13.8万名,平台上拥有医生、律师、考古专家、农技专家等职业身份认证。平台助力创作者总收入76亿元,预计这一数字将在2021年变为100亿元[②]。从这些数据来看,头条号已经成为中国影响力最大的自媒体出版平台之一。

6.5.2.2 头条号出版的内涵及特点

头条号出版是指个人或机构长期、持续地以"提供阅读服务"为核心,通过头条号创作平台,对文字、图片、语音、视频等作品进行加工复制,并广泛传播的行为[③]。

与传统出版相比,头条号出版有下列特点:

(1)内容生产主体众多

在原创功能上线后,头条号从一个内容聚合平台发展成一个内容分发平台,吸引了众多机构以头条号为平台,发布自己的内容产品。头条号上的内容生产主体如表6-6所示。

---

① 今日头条发布2019年度数据报告:1825万用户首次发布内容[EB/OL]. (2020-01-07)[2021-09-15]. https://baijiahao.baidu.com/s? id=1655056502809284537&wfr=spider&for=pc.

② 今日头条发布2020年度数据报告:行家创作者崛起[EB/OL]. (2020-12-13)[2021-09-15]. https://www.sohu.com/a/441631053_100137374.

③ 谢俊.自媒体出版及其发展研究[J].出版发行研究,2016(7):28-31.

表 6-6   **头条号内容生产主体列表**①

生产主体	具体描述
个人	主要为个人及非公司形式(无营业执照/组织机构代码证等资质)的小团队,包括垂直领域专家、达人、爱好者,等等。如秦安战略、脑洞历史观等
新闻媒体	包括新闻媒体、报纸、杂志、广播电视等。在传统纸媒方面,如《人民日报》《时尚芭莎》《北京青年报》《大河报》等;在广播电视方面,如《国家地理》《新闻联播》等;也有传统媒体衍生的新媒体,如《澎湃新闻》《新京报》,等等
国家机构	如最高人民检察院、中国地震台网速报、上海发布、中国驻坦桑尼亚大使馆、平安广州,等等
企业	包括企业、分支机构、企业相关品牌、产品与服务等
群媒体	以公司形式专注于内容生产的创作团体(包括出版社),如 36 氪、果壳网、Mtime 时光网,等等
其他组织	各类公共场馆、公益机构、学校、公立医院、社团、民间组织等机构团体,如石家庄市中乔养老院、天津市曲艺团,等等

(2)内容产品多样化

首先,内容题材多样化。头条号囊括图文、视频、问答、微头条、专栏、小说、直播、音频、小程序等多种内容题材。头条号出版内容生产模式的多样化和内容生产主体的多元化,使得内容的表现形式、呈现方式、观察视角日趋丰富。

其次,头条号内容类目多样化。头条号涵盖科技、体育、健康、美食、教育、"三农"、国风等超过 100 个内容领域,归纳起来有泛娱乐类、泛资讯类、科教文艺类、生活类及其他等几个大类。

泛娱乐类头条号内容主要包括搞笑、时尚、影视、娱乐新闻、美女、情感、星座等。在今日头条中,泛娱乐类内容多以视频、图文等更具有可看性的形式来呈现。

泛资讯类头条号内容主要包括体育财经资讯、时事评论、军事等。从今日头条《2020 年度数据报告》来看,在 2020 年度,娱乐、财经、健康、科技等是最受用户欢迎的内容。

科教文艺类头条号内容主要包括历史文化、教育、科学、国风等。

生活类头条号内容主要包括健康、育儿、旅游、宠物、家居等。2019 今日头条算数健康大会公布的最新数据显示,2019 年今日头条平台上健康类资讯阅读量达 540 亿。2020 年受新冠肺炎疫情影响,健康类资讯的数量明显上涨,阅读

---

① 资料来自头条号"账号注册"[EB/OL].[2021-09-29].https://mp.toutiao.com/docs/mp/2286/16777/.

量也在大幅提升。

（3）选题内容深受流量影响

在头条号自媒体创作平台上有"数据助手"等工具，可以清晰展现作品展现量、阅读量、点赞量、评论量等。基于数据可对用户进行画像，并分析场景和关联因素等，发现空白市场或者尚未满足的市场，确定符合场景需求的产品交付方式与思想表达方式。

（4）基于智能算法实施精准推荐

基于数据与算法的个性化推荐机制是头条号最大的亮点，相比于微信公众号等依靠粉丝阅读与粉丝传播的自媒体平台，头条号创作者的作品更容易获得高的阅读量。头条号的精准推荐机制主要基于用户信息、用户阅读喜好等，在作品传播过程中，平台会抓取用户的网络踪迹，对用户进行画像，进而实现针对性分发。基于精准推荐，头条号倡导的"个性化阅读"已经成为行业的发展趋势，被众多老牌互联网公司模仿。

总之，头条号出版提供的产品和服务能够融合文本、图片、动画、音频、视频等多种媒介形式，呈现出产品多元化供给的特征。同时，头条号在出版演变的过程中，也呈现生产环节一体化、传播和分销一体化等发展态势，存在主体角色重合的情况。与传统出版产业链清晰的纵向分工形态相比，它的分工界限较为模糊，呈现出平台化、扁平化、异构性的特征①。互联网技术变革了整个传统出版业的产业结构，也彻底改变了出版的产品内容形态和盈利方式。

6.5.2.3 头条号制度及模式研究

以下参考头条号出版的基本流程，从作者制度，内容创作、内容审核流程及内容质量控制制度，推荐与传播机制，以及盈利模式等方面，对头条号出版进行详细分析。

（1）头条号的作者制度

在头条号出版中，作者和平台是相互选择、相互依存、相互促进的。平台需要能够产出大量优质内容的创作者来吸引流量，而更多的创作者需要依靠平台的流量和扶持来进行知识变现。今日头条建立了一系列制度来管理和培养作者。

首先，头条号有规范的注册制度。头条号创作者注册流程如图 6-2 所示。

其中，账号类型主要包括"个人"和"机构"两种（具体内容参见表 6-6）。"个人"适合垂直领域专家、达人、爱好者、其他自然人注册和申请。"机构"适合各企

① 张斌.论数字出版产业链的形成与演化[J].出版广角,2021(5):33-35.

图 6-2　头条号创作者注册流程

业、新闻媒体、国家机构、其他组织等类型的机构注册和申请。"关联创作能力证明"是指作者可通过提交其他自媒体平台（包括微信公众号、百家号、知乎、微博、哔哩哔哩、企鹅号等）的账号信息,向头条号平台展示自身的创作能力。"进行作者认证"包括职业认证、兴趣认证,比如发布财经/健康类内容,需具备相关知识,因此,必须提供财经/健康资质证明。职业认证又包括"身份校验"（必须提交身份证照片）,"兴趣认证"的标准主要包括:①"内容原创",近30天原文发文占比大于或等于60%;②"内容优质",主题鲜明,条理清晰,信息量充足;③"发文领域垂直",近30天申请领域发文,占比大于或等于60%。

其次,除了作者注册认证制度外,今日头条还发布了"账号基本信息审核规范"一系列规定。其中,信息内容规范要求内容积极健康,不含反动、色情、暴力、血腥和赌博,扰乱社会秩序,破坏民族团结,攻击诽谤他人,侵犯知识产权,以及违反其他法律规定的内容;账号的名称不得涉嫌冒充他人,不得含有色情低俗倾向,不得有明显营销目的,不得涉及国家领导人或时政敏感倾向;等等。头条号平台对创作者实行一种集约化的管理模式。头条号作者在入驻平台时就签订了相关协议,明确规定创作者及对其作品的权利、义务、规范,以及违约处理方法。平台编辑,无论是人工编辑还是机器编辑,只参与内容审核阶段,不涉及作者管理和内容生产部分。

最后,头条号对创作者的扶持。扶持优质原创内容是头条号平台始终努力的方向。除给予优质内容一定的流量倾斜外,平台还推出了一系列奖励、签约和扶持计划。从2015年第一届头条号创作者大会"千人万元计划"以来,头条号陆续推出"礼遇计划""新作者扶持计划""青云计划""创作者收益计划""头条行家计划",等等。

"千人万元计划"的意思则是:未来一年内,今日头条的头条号平台将确保至少 1000 个头条号创作者,单月至少获 1 万元的保底收入。其中,"礼遇计划"是在原有收益的基础上,头条号平台每月向至少 100 名创作者提供 1 万元的奖励。"新作者扶持计划",以"月薪万元,30 个年度签约名额"为口号,致力于发掘与扶持平台中有潜力的新人,帮助他们在平台快速成长。在扶持一般作者方面,今日头条自 2019 年起每年都会推出"创作者收益计划",在一年内让一万位创作者月薪过万元,对作者进行百亿流量包、个性化 IP 打造、多元变现等方面的扶持,助力优质创作者获得更多红利。"头条行家计划"也与此类似,旨在助力专业创作者收入 10 亿元,不仅提供流量和现金的扶持,还会为创作者提供品牌打造服务及提升内容变现能力服务。此外,今日头条在更早推出了"青云计划",这是一项为单篇优质文章设置的专项奖励计划,"每天奖励最少 100 篇文章,每篇奖金300 元",专注于内容本身。在垂直细分领域,今日头条还与中国科学技术协会合作发起"创作者扶持计划",旨在一年内发掘 100 位科普达人,打造内容充实的科普栏目。平台为鼓励更多头条号创作者创作和发布视频内容,推出了很多面向短视频作者的扶持政策,包括原创倍增计划(给予号外流量支持)、MCN (multi-channel network,多频道网络)合作计划(给予产品功能、商业化支持)、金秒奖(给予荣誉、资金、推广资源等奖励)、灵石版权保护系统(保护原创视频版权),帮助创作者更好地进行内容创作和账号运营。

(2)头条号的内容创作相关制度

头条号创作者根据用户的兴趣点和喜好度进行选题创作。当作者在头条号创作平台开始内容的创作时,首先选择创作的内容形式,平台提供了文章、图集、小视频、西瓜视频、微头条、问答、音频、直播等多种形式。

以图文创作为例,平台发布有《发文规范》,规定不得发布的内容包括:违反法律法规和相关政策;不具备相关新闻采编、新闻信息发布资格的个人和机构,国家大政方针、时事动态、政治、军事、外交、经济等各类政策、规定等相关内容及相关评论;色情、低俗的内容;含营销推广内容或发布违规推广信息;被认定为含有攻击谩骂的内容;发布内容涉及侵权;违背公序良俗;内容失实;等等。在图文的形式上也要求内容格式规范,若排版混乱、语意不明、文章不完整、标题夸张、题文不符等,将不得发布。若内容被判定为包括但不限于"标题党"、低俗、广告、低质、反动违法等不合规范的问题,平台将对违规内容进行展示量的干预、退回修改、退回不收录。若内容严重违规,则会对账号进行扣分或封号处理。

平台配备有选题工具"数据助手""数据查询"等,可以呈现图文的阅读量、评论量、点赞量。在流量方面,可统计流量趋势、流量来源、流量性别/地域/年龄分布等指标;在粉丝统计上,有活跃粉丝、昨日净增粉丝、粉丝画像、粉丝地域/年龄等。流量和粉丝所持手机的价位区间甚至都有报道。

平台还提供"创作灵感",即向作者推荐当前的写作热点,相当于传统出版中的选题制定。不过传统出版的选题制定主要依靠编辑自身的认知水平和认知范围,头条号则主要依靠大数据技术抓取各个平台中的数据,利用算法技术推算出热点选题。头条号中设有创作活动功能,作者可以根据体裁类型、参与状态、垂直领域三个条件来筛选和参加当前的创作活动。

（3）头条号的内容审核流程

传统出版中的组稿是指编辑根据选题策划进行组稿,作者写作时编辑也会介入,然后对稿件进行审读,经"三审三校"后才予以印刷发行。这个过程中,审校与发行是分开的,而且是先审核后印刷发行。头条号出版将审核与传播这两个过程融合在一起,审核贯穿了传播的全过程。头条号内容审核流程大致分为四个阶段,如图 6-3 所示。

图 6-3 头条号内容审核流程

第一阶段是内容初审。初审是审核编辑对内容的第一道审核,当发文不符合平台规范时,文章将被退回不予收录,或被限制推荐。账号如出现严重违规行为,将被惩罚或者封禁。初审通过后,内容将进入冷启动阶段。

第二阶段是冷启动。冷启动相当于车正式启动之前需要的热车阶段。冷启动在推荐系统也是常见的,当有新的内容或产品出现时,通过推给一部分用户（通常为 10～1000 人）,观察他们的点击、分享、点赞情况,系统可以判断哪些人群会喜欢这篇文章,哪些人群绝对不喜欢。

第三阶段是正常推荐,第四阶段是复审。在文章被推荐展示的过程中,如果出现推荐量很大或文章负评较多等情况,文章就会被送入复审。在复审中,如果被发现存在"标题党"、"封面党"、低俗、虚假这些问题,系统就会停止推荐这一篇文章,若内容严重违规,还会对账号作出处理。

（4）头条号的内容质量控制制度

①事前审核:创作者奖惩制度。

创作者的素质决定了内容质量,今日头条从这个角度进行了深度挖掘,针对创作者建立了相应的奖惩机制,以期从源头提高内容质量,从而减轻审核工作量。

在创作者选择注册头条号时，头条平台就已经开始对创作者进行审核。如，在注册时，要求展示个人特色，包括个人经历、擅长领域等，介绍创作内容，包括创作方向、创作形态、更新频率等，同时要完成实名认证和职业认证。

为了激励创作者生产更多优质的文章，今日头条分别以天、月为周期推出相应奖励计划，除了每天由各频道运营人员根据文章质量报送优质图文奖励之外，每个月资讯中心还会对各频道报送文章进行复盘，其中质量佳、数据跑量好的文章，会被直接交给高级编辑审核团队，由这些具备传统媒体工作经验的资深媒体人进行把控与审核。入选"青云计划""秋收计划"的创作者会有一定的福利，如奖金、优质作者认证、特别标注等。

若创作者在生产内容时违背了相关标准，今日头条也有相应的扣分惩罚制度来应对。今日头条平台对入驻的创作者实行信用积分制。初始信用积分为100，一共分四个分段，在100分的基础上可以申请权益、职业或兴趣认证；60～99分，不可申请权益、职业或兴趣认证；0～59分，冻结所有权益，取消职业认证；0分者永久封禁账号。加分的标准是连续10天无违规记录。扣分标准有：违反法律法规和政策、诱导低俗扣30分，侵犯著作权、名誉权、隐私权等扣20分，标题夸张、题文不符等扣10分，等等。

②事中审核：创新编辑审核制度[①]。

头条号目前实行人机协同审核机制。今日头条系统每天会24小时不间断地抓取与平台有合作关系的5000多家媒体的信息，也会展示头条号发布的文章，所以，每天进审的文章多达数十万篇，其中有很多文章存在不同的问题。一篇文章从生产到推送会经历"三审三校"、两次人工确认的过程，第一步为人工智能审核，机器首先会对文章进行过滤，随后是人工审核环节，此环节为内部分层审核与外部多维度把关相结合的过程。

a.人工审核把关分层：多队列 ＋"N-N"模式。

今日头条将人工审核进行分层，设置初审、复审，增设质检，实行"N-N"审核模式，以提高人工审核效率与准确度。TCS是人工审核的通用任务后台，队列则是人工审核的基本任务组织单位，在机审完成内容过滤后，剩下的文章即流入不同的队列审核后台。目前头条号内部人工审核的流程大致可分为初审和复审，初审主要负责解决高效、低耗时、可前置的安全问题。

初审致力于降低内容安全风险，常见的审核模式为"标注"，而风险服务队列需要关注的内容可以归为三类：其一，当内容命中自残自杀模型、敏感词表、泛时

---

① 邵恒媛.数字劳动视域下内容把关人工作的异化——基于今日头条人机协同审核机制的研究[J].媒体融合新观察，2021(1)：37-43.

政词表、海外内容先发模型时,文章就会进入敏感先审队列;其二,当内容命中领导人词表、图片模型时,文章就会进入高危双审队列;其三,当内容命中低俗色情词表、图片模型时,文章就会进入低俗先审队列,由初审人员对内容可见度进行标注。与此同时,一篇文章也会分配给一个不同于初审的人进行盲审,如结果一致,可见度标注便可以生效;如果初审、盲审人员审核结果不一致,则文章会被交给质检人员进行审核,结果遵照质检人员判断。

文章如果通过初审,便会进入人工复审环节,复审主要负责质量审核,判断文章是否违背公序良俗、是否存在不良导向等。人工复审结果对应的是内容最终上线的状态,需要把握的是内容质量,审核正确率也要求最好达到或无限接近100%。复审环节并不是只有一名人员负责,而是分队列同时进行审核工作,在大致相同的时间段里 N 条队列里会有若干人员审出相对应的文章。与此同时,一篇文章进入某条普通复审队列后,复审人员判断可以放出,文章展示量将会继续增加,当点击量/展示量达到一定阈值时,便会回流进行两次高展队列复审。此过程也包含随机质检环节,如果复审和质检结果不一致,质检或运营人员会根据需求捞回"误杀"内容。

b. 外部把关力量引入:用户侧＋专家侧。

针对自媒体撰写的文章,今日头条也从多维度对审核模式进行了优化,使得内容把关机制更加健全,主要可以分为以下两个方面:

在用户侧,对于已通过审核并在平台进行推送的文章,今日头条建立了评论回炉模型,主要用于收集用户反馈及举报内容等。如果一篇文章在进行推送后,用户反馈的负面信息占大多数,算法会对评论内容进行分析,识别出可能存在的风险并进行预警。对于命中高危评论模型和举报过多的内容,今日头条会对其进行风险质量召回审核,经人工审核判断是否继续将文章放出。

在专家侧,2018 年,今日头条对外宣布组建质量专家团,面向社会邀请专业人士监督平台内容与服务,对象包括但不限于政府机构、新闻媒体、传播学界及各专业领域学者。专家在浏览今日头条客户端的过程中如遇到低质内容可以举报,他们享有专用的举报通道,今日头条内部收到举报后会在 30 分钟内处理完成并优先将处理结果进行反馈。

(5)今日头条的推荐与传播机制

今日头条采取机器智能个性化推荐机制,即通过机器算法将用户发表的内容(视频、文章)分发给内容的受众。智能推荐引擎会根据文章特征(内容质量、内容特征、首发情况、互动情况),用户特征(头条号历史表、头条号订阅情况),环境特征(时间、地域、天气)等,为文章找到感兴趣的读者并推荐给他们。今日头条通过智能推荐,使核心用户与潜在用户精准且高频地联系在一起,完成内容的传播,改善用户的体验。这种垂直于专业领域的内容分发,同并行于行业之间的智能分析方式紧密结合,使智能推荐迅速成为各大平台内容传播的主流模式。归纳起来,今日头条算法推荐机制主要包括以下四个方面:

①基于用户信息推荐机制。在用户注册今日头条账号时,后台就会读取新用户填写的性别、年龄、地域、兴趣等信息,通过算法将相似用户浏览的内容推荐给新用户。此外,还会向用户推荐与兴趣相关的内容,以及同城的热点资讯等,使得用户从一开始就被产品属性吸引,在获得良好阅读体验的同时,对内容产品产生黏性。

②基于用户阅读喜好推荐机制。用户对作品的第一点击、点赞、转发、收藏与评论,甚至是每一秒停留都会被算法捕捉,这些数据将成为大数据判断用户喜好的依据,并从海量的内容中挑选相似的内容推送给用户。

③基于文章热度推荐机制。为了提高用户接收内容的丰富程度,算法还会从内容池中选择热度高,不一定是用户感兴趣的内容进行推荐,让用户在接触新内容的过程中扩大兴趣面,也增加了对产品的新鲜感。

④基于算法的分段推荐机制。以上三点都是为用户推荐什么样内容的机制,而基于算法的分段推荐机制是将文章如何推荐给用户的机制。在今日头条发布的作品,算法首先会推荐给一定数量的可能感兴趣的用户,然后根据用户的点击率、阅读时间、收藏数、转发数等反馈数据决定文章下一轮的用户推荐量,智能算法还能识别毫无内容的"标题党"文章,并采取一定的限制与打压措施,为创作者营造良好的生态环境,所以好的文章会获得一轮又一轮的算法推荐用户,从而在海量的文章中脱颖而出。

此外,今日头条也采用分享转发等传播方式。由于该平台用户量与微信用户量存在相当差距,因此,笔者认为,分享转发等传播方式更是微信公众号传播的特色。但显然,向其他平台分享,能够提高今日头条 App 的下载量,同时带来不少的用户流量。

(6)今日头条的盈利模式①

盈利模式在一定程度上决定了产品能走多远,从 2012 年成立至今,今日头条已经发展了近 10 年,产生了巨大的经济效益与社会效益,构建了一套成熟的商业体系。以下介绍平台的主要盈利方式和创作者变现模式。

①广告收益。

广告收益是媒体产品最核心的盈利方式,更是新闻类 App 最大的盈利方

---

① 本节资料来自:头条创作者百科［EB/OL］. (2019-09-29)［2021-09-15］. https://mp. toutiao. com/docs/mp/2286/16768/.

式。对平台来说,今日头条 App 中主要的广告类型有开屏广告、横幅广告、按钮广告、弹出广告、软文广告等,与其他移动自媒体平台类似。

头条号出版生态中,创作者变现是最值得注意的方面。头条号对创作者还设置有:①"头条广告",它是头条号创作者将广告位委托给头条号平台代为运营的一种广告形式。由头条号平台对用户和广告内容进行智能匹配,实现精准推广,广告收益完全属于头条号创作者。头条广告会展示在今日头条 App 中,投放在文章下方。为平衡用户体验,并非每次刷新都会展示广告。②"自营广告",这是头条号所特有的一种开放自由的推广方式。由头条号创作者自主上传推广素材,在内容页面中进行展示。自我宣传、活动介绍、App 下载等推广,都可以在自营广告中实现。自营广告会展示在今日头条 App 相关文章的下方。

②付费订阅。

早在 2018 年,今日头条就开通了"付费专栏"。它是平台为创作者打造的一种新的内容变现形式,专栏作者可以发布付费图文、音频、视频任意一种形式(也可以同一个专栏多种形式混合)的专栏内容,自行"标定价格",用户按需付费购买后,专栏作者即可获得收益分成。另外,"原创连载"也是今日头条平台推出的栏目,通过原创连载功能,作者可以发布长篇小说连载、中短篇小说/故事连载、系列故事连载等。免费阶段的连载作品可通过章节获得广告收益,当作品与平台签约开通付费后,作者可为作品设置付费章节并获得读者的付费订阅收益。专栏作者收入 =(用户实际支付的费用-渠道费)×作者分成比例,其中作者分成比例为 60%[1]。《2019 今日头条年度数据报告》显示,用户购买最多的专栏类型分别是商业财经、职场技能、亲子教育、健康科普和国学历史,共有 1 万位创作者在今日头条成为付费专栏讲师。同时付费圈子的存在可以让创作者创建个人专属社区,深度运营粉丝。[2]

③内容电商。

内容电商即将内容和移动电商结合起来,通过内容带动商品销售。2016 年,今日头条准备以导购切入移动电商,平台通过数据挖掘和算法机制,将不同内容推送给不同偏好的用户,实现"精准推送"和"个性化定制"。内容电商主要有两种渠道,一是商家通过头条号发布精选内容,添加商品信息,填写详细的目标人群定位,包括用户年龄段、性别、地域、兴趣爱好等,推荐更加精准,转化率更高。

[1] 头条号关于付费专栏「收益分成」规则更新的公告[EB/OL]. (2019-08-13)[2021-09-15]. http://www.woshizmt.cn/category/douyin/1398.html.

[2] 今日头条. 2019 今日头条年度数据报告[R],2019(见 360 文库. https://wenku.so.com/d/cb035757844d4b67af0805f2443e4355? src=www_rec).

二是以合作分利的方式将商品卡放在非商业性创作者的内容页面上,用户实际购买并确认收到商品之后,作者可获得相应佣金收益。用户在今日头条客户端里,点击头条文章中的商品图片,可直接进入商家的有赞店铺下单、付款,支持微信、支付宝付款。从阅读到购买,整个流程非常顺畅,用户还可以在今日头条客户端内查询自己的所有订单、物流信息。例如,"头条小店"是平台为今日头条创作者提供的电商变现工具,帮助创作者拓宽内容变现渠道、增加收入。头条小店开通后,在满足各个题材渠道要求的情况下,店铺页面将出现在作者的今日头条、西瓜视频、抖音等个人主页,商品可通过图文、视频、微头条、小视频、直播等多种方式展示,方便用户直接购买。

④图文赞赏。

图文赞赏即打赏方式。这是头条号平台帮助创作者提升收入的工具之一。在发文时使用该功能,读者可对文章进行一定金额的打赏,所得收益归作者所有。

⑤增值服务。

今日头条中有各大软件的小程序植入,包括淘票票、携程旅行、优酷视频等,今日头条可以根据用户跳转次数和停留时间向小程序运营商收取一定的费用。此外,今日头条还与网络通信公司合作,推出满足单一产品或者系列产品的流量套餐,这些都可以归为增值服务收益。

由此可见,今日头条已经形成了一个以广告收益为主、其他收益为辅的较为完善的盈利模式,并在不断拓展盈利范畴,扩大商业链条,让流量实现更深层次的变现。

6.5.2.4 头条号案例:"脑洞历史观"分析

"脑洞历史观"在 2015 年便入驻了头条号平台,用轻松、幽默的方式解读历史。截至 2021 年 6 月,其图文累计阅读发表量超过 1 万,累计获赞量 572 万,积累粉丝 191 万。[①] "脑洞历史观"撰写的历史文章是走轻松、有趣的路线,用打开脑洞的方式讲述历史故事,通俗易懂的表达方式使其受到了读者的欢迎。

(1)"内容＋多媒体"的创作方式

自媒体时代,主张"内容为王"。优质的原创内容是"脑洞历史观"头条号成功吸引用户的第一步。目前,"脑洞历史观"所有作品中最受欢迎的是"历史请回答"系列,主要通过对历史人物的解读来回答今人会碰到的问题,比如"好朋友为

---

① 这是"脑洞历史观"主页上显示的统计数据,统计时间不同,数据不一样。见 https://profile. zjurl. cn/rogue/ugc/profile/? version_code＝856&version_name＝80506&user_id＝4098955063&media_id＝4099103703&request _ source ＝ 1&active _ tab ＝ dongtai&device _ id ＝ 65&app _ name ＝ news _ article&share_token＝dc0683f5-7e8b-41e7-b9af-473eb9020d31.

什么会变淡,我请李白来回答""什么叫成功,我请徐霞客来回答"。这种与历史结合、深入浅出的形式在读者中反响较好,后来这一系列的文章结集出版为《这个世界承认每一份努力》。

除了发表图文长文章外,"脑洞历史观"还发布短视频、微头条动态、音频等。短视频时长通常为 1~5 分钟,紧跟时事新闻,比如《进入昆明的大象要去往哪里? 大象群里一共有四种类型的角色扮演》对应象群进入昆明的时事新闻;《袁隆平的贡献到底有多大? 为什么他没有拿到诺贝尔奖?》对应袁隆平逝世。"脑洞历史观"微头条是针对具有争议的社会新闻做短评,比如话题"为什么大家不喜欢职业大学",从教育部精神出发,去提出解决方法,通过纵横经验比较,总结自己的观点,内容丰富,由浅入深的行文逻辑更有耐读性。

(2)多元盈利模式

①内容营销。2019 年"脑洞历史观"发布了一篇文章《一个明朝皇帝,一个俄罗斯化学家,一个清朝人,共同完成一项壮举》,在文中,"脑洞历史观"引经据典,对"俄罗斯大师科学丛书"做了介绍和推荐,结果这套书销量火爆,全平台流水超过 800 万元。

②内容电商。2019 年"脑洞历史观"开通了头条小店,2019 年 3 月,小店一共卖了 1 万多套书,月流水在 200 万元左右。在它的头条小店里一本《DK 博物大百科》2 天卖出去 6000 本。截至 2021 年 6 月,头条小店里总销量第一的是"俄罗斯大师科学丛书"。除了教育丛书,店中还陈列有工具丛书、历史丛书等。读者在购买头条小店中的物品之后,可以在"头条书店"查看自己的订单信息。

③内容付费。"脑洞历史观"的付费内容包括付费专栏、付费小说,付费专栏比较适合知识类的输出,付费专栏中"读懂春秋,就懂了当下"系列有 7000 多人购买,还有《五代十国的枭雄们》,这些都是历史知识密集输出型的内容。目前专栏付费价格在 3~80 元不等,如《轻松学好大语文》定价 20 元,《少不读水浒》售价 3 元,756 人已购买;《中学历史超好玩》定价 80 元,已有 601 人购买。[①]

6.5.3　微信公众号出版

在介绍微信公众号出版之前,有必要简述微信发展。

---

① 这是"脑洞历史观"主页上显示的数据,见 https://profile.zjurl.cn/rogue/ugc/profile/? version_code＝856&version_name＝80506&user_id＝4098955063&media_id＝4099103703&request_source＝1&active_tab＝dongtai&device_id＝65&app_name＝news_article&share_token＝dc0683f5-7e8b-41e7-b9af-473eb9020d31.

2021 年是微信正式推出的第十年,在过去十年里,微信经历了从即时通信工具到"社交＋内容平台",再向建立"连接一切"的智能生态的目标迈进的发展过程。据报道,截至 2021 年初,中国每天有 10.9 亿用户打开微信,3.8 亿用户进行了视频通话,7.8 亿用户进入朋友圈,1.2 亿用户发表朋友圈,有 3.6 亿用户读公众号文章,4 亿用户使用小程序。① 腾讯 2021 年第一季度财报数据显示,微信及 WeChat 的合并月活跃账户数达 12.416 亿,同比上涨 3.3％。微信已然成为我国互联网史上用户数量最多的应用。微信发展主要经历了以下几个阶段:

①即时通信工具阶段(2011 年 1 月—2012 年 3 月)。微信上线于 2011 年 1 月,早期和小米的米聊一样是模仿 kik 的一款即时通信工具,最大的作用是逐渐取代手机短信和彩信业务。微信 2.0～3.0 版本使微信逐渐奠定即时通信霸主地位,主要是因为添加了三个功能:a. 语音对讲功能。b. 同时导入通讯录和 QQ 联系人、"摇一摇"、"漂流瓶"、"查看附近的人"功能。c. QQ 离线消息和 QQ 邮箱提醒功能。语音功能和导入陌生人社交链,在微信早期用户增长中发挥了奇效,比竞争对手更省流量的语音功能赢得了用户的喜爱,而导入陌生人社交链的做法让微信在早期变得更加有趣,也更具差异性。

②内容分享与社交平台阶段(2012 年 4 月—2013 年 7 月)。微信 4.0 版本发布于 2012 年 4 月,最大的变化是推出朋友圈、支持好友间分享第三方信息,以及推出自媒体平台微信公众号。朋友圈的出现促进用户之间产生更多的连接,延续双向好友关系。第三方信息的分享也让用户在微信里的聊天更丰富,同时,2012 年 8 月推出微信公众号,大量自媒体开始涌入微信,微信内容生态更加蓬勃。至此,"微信＋公众号＋朋友圈"完成了信息传播的闭环,微信逐渐从单一的通信工具转变为社交和内容分发平台,用户看热点、维系社交关系、展示自我的需求几乎都被满足。

③打造商业生态阶段(2013 年 8 月—2016 年 12 月)。2013 年 8 月,微信发布 5.0 版本,增加了表情商店、游戏中心和微信支付功能,丰富"扫一扫"功能。游戏是腾讯公司历来的营收重点,借助微信的大用户量、高活跃度和强关系链,这种优势也从 PC 端转移到手机端。微信支付是成功的商业化产品,2014 年春节前夕上线微信红包功能,微信抢红包的爆红意味着微信支付的爆发,很多用户为抢红包而绑定银行卡,微信支付用户在春节期间倍增,这一支付方式使得游戏下载、移动购物分成、收费表情购买等盈利方式出现。2014 年 8 月,微信支付正式公布"微信智慧生活"全行业解决方案。此外,2015 年 8 月正式上线的朋友圈

---

① 张小龙:每天有 10.9 亿人打开微信,每天有 7.8 亿人进入朋友圈[EB/OL]. (2021-01-20)[2021-09-15]. https://www.sohu.com/a/445646694_114778.

广告,开启了微信的广告变现之路。

2016 年 9 月,微信启动小程序内测;2017 年 1 月,正式上线第一批小程序,小程序的出现让微信开始从平台化阶段过渡到生态化阶段;2017 年 3 月,小程序可以和当时已经非常成熟的公众号绑定,这也成为微信生态连接之路的开端;2017 年 5 月,新增"搜一搜""看一看"功能,算法推荐开始辅助社交推荐,其中"看一看"已经成为公众号的重要流量入口之一,"搜一搜"则成为小程序的流量入口之一。

在打造商业生态的同时,腾讯微信团队还致力于微信公众号的建设。尤其在 2017 年之后,微信公众号更成为腾讯微信团队的战略重点。

6.5.3.1 微信公众号出版概述

(1)相关概念的界定

微信公众号出版,简称微信出版、公众号出版,即将公众号文章、图集、视频等内容作品作为出版形式,通过微信公众号平台推送内容资源,满足用户的阅读需求并获得用户关注,实现内容的编辑、推送、阅读和转发的过程。

微信公众号出版并不等于"微出版"。微出版指的是个人或机构利用移动互联网自媒体平台进行的出版和传播活动。诸如微博、微小说、手机报、微杂志、微信等出版活动,都可被概括为"微出版",当初其得名既与手机屏幕的"微型"有关,也与手机报等出版物的"微型"有关。当下,微出版活动正处在快速发展中,微出版的流程和生态越来越完善,出版物形态也更加多样化,篇幅长短之"微"不再是微出版的特点了。

相对于微出版的内涵,微信公众号出版(包括头条号出版等)都是狭义的和专指的,是微出版的一种形式,主要是以适应现代人的碎片化阅读习惯和需求为目标,并以微信作为发布和互动平台,实现对读者的内容服务和即时沟通。它是移动互联网时代的产物,也是手机阅读中一个快速拓展的领域。

(2)微信公众号发展历程

微信公众号即微信公众平台的简称,曾被命名为"官号平台"、"媒体平台"、微信公众号,最终定位为"公众平台"。微信公众平台作为微信内部开发和拓展的附属功能,于 2012 年 8 月 23 日在微信正式上线,引发大量机构和个人入驻,他们利用公众账号开展自媒体活动。

据《2019 微信数据报告》,截至 2019 年 8 月,微信公众平台已经汇聚了超2000 万个公众账号,各大企业、媒体组织及个人利用微信公众号,表达其观点,创造商业价值。微信公众号已经成为许多企业/机构和个人媒体项目运营的首选媒介平台。2020 年,微信公众号发文总数 3.87 亿,阅读总数 3799 亿,其强大的自媒体创作生态已经形成。①

自 2020 年起,微信公众号开始频繁迭代一些新功能。公众号文章底部包含阅读原文、分享、收藏、点赞、在看等多种交互动作,均提升了优质内容的曝光率和触达率。根据 QuestMobile 2019 年 2 月的调查数据,80%的微信用户订阅过公众号,对于月活跃数已经破 12 亿的微信来说,这个体量可以说是非常庞大的,可见,公众号依旧是自媒体的翘楚。

微信公众号发展历程可以用图 6-4 简要概括。

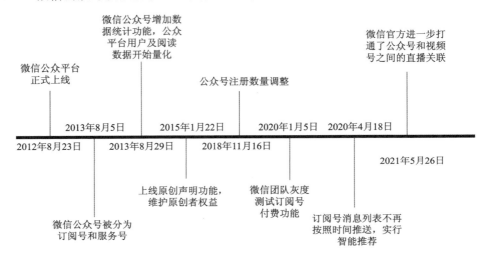

图 6-4　微信公众号发展历程示意图

(3)微信公众号出版的特征

①微信公众号出版主体多元化。

微信公众号出版模式改变了以往对出版主体的认知和界定,使得出版主体范围扩大。出版主体包括政府机关、出版机构及社群化媒体、企业及事业单位、社团组织、个人,以及其他组织。微信公众号的出版主体具有多元化特征。

②微信公众号内容形态多样化。

继 2015 年 2 月 5 日微信公众号可以添加视频之后,同年 6 月 5 日,腾讯公布微信公众平台又添新功能,即日起,微信订阅号文章中可以添加音乐,实现除文字、图片、视频以外更多一种形式的分享。目前,微信公众号出版内容中可插入视频、音频、条漫等。多元化的内容出版形态丰富了用户的阅读体验,也对运营者提升内容质量和形式提出了新的挑战。

---

① 公众号的 2020:一年发文 3.8 亿篇,原创占比不到 6%[EB/OL].(2021-01-11)[2021-12-22].
https://36kr.com/p/1049427099730050.

③微信公众号出版的用户黏性高。

据艾瑞咨询《2015年微信公众号媒体价值研究报告》，无论是月度总有效时间还是人均单日有效使用时间，微信用户黏性远高于微博 App。用户在微信及其公众号上花费的时间越来越长。微信公众号出版将内容传播和社交高度绑定，用户已养成一定的微信内阅读习惯。微信公众号的反馈机制与传统出版相比，反应速度非常快，受众可以直接通过公众号后台和内容制作者进行双向讨论，而反馈的内容也可以被内容制作方直接进行回复和展示，激发群体中的其他用户进行新的讨论，双向传播意味着民主讨论的成分高，这使得微信公众号出版有了更强的凝聚力。

④在传播方面，微信公众号文章依赖订阅制度分发内容，并依靠朋友圈分享和传播。这与今日头条的智能推荐完全不同。微信公众号出版的传播特点将在6.5.3.3节细述。

另外，微信公众号平台也有类似今日头条的数据统计工具，借助此功能，微信公众号出版平台运营者能实时查看粉丝数量，以及转发、分享、点赞次数等，从而更好地与读者进行沟通，调整营运策略。

6.5.3.2　微信公众号出版平台运营

(1)出版主体的注册

公众号主体需要严格的认证，这是微信公众号出版的一大特点。

第一，注册流程。注册者首先提供运营者身份信息、营业执照号等，并选择账号的类型——订阅号或服务号。订阅号具有信息发布与传播的能力，适合个人及媒体注册；服务号具有用户管理与提供业务服务的能力，适合企业及组织机构注册。

第二，微信公众号认证流程。微信公众号必须经过微信平台的认证，流程如图 6-5 所示。认证的内容包括主体信息，如作为公众号主体的名称、营业执照号、运营者个人信息等；公众号的名称、功能、运营的地区等。由于微信认证方式是人工审核，需要支付审核费用 300 元。

第三，公众号的名称设置规则。微信平台对公众号名称设置有相关规定，包括名称的长度、名称中的字符、相关修改规定等。

(2)微信公众号出版主体的类型

微信公众号出版主体主要包括企业及事业单位、出版机构及社群化媒体、个人等。其中，企业类微信公众号是以企业等商业组织的形式来运营的，含自媒体出版创业项目及以公众号为中心进行辅助经营两大类，如腾讯科技、创业邦等。这类微信公众号能给用户和品牌之间提供双向互动，配合市场策略，进行品牌推广。近年来，越来越多的企业注意到公众号带来的高回报，因此这类公众号出版增势较快。事业单位必须上传"事业单位法人证书"等以证实身份。事业单位微信公众号运营不仅有助于树立事业单位形象并扩大影响力,还有利于民众了解政策、办理业务,真正做到服务大众。机构类微信公众号以发布官方信息为主,微信平台为官方信息发布的补充渠道,在运营过程中比较关注的问题是扩大机构影响力。

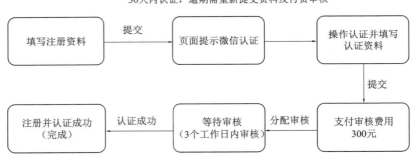

图 6-5　微信公众号认证流程图①

更具有媒体和出版属性的是媒体类微信公众号。传统媒体的公众号是它们因转型需要而诞生的子平台,内容具有较强的专业性和权威性,微信公众平台作为其内容的补充传播与发布渠道。微信公众平台方会对有媒体认证资质的微信公众号开放更多的权限,如一些大媒体可单日多次推送新闻资讯,像《人民日报》这样的国家级媒体开设的微信公众号,每日拥有的内容发布次数要远多于个人微信公众号。

个人微信公众号更能体现自媒体出版的属性。微信公众号"罗辑思维",由媒体人罗振宇于 2012 年在微信公众平台试推出,此后每周更新一期。罗振宇将个人读书心得通过公众号分享,视频以其独特的个人语言表达风格和丰富的知识品质,在互联网视频领域独树一帜。又如,微信公众号"六神磊磊读金庸",由六神磊磊个人(原名王晓磊)创办,六神磊磊曾在新华社重庆分社工作,靠个人微信公众号在互联网上声名鹊起,享负盛名,爆款文章阅读量超 100 万。个人微信公众号出版通常个体化、鲜明化,风格相对活泼,内容运营更加关注用户的阅读偏好、粉丝增长、商业变现。

(3)微信公众号出版内容分类

微信公众号出版内容众多,涉及时政、体育、财经、军事、汽车、穿搭、护肤等方面,种类繁杂,按照内容将其归类总结,可把微信公众号出版划分为综合类微

---

① 资料来自:微信公众平台注册说明,https://kf.qq.com/faq/120911VrYVrA130619v6zaAn.html.

信公众号出版和垂直类微信公众号出版。

综合类微信公众号出版如"人民日报""本地宝""占豪"等,它们涉及人们文化、生活各个方面。近来,综合类微信公众号也进行细分。以人民日报为例,在微信公众平台搜索"人民日报",可发现得到认证的相关微信账号有二十余个,包括人民日报评论、文艺、政文等各个版本的官方微信,以及人民日报山东、江苏、上海等各省市的官方微信。通过构建分层化的传播体系,人民日报系列微信公众号不仅向受众传达全国性的重要时政新闻,而且提供分属于不同领域、不同地区的服务性内容,在微信公众号平台上全面开花,进一步提高了影响力、号召力和传播力。

垂直类微信公众号出版如"汽车之家""深夜发嗤""sir 电影"等,它们具有目标受众精准、竞争小、用户黏滞性高等优点,可变现空间大。随着社会分工越来越细,垂直化传播是大势所趋,从目前的情况来看,用户数多、阅读量大的微信公众号几乎都是垂直的,不仅是大领域的垂直,小领域里也追求精准垂直。如汽车领域的微信公众号,查违章、查路况、教学车、教维修、教改车,都有专门的微信公众号,且用户众多。

6.5.3.3 微信公众号出版传播特点

(1)微信公众号出版的传播范围相对较窄

与头条号出版相比,微信公众号出版的传播范围更窄、更加私密。单就App 的用户而言,微信用户数量超过 10 亿,是全国乃至全球用户量最高、下载量最大的 App 之一。公众号虽依托于用户量庞大的微信 App,但微信公众平台的用户和头条号的用户有很大的不同,头条号用户可以同时在同一个公开的信息平台上进行交流,陌生的用户之间也能相互评论,针对同一社会热点事件进行讨论,头条号之间争夺的是公域流量。而微信用户被分散成无数个小群体,每个微信用户都有各自的私密圈,每个私密圈都有各自独有的群体意识和关系,且私密圈与私密圈之间并不互通。因此,公众号的信息传播和讨论只在每个受众的私密朋友圈进行。内容生产出来后,先触达某个群体,再由该群体传播至另一个群体,最终通过一个个群体的私域流量的联通实现广泛传播。两种不同的流量特点,使两个平台的出版有着巨大的差别。

(2)微信公众号出版是一种群体传播

微信公众号出版通过一个个私密圈的连接来产生宣传的规模效益,而通常在传播产生效果之后,聚拢起来的会是一群价值观相同、年龄层相同、处境相同、喜好相似,甚至学历都有相似性的读者群。80%的用户选择从朋友圈里寻找阅读内容,由此可见,订阅号文章被分享的次数越多,被阅读的次数也就越多。这样的传播方式与广泛的大众传播有明显的区别,聚拢起来的读者群会形成新的群体意识和群体凝聚力,这也是不断强调微信公众号出版定位、明确微信公众号品牌影响力的过程,在这个过程中,他们会持续要求微信公众号提供更有深度、更符合他们群体的新内容。只有当持续产生的新内容契合该自发形成的群体的切身利益时,公众号的影响力与商业价值才会不断提升,否则该公众号的出版活动就会失去该群体的拥护,当失去粉丝群体效应时,内容的生产和传播就没有了意义。

6.5.3.4 微信公众号出版盈利模式

图 6-6 显示的是微信商业化的进程。从 2014 年 6 月的流量变现开始,先后开通微信小店、广告变现、付费订阅、小程序销售分成、赞赏,等等。目前,微信公众号出版主要盈利模式及分类如图 6-7 所示。

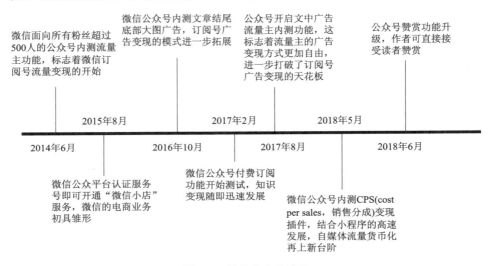

图 6-6 微信商业化进程

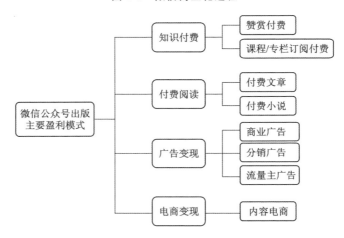

图 6-7 微信公众号出版主要盈利模式及分类

（1）知识付费

知识付费有两种付费模式——赞赏付费和课程/专栏订阅付费。其中赞赏付费是最直接的知识变现方式，但在订阅号收入中占比较低，仅作为营收补充渠道。2018年，微信公众平台官方发布消息称："赞赏功能升级，作者可以直接收到读者赞赏，在iOS版和Android版微信上都可以用。"目前，赞赏功能大多作为订阅号盈利的补充渠道，腰部及长尾订阅号月赞赏收入在1000元以下。赞赏付费的特点在于对内容的要求非常高，必须满足受众的需求，让受众感到特别满意而自愿奖励作者。这种盈利模式的随机性很大，对运营者来说，可以作为一种额外的补贴。课程/专栏订阅付费是自媒体出现较早的商业模式，适合有擅长领域、技能、兴趣爱好研究，并且有深度写作能力的运营者。

相比于付费后置的赞赏功能，用户对课程/专栏订阅的付费意愿更加强烈。企鹅智酷数据显示，约57％的用户表示愿意在微信公众平台上为内容付费。[①]比较早进入内容付费领域的"十点读书"和"罗辑思维"让人们看到知识付费的潜力，随后课程/专栏订阅付费日益普及，头部KOL"吴晓波频道""新世相"等也相继加入了知识付费大军。

（2）付费阅读

优质内容是微信公众号出版的核心竞争力，无论是传统出版还是微信出版，内容都是受众最关心的部分。目前微信公众号出版付费阅读模式大致有以下两种：

一是会员制。只要积累了一定的用户量和培养了用户依赖度，将会员费控制在受众可以承受的范围之内，辅以必要的福利，受众就有可能接受会员制。如因《盗墓笔记》而名声大噪的网络作家南派三叔的公众号就采取会员制，付费会员享有阅读最新作品、参与作品讨论的权利。采用这种形式的前提是公众号或作者已经积累了一批忠实读者，读者对其依赖性很大。

二是一部分免费，其余收费的形式。免费的部分给受众提供了很大的选择空间，只有受众对这个话题感兴趣，并且有非常强烈的继续看下去的意愿时才能实现收费。这种按需出版的方式，实现了效益最大化。

微信公众号汇集了众多致力于原创的文章作者，内容付费模式有利于内容本身优胜劣汰，"为内容付费"的用户们可以借此过滤内容、转移部分注意力和节省时间。在移动支付快速发展及原创内容保护机制逐步完善的情况下，微信订阅号付费小说发展迅速，掌中云、掌读520等头部订阅号的总阅读量近亿次，平

---

① 微信公众号超千万57％用户愿为内容付费［EB/OL］.（2017-04-27）［2021-12-20］. http://www. changjiangtimes. com/2017/04/566502. html.

治信息旗下众多订阅号头条阅读量超数十万次。①

（3）广告变现

广告盈利实际上是注意力经济模式，即把吸引来的大量关注卖给广告主。当一个微信公众号的关注量达到一定程度，并拥有大量忠实受众时，就有了招揽广告的资本。广告变现的模式主要分为三种：流量主广告、商业广告和分销广告。

流量主广告是通过展示或效果付费的方式来获取广告收入，含底部广告、互选广告和文中广告。底部广告位于文章的最下方，流量主在申请时可以选择广告类型；互选广告是呈现在公众号文章内，由广告主和流量主通过微信广告平台双向互选、自由达成广告合作的一种投放模式，这类广告内容较多，根据与流量主的合作深度，广告主可以选择广告推荐合作模式或内容定制合作模式；文中广告形式相对自由，流量主可在文中任意位置插入广告。2014年，微信联合"广点通"共同推出了微信公众账号广告服务，订阅粉丝达到5000个即可开通。

商业广告是由运营者自己接入的广告，可分为硬广告和软广告两种形式。硬广告是直接在文章底部插入广告内容，广告转化率相对较低，广告费用相对较低，适用于粉丝质量较低的公众号。软广告适用于具有一定创作能力及影响力的微信公众号，如深夜发媸、冷兔、黎贝卡的异想世界等，运营团队将广告巧妙地植入文章，使广告更加贴合文章叙述，从而提升广告转化率。软广告制作成本相对较高，广告费用视公众号的阅读数及用户黏性而定。

分销广告是指价格与效果挂钩的广告方式，平台收入主要来自与广告主的分成，常见的分销广告如课程分销，即用户通过专属链接购物后获得佣金返还的分销方式，这类广告成本较高，佣金比例为15%～70%，适用于粉丝购物属性较强的公众号。

（4）电商变现

内容电商是当前公众号最主流的电商模式，其变现逻辑为内容引流、流量筛选、电商变现。订阅号通过内容筛选出目标粉丝，平台内容在粉丝心中形成较强的公信力后，推出与平台内容相契合的产品。微信小程序的出现，打通了公众号出版电商的整个购买流程，使用户在被公众号上推荐的商品吸引以后，直接点击商家的自有小程序链接，使用微信支付，即可获得商品。此类变现模式适用于具有明确品牌和内容方向的公众号，如新氧、桃红梨白、玩物志、黎贝卡的异想世界等。

---

① 余人，何丽琼. 微信出版的盈利模式与潜在危机——基于微信公众号的分析[J]. 出版广角，2017(3)：29-32.

6.5.3.5　微信公众号出版影响力评价指标体系

微信公众号出版基于微信公众平台,微信公众号影响力评价指标体系对微信公众号出版也适用。对于微信公众号影响力,不同学者提出了自己的见解。张夏恒、冀芳提出微信公众平台传播效果评价体系由 4 个一级指标和 16 个二级指标构成。[①] 张思怡和钟瑛根据微信公众号影响力指标体系,建立微信公众号影响力层次结构模型[②],如图 6-8 所示。微信公众号影响力指标体系由 4 个一级指标和 9 个二级指标构成。

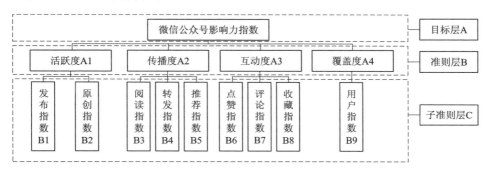

图 6-8　微信公众号影响力层次结构模型

在不同的新媒体监测平台上,也各有一套评价指标体系。清华大学沈阳团队提出的微信传播指数 WCI 在清博平台上广泛使用,用于实时监测公众号的影响力并发布榜单。该指标体系包含 4 个一级指标和 12 个二级指标,一级指标包含整体传播力(60%)、篇均传播力(20%)、头条传播力(10%)、峰值传播力(10%),二级指标包含日均阅读数、日均在看数、日均点赞数、篇均阅读数、篇均在看数、篇均点赞数、头条日均阅读数、头条日均在看数、头条日均点赞数、最高阅读数、最高在看数、最高点赞数,并赋予二级指标以不同的权重。

同时,内容服务平台新榜(https://newrank.cn)基于海量数据、用户深度反馈及专家建议而推出的"新榜指数"(new rank index,NRI),也被用于衡量新媒体(包含但不限于图文、短视频等)的传播能力,此指数反映该新媒体主体的热度和发展趋势。为兼顾其数量与质量,"新榜指数"目前使用总阅读数、最高阅读数、平均阅读数、头条阅读数、总赞看数(点赞数与在看数之和,文中使用"赞看数"这个说法来指代)五个指标来对账号进行评估。其中,整体指标(总阅读数)

① 张夏恒,冀芳.学术期刊微信公众平台建设评价研究——基于 5 种图情类期刊的实证分析[J].中国网络传播研究,2016(2):248,250-259.

② 张思怡,钟瑛.微信公众号影响力指数建构与量化评估[J].重庆邮电大学学报(社会科学版),2019,31(3):71-79.

是指统计周期内所有发布内容的阅读数总和,优异指标(最高阅读数)是指统计周期内所有发布内容中的单篇最高阅读数,质量指标(平均阅读数)是指统计周期内所有发布内容的阅读数平均值,主动预判指标(头条阅读数)是指统计周期内位置为头条的内容的阅读总数,互动指标(总赞看数)是指统计周期内所有发布内容的点赞数与在看数总和。

作为我国首先提供微信公众号内容数据价值评估的第三方机构,新榜已遍历超过 1000 万个微信公众号,截至 2018 年 4 月,对超过 55 万个有影响力的优秀账号实行每日固定监测,据此发布微信公众号影响力排行榜(日、周、月、年),以及超过 20 个细分内容类别的行业榜和超过 30 个省(区、市)的地域榜,成为内容价值评估的重要产品,新榜每月和每年发布的中国微信 500 强榜单已成为行业公认的权威标准。

6.5.3.6　案例:微信公众号"十点读书"①

"十点读书"由林少于 2012 年创立,以情感内容和书籍导读为主,是文化类微信公众号出版的标杆,旗下还推出"她读""十点读书会""十点电影""十点好物""十点课堂""十点视频""十点人物志""小十点""十点书店"等微信公众号。"十点读书"从一家阅读自媒体,发展成为知识付费领域的领军者,并回身入局实体书店行业,涉足城市商业、文化综合开发,经历了多年飞速迭代的过程。

在运营过程中,"十点读书"逐渐形成了"广告＋电商＋付费＋书店"的盈利模式,即利用优质的品牌力量,进行广告植入、出版书目并拓展业务至电商平台、付费课程和线下实体书店,现在"十点读书"每篇文章底部都有一个小广告,推广 VIP 计划、课程、文创产品等。

"十点读书"在积累了大量的忠实用户以后,开始进行招商广告的流量变现。早期"十点读书"会接受各大合作品牌的定制广告,高额的广告费为"十点读书"积累了一定的流转资金。后来"十点读书"顺应市场需求并注重用户体验,开始推广软文广告,在以美文引起读者兴趣后顺势切入广告文案,既不突兀也不令人反感,达到名利双收的效果。如今"十点读书"在自定义菜单设有"十点读书商城",广告商与"十点读书"签订长期合作,放置在其旗下平台进行销售;另外,"十点读书"在文章推送时,开始主打宣传自己的电商好物、文创产品等。这些广告的流量变现手段,成为"十点读书"的一种盈利方式。

2016 年初,"十点读书"上线电商平台"十点好物"。其主要进行书籍、文创产品、生活好物和美妆服饰的推荐,可以说,"十点读书"是早期加入电商平台的

---

① 马肖雅. 微信公众号"十点读书"运营研究[D]. 开封:河南大学,2020.

一批公众号。"十点读书"最初主要进行图书、文创产品的推荐,后来根据"十点读书"用户大多为一二线城市的白领女性,消费能力比较强的特点,开始涉及时尚单品、穿搭配饰等生活用品。不过主打的还是文创产品、手工艺品及畅销书籍,比如当时火爆全网的《王小波全集》《愿所有美好如期而至》等,还有 2020 年的文创产品"十点读书"日历。目前内容电商也是"十点读书"除了广告之外的一大盈利模式。

2016 年是新媒体行业知识付费的元年,"十点读书"借着知识付费的红利,很快推出了其课程付费平台——"十点课堂",付费课程包含心理、时间管理、化妆、PPT 等方面。2018 年,"十点读书"App 正式上线,对旗下的知识付费产品进行体系化整合,提供丰富的电子书、有声书和课程。"十点读书"做知识付费三年多来,精心打造 140 门课程,拥有完整的生产流程,并不断升级内容产品,以便更好地服务受众,产生更好的利益效果。当微信公众号与知识付费流量红利逐渐消失时,"十点读书"又开始寻找新的增长点。2020 年 11 月,"十点读书"发布了阅读服务产品——十点听书会员,产品年度会员售价为 198 元。

为实现线上线下营销闭环,"十点读书"还投向线下实体店的开发。2018 年底,第一家十点书店在厦门万象城开业,2019 年底,第二家十点书店在厦门中华城店开业,定位为"城市文化公园"。创始人林少介绍,十点书店中华城店除了学习日本茑屋书店、台湾诚品书店等的成功经验,还接纳了数十个品牌入驻,其中有一些是第一次进入福建省。他们提供的产品覆盖文创、用具、美妆、饮食、艺术收藏等领域,为进入书店的消费者提供丰富的选择,并且构成一站式的消费链条。2021 年,十点书店相继落地长沙和武汉。

6.5.4　自媒体出版小结

头条号出版和微信公众号出版已经形成了完整的生态,但两个平台也各有特色。在内容生产和运营方面,头条号重视作者的培养,内容生产和审核制度比较完善;微信公众号则重视运营者的管理,相关认证制度比较完善。在传播方面,微信公众号依托社交平台,用户以订阅内容为获取渠道,并分享到微信群、朋友圈,从而产生社交圈的裂变式分享传播。它的传播范围相对较窄,传播主要在熟人之间进行。而头条号则依赖智能推荐机制分发作品。智能推荐引擎会根据文章特征,为文章找到感兴趣的读者。头条号不需要粉丝和熟人圈就可以把内容分发出去。同为自媒体出版平台,二者皆具有出版主体众多,内容多样化、融合化等特点,并且出版平台功能都比较完善,变现方式也较为多样化。

对比我国的传统出版制度,笔者认为二者都会对传统出版业产生较大的影响。

　　对我国主流报纸来说,如果不入驻头条号和微信公众号,就意味着流失大量用户,入驻则使纸版报纸发行和本报 App 分发更陷困顿。例如,环球时报头条号关注粉丝近 900 万,而环球时报 App 在各应用商店的下载量则表现平平。随着粉丝量的增加,头条号的优势会更加明显。

　　对期刊来说,公众号和头条号在文章长度和专业垂直度方面都重叠了期刊市场,而在媒介和体裁的多元化上,传统期刊又明显不足。例如,对于地理一类的题材,头条号可以用三维动画表现,比起传统期刊只能用文字和图片展现,地理类头条号明显具有特殊吸引力。

　　对于文学创作和出版来说,中国网络文学的崛起,已经改变文学市场结构。但由于网络文学制度适合长篇作品,而传统文学适合中等长度和短篇精品,因此,传统出版机构和网络文学网站分切文学这块大蛋糕。头条号和微信公众号文学原创连载的出现,对传统文学出版将会是又一次挑战。

　　当然,自媒体出版也具有先天的弱点。自媒体的信息内容并非都由专业的新闻媒体发布,而自媒体内容发布者生产高质量内容的能力及责任感又相对较弱,因此发布的内容的质量也无法得到充分保证。

　　另外,内容下沉问题在自媒体平台中普遍存在,在基于大数据与算法抓取的头条系列应用中尤为明显。算法判断用户更关注低俗的内容,便会推荐更多类似的内容,此类内容获得更多的关注,也就会有更多创作者产出,从而形成一个恶性循环。

　　作者变现方面过度商业化的操作也会影响平台声誉。铺天盖地的广告让用户从厌烦到麻木,每款 App 开屏都是广告,每一篇优质的文章尾部总会走向软文推广,仿佛创作者创作的终极目标只有盈利,内容只是获利的一个工具,内容的权威性不复存在。

7 结语：对网络新型内容出版模式的思考

7.1 网络新型内容出版体系已经基本形成

网络上的数字内容可分为两类：一类来自传统渠道，主要由书、报、刊等数字化转型而成；另一类是网络原生的，即 UGC 内容，这一类内容数量庞大，生成速度快，对传统出版业构成了极大的挑战和威胁。本书所指新型内容出版模式就是指这类网络原生内容的出版模式。本书筛选出有代表意义的新型出版形态，逐一做了充分论述，由此形成了一个完整的研究体系。在这个体系中，含有大众出版领域的以中国为代表的"网络原创文学出版模式"（在本丛书中单独出版），以及以美国为代表的自助出版模式；学术出版领域的"开放存取"和"数据出版"；对工作和学习产生较大影响，属于非正式交流领域的"网络文库出版"；既有阅读性又有查考性的"维基类百科全书出版"。传统出版按照市场来划分，主要分为大众、学术和教育市场。对比网络新型内容出版体系，只在网络原生教材上比较薄弱，这是根据教材出版的严谨性而定的。其实，网络原生的教材（开放式教材）在全球已经有案例，但影响尚不大。另外，我国百度文库等含相当比例的教育教辅内容，已经在一定程度上填补了这个空缺。

再谈谈基于移动互联网的内容出版。虽然移动端的用户量非常大，但移动端仍然以大众出版内容的生产和推广为主，无论是移动阅读产业，还是以微信公众号及头条号为代表的自媒体出版模式，目前，影响较大的仍然是大众出版。数字出版在快速发展中，移动端的内容生产和分销模式仍有较大的发展空间，随着技术的进步，移动端有望成为移动学习的主要工具。

7.2　出版的主体多元化

　　出版的上游是内容的生产,而内容生产会因主体的多样性而形成不同的类型或信息倾向。新型出版平台的内容生产主体并不仅仅是草根作者,其构成也比较多样化。首先是UGC,在UGC模式中,生产者既是用户又是传播者,通过自传播,甚至可以达到病毒传播的效果。其次是PGC,PGC模式可以保证内容的质量,无论是新闻、视频网站,还是网络社群站点,都在极力争取更多的PGC。再者,OGC(occupationally generated content)也较多地进入了网络内容出版平台。OGC是指职业从事者生产的内容,如媒体平台的记者、编辑等。OGC与PGC既相互联系又相互独立。进行内容生产传播的具有专业知识背景的主体,如果出于知识分享的想法,在网站上发表相关的见解,则是典型的PGC模式,而OGC则拥有职业背景。OGC模式需要内部的专业审核,所以在时效性上会稍显不足。当然,无论是UGC、PGC,还是OGC,都可以以个人或机构的身份在出版网站上注册。PGC和OGC的大量出现使新型出版平台的产品质量有一定的提高,可以预见,未来还会继续加强这方面的建设。

7.3　产品形态更加多样化

　　比之传统出版产品,基于网络新型内容出版模式的产品形态更加多样化。首先,内容产品的篇幅及形式更加灵活多样。比如,在开放获取模式中,论文的篇幅不再囿于传统期刊论文的要求,数据集、数据论文等内容产品的共享在网络平台上也更具操作性;在网络文库模式和自助出版模式中,表格、报告、PPT等实用形式的内容产品大量存在。其次,新型内容出版产品也已经走向媒介融合化。如,在头条号和微信公众号中,除了图文之外,视频及小视频、动图、声频等比比皆是,能让读者更充分地体会到内容产品的生动性和直观性。最后,由于网络提供了更加灵活和广阔的空间,内容产品容量空前庞大,内容题材也更加广泛。比如,在传统百科全书中不太可能出现的词条,在维基类百科全书中大量出现,而且更新得非常快。比如,2021年5月31日,百度百科增加新词"一路'象'

北"，记述在 2021 年春夏之间发生于云南省的大象北上旅行事件。① 截至 2021 年
8 月 10 日，该词条被编辑 41 次，内容非常详细，图文并茂，具体包括 8 个子目录，即
象群情况、活动轨迹、应对措施、事件影响、防范措施、定损赔付、返回栖息地、相关
报道。这样详尽的内容和惊人的编辑速度，仅仅依靠传统出版是不可能达到的。

7.4　新型内容出版平台在内容建设和传播方面具有优势

在内容建设和传播方面，网络平台会对阅读偏好等相关数据进行详尽记录，
在分析数据的基础上，形成内容建设方案，进而改进阅读服务。也有一些平台会
开发"数据助手"，如微信公众号和头条号的数据助手可清晰展示作品的展现量、
阅读量、点赞量、评论量等指标，让创作者可以基于这些数据来策划新作品，确定
符合用户需求的产品内容和交付方式。在内容传播方面，平台智能地通过数据
对用户进行画像，识别和预测用户的兴趣偏好，从而有针对性地、实时地向用户
主动推送所需内容，以满足不同用户的个性化需求。网络出版平台在用户使用
的回报率（获得/投入）方面会大大高出传统的传播方式。另外，基于网络用户
量，分享、转发等用户自传播方式往往也能带来较大的流量红利，是对私域流量
很好的运用。

7.5　开放获取等新型学术出版活动在我国发展缓慢

开放获取运动有助于学术交流，开放获取出版是世界学术界认同的出版方
式，为此，2004 年 5 月，我国相关部门签署了《关于自然和人文科学知识的开放
存取的柏林宣言》，表明中国科学界支持开放获取的态度。2018 年中国国家自
然科学基金委员会、国家科技图书文献中心、中国科学院文献情报中心等相关机
构发表声明支持 OA2020 和开放获取"S 计划"。但实际上，我国在政策和宏观
管理上对开放获取的支持力度不够，尤其体现在开放获取期刊得不到学术评价
体系的认可，开放获取仓储建设不足，以及开放式同行评议及发表后同行评议难

① 一路"象"北（云南野象群集体北迁并返回事件）_百度百科. https://baike.baidu.com/item/％E4％B8％80％E8％B7％AF％E2％80％9C％E8％B1％A1％E2％80％9D％E5％8C％97/57143891? fr=aladdin.

以实施等方面。由于管理方面的认知不足,我国学术界对开放获取的认知度也很低。大多数学者对开放获取期刊不了解,科研机构和大学也少有建设学科仓储和机构仓储的。这些都说明开放获取的理念还未深入人心,发展开放获取还有很长的路要走。

7.6　网络新型内容出版模式普遍存在版权保护问题

在网络文库中,往往出现未经授权刊登他人作品等问题。就盗版问题来说,原创文学产业每年因盗版而损失巨大。盗版的方式也层出不穷。在国外发展良好的文库商业模式,在我国就得不到一个好的成长环境。目前,虽然有"剑网行动"等重拳打击侵权活动,但尽快完善法律法规体系仍是迫切任务,必须尽快堵住法律法规漏洞,解决无法可依和法律适用尺度弹性过大的问题,并加大惩罚力度。在司法队伍中也应配备相应的版权方面的专业人才,在司法审判和执法中正确地理解和利用法律解决纠纷。

7.7　作品质量参差不齐

网络新型内容出版模式的产品质量问题缘起于编审制度的缺失。作品发布不需要对内容质量进行审核,致使作品质量参差不齐。对于网络编辑制度,无论是网络原创文学、网络百科全书,还是开放获取和网络文库都进行了不断的探索。但鉴于作品数量巨大,采用传统出版那样严格的编审制度是不可能的。目前,网站尝试采用了一些质量控制规则,如,在"头条号"平台上,申请成为作者首先就要进行"关联创作能力证明",其次,"进行作者认证"还必须进行包括职业认证、兴趣领域两个方面的认证。如果发布财经/健康类内容还必须提供财经/健康资质证明。当作品发布之后,头条号设有编辑初审和复审制度,如果被发现存在"标题党"、"封面党"、低俗、虚假等问题,系统将会停止推荐,作者可能会受到处罚。当然,头条号的编辑制度并没有传统出版编审制度严格,就其形式,更类似于开放获取中的轻触同行评议(见 2.3.2.2 节)。所以,质量问题仍然广泛存在于网络原生产品之中。

参考文献

［1］　贺子岳.数字出版形态研究［M］.武汉:武汉大学出版社,2015.

［2］　郑铁男,张新华.数字编辑运营实训教程［M］.北京:知识产权出版社,2017.

［3］　张大伟,陈璞.亚马逊为何主导美国电子书定价:兼论美国电子书的代理制和批发制之争［J］.编辑学刊,2014(2):10-15.

［4］　梁旭艳.网易蜗牛读书 App 的创新及其启示［J］.编辑之友,2018(9):23-25,34.

［5］　高媛媛.微信读书:构建线上阅读生态圈［J］.戏剧之家,2019(25):210-212.

［6］　赵合,薛蓉娜.亚马逊数字出版全球化策略及启示［J］.出版发行研究,2017(11):23-26.

［7］　徐丽芳,池呈.亚马逊:基于并购的成长史［J］.出版参考,2014(7):20-21.

［8］　周益.亚马逊的成功之道［J］.现代出版.2011(2):62-65.

［9］　陈光祚.电子出版物的特征与范围［J］.图书馆工作与研究,1995(3):13-16.

［10］　周荣庭.网络出版［M］.北京:科学出版社,2004.

［11］　黄少卿.电子出版物与电子编辑［J］.编辑学刊,1997(5):12-14.

［12］　叶敢,倪波.世纪之交的编辑出版［J］.编辑学刊,1997(5):2-5.

［13］　高朝阳.关于网络出版中的几个基本问题的探讨［J］.大学出版,2000(4):31-33.

［14］　匡文波.网络出版论［J］.中国出版,1999(2):53-55.

［15］　匡文波.手机媒体概论［M］.北京:中国人民大学出版社,2006.

［16］　郝振省.2005～2006 中国数字出版产业年度报告［M］.北京:中国书籍出版社,2007.

[17]   张志林.印刷传播知识管理[M].北京:中国书籍出版社,2004.

[18]   谢新洲.数字出版技术[M].北京:北京大学出版社,2002.

[19]   葛存山,张志林,黄孝章.数字出版的概念和运作模式分析[J].北京印刷学院学报,2008,16(5):1-4.

[20]   张志林,黄孝章,彭文波.数字出版新业态呼唤出版复合型人才培养创新[C]//国家新闻出版总署人事教育司.2007全国出版学学科建设高层论坛年会暨"高校出版专业学科建设协作小组"第一次会议论文集.2007:140-149.

[21]   张立.数字出版相关概念的比较分析[J].中国出版,2006(12):11-14.

[22]   郭亚军.基于用户信息需求的数字出版模式[M].上海:世界图书出版公司,2010.

[23]   祁庭林.传统出版该如何应对数字出版的挑战[J].编辑之友,2007(4):4-6.

[24]   阎晓宏.关于出版、数字出版和版权的几个问题[J].现代出版,2013(3):5-9.

[25]   罗杰·菲德勒.媒介形态变化:认识新媒介[M].明安香,译.北京:华夏出版社,2000.

[26]   黄河.手机媒体商业模式研究[M].北京:中国传媒大学出版社,2011.

[27]   徐丽芳.数字出版:概念与形态[J].出版发行研究,2005(7):5-12.

[28]   陈生明.数字出版概论[M].南京:南京大学出版社,2011.

[29]   LANGSCHIED L. The changing shape of the electronic journal[J]. Serials review,1991,17(3):7-14.

[30]   赵锦英,芦茉莉.国内外电子出版物的发展[J].中国信息导报,1997(5):10-11.

[31]   陈光祚.论全文检索系统[J].武汉大学学报(人文科学版),1989(6):107-113.

[32]   赵蓉英,邱均平.CNKI发展研究[J].情报科学,2005(4):626-634.

[33]   黄铭锋.浅谈网络电子期刊的发展[J].情报探索,2004(1):28-29.

[34]   孔薇.期刊网络出版的优势及持续发展的对策[J].电子出版,2005(2):6-8.

［35］ 许金平.开放存取期刊的质量控制研究［D］.武汉:武汉理工大学,2009.

［36］ 赵东晓.网络出版及其影响［M］.北京:中国人民大学出版社,2008.

［37］ 胡德华,常小婉.开放存取期刊论文质量和影响力的评价研究［J］.图书情报工作,2008,52(2):61-64.

［38］ 刘海霞,方平,胡德华.开放存取期刊质量评价研究［J］.图书馆杂志,2006,25(6):23-27.

［39］ 张红芹.开放获取期刊质量评价指标体系研究［D］.南京:南京农业大学,2007.

［40］ 傅蓉.开放存取的质量控制［J］.情报理论与实践,2006,29(6):694-696.

［41］ 韩欢,胡德华.开放存取期刊的质量控制机制研究［J］.情报杂志,2009,28(7):44-48.

［42］ 刘锦宏.网络科技出版模式研究［M］.武汉:武汉理工大学出版社,2010.

［43］ 乔冬梅.e印本文库建设与应用:一种科技论文非正式交流系统［D］.武汉:武汉大学,2005.

［44］ 邓君.机构知识库建设模式与运行机制研究［D］.长春:吉林大学,2008.

［45］ 李武,杨屹东.开放存取期刊出版的发展现状及其影响分析［J］.图书情报工作,2006,50(2):25-30.

［46］ 程维红,任胜利.中国科技期刊开放存取出版现状［J］.编辑学报,2007,19(3):196-198.

［47］ 王应宽.中国科技界对开放存取期刊认知度与认可度调查分析［J］.中国科技期刊研究,2008,19(5):753-762.

［48］ 万群.试论同行评议中存在的问题及改进措施［J］.学会,2006(2):43-45.

［49］ 方卿.我国学术期刊同行评审现状分析［J］.中国编辑,2006(6):57-61.

［50］ 邱炯友.学术电子期刊同侪评阅之探析［J］.教育资料与图书馆学,2003,40(3):309-323.

[51] 于忠庆,张东,王惠临.DC元数据标准中文化探讨[J].情报杂志,2008,27(11):111-113,119.

[52] 邱炯友.学术传播与期刊出版[M].台北:远流出版公司,2006.

[53] 唐义,肖希明.开放科学发展历程及存在的问题与对策[J].情报资料工作,2013(5):20-24.

[54] 顾洁.开放科学与开放创新的关联.[EB/OL].(2019-12-02)[2021-08-05].http://www.istis.sh.cn/list/list.aspx? id=12298.

[55] 赵艳枝,龚晓林.从开放获取到开放科学:概念、关系、壁垒及对策[J].图书馆学研究,2016(5):2-6.

[56] 任翔.学术出版的开放变局:2014年欧美开放获取发展评述[J].科技与出版,2015(2):18-23.

[57] 许洁,吕江建.争议中发展的巨型期刊(Mage Journal)[J].出版广角,2017(24):24-27,30.

[58] 唐翔,徐丽芳."多彩"的开放存取出版[J].出版参考,2013(20):45,48.

[59] 贺子岳,张子纬,陈晓峰.学术期刊出版后开放式同行评议模式研究[J].传媒,2019(17):32-34.

[60] 李沛,张子纬,陈晓峰,等.学术论文科研诚信问题分析与解决路径探索[J].中国传媒科技,2019(1):10-12.

[61] TORNY D. Pubpeer:vigilante science,journal club or alarm raiser? The controversies over anonymity in post-publication peer review[R]. Rome: PEERE International Conference on Peer Review,2018.

[62] 郑建程,赵艳,肖曼,等.学术期刊从订阅模式向开放获取模式转化的经费可行性研究:OA2020的启示[J].图书情报工作,2016,60(12):75-80.

[63] LAWRENCE B,JONES C,MATTHEWS B,et al. Citation and peer review of data:moving towards formal data publication [J]. International journal of digital curation,2011,6(2):4-37.

[64] 张小强,李欣.数据出版理论与实践关键问题[J].中国科技期刊研究,2015,26(8):813-821.

[65] 刘凤红,崔金钟,韩芳桥,等.数据论文:大数据时代新兴学术论文出版类型探讨[J].中国科技期刊研究,2014,25(12):1451-1456.

［66］　张恬,刘凤红.数据出版新进展[J].中国科技期刊研究,2018,29(5):453-459.

［67］　刘兹恒,涂志芳.数据出版及其质量控制研究综述[J].图书馆论坛,2020,40(10):99-107.

［68］　王丹丹.数据论文:数据集独立出版与共享模式研究[J].情报资料工作,2015(5):95-98.

［69］　涂志芳,杨志萍.我国科学数据管理与共享实践进展:聚焦两种主要模式[J].图书情报知识,2021(1):103-112.

［70］　涂志芳,刘兹恒.我国多学科领域数据出版质量控制最佳实践研究[J].图书馆杂志,2020,39(9):70-77.

［71］　涂志芳,刘兹恒.国外数据知识库模式的数据出版质量控制实践研究[J].图书馆建设,2018(3):5-13.

［72］　王舒,黄国彬.国外科学数据仓储的数据出版流程研究[J].数字图书馆论坛,2021(1):60-66.

［73］　谢贵萍.移动阅读App运营研究[D].武汉:武汉理工大学,2018.

［74］　罗丁瑞.网络出版新形态研究[D].武汉:武汉理工大学,2008.

［75］　李熙.2014—2015年移动出版发展观察[J].出版参考,2015(8):22-23.

［76］　张蒙.基于移动端自媒体平台的内容传播治理研究[D].武汉:武汉理工大学,2019.

［77］　谢俊.自媒体出版及其发展研究[J].出版发行研究,2016(7):28-31.

［78］　秦绪军.刍议移动互联网对数字出版发展的影响[J].出版发行研究,2016(1):41-43.

［79］　张斌.论数字出版产业链的形成与演化[J].出版广角,2021(5):33-35.

［80］　中国数字出版产业年度报告课题组."十三五"开局之年的中国数字出版——2016—2017中国数字出版产业年度报告主报告(摘要)[J].出版发行研究,2017(7):5-10.

［81］　王海燕.移动阅读用户行为调查与分析[J].编辑之友,2017(2):10-14.

［82］　程小雨.4G时代我国移动阅读行业发展现状及趋势研究[J].出版参考,2014(33):33-34.

[83] 龙叶,王跃虎.我国移动阅读现状与发展策略研究[J].现代情报,2017,37(1):112-115.

[84] 刘华鲁.手机阅读的发展和问题探讨[J].编辑之友,2010(S1):68,70.

[85] 李镜镜,张志强.移动出版的发展模式及其评价[J].科技与出版,2010(8):37-40.

[86] 李彪.集成经济视角下移动阅读产品的赢利模式及启示[J].出版发行研究,2016(4):48-51,58.

[87] 何菊香,茆意宏.国内手机阅读服务盈利模式的调查与分析[J].图书情报工作,2012,56(6):140-144,148.

[88] 夏远航.手机报语言研究:以《安徽手机报》为例[D].合肥:安徽大学,2010.

[89] 戴和忠,王秀昕.数字阅读网站社交化互动体系比较研究[J].中国出版,2013(18):32-35.

[90] 金鑫,朱亮亮.移动阅读 App 用户社交互动行为的驱动力研究:基于认知倾向的社会交换理论的启示[J].科技与出版,2017(4):107-111.

[91] 中国音像与数字出版协会.2016 年中国数字阅读白皮书[R].北京:中国音像与数字出版协会,2017.

[92] 尚光一.网络文学 IP 版权多元化运营分析[J].出版参考,2017(7):5-9.

[93] 张聪,吴思岐,常帅,等.应用于自出版平台的"打赏"模式研究[J].科技与出版,2015(6):134-139.

[94] 许博.网络百科全书管理机制与公众参与行为研究[J].图书情报知识,2011(3):10-15.

[95] 杨欣.国内维基类网络百科研究[D].武汉:武汉理工大学,2012.

[96] 钱承军.论纸质工具书、电子版工具书和网络版工具书的缘起、现状及发展趋势[J].贵图学刊,2006(2):32-34.

[97] 郑文婷,文震宇.从维基百科看工具书的变迁与发展[J].内蒙古科技与经济,2009(10):132-134.

[98] 刘金双.纸质百科全书 PK 网络百科全书[J].出版参考,2007(28):13.

[99] 赵飞,周涛,张良,等.维基百科研究综述[J].电子科技大学学报,2010,39(3):321-334.

[100] 李小宇,罗志成.中文维基百科演化趋势与政策环境结构研究[J].情报杂志,2009,28(2):160-166.

[101] 许博.网络百科全书公众参与影响因素研究[J].科学学研究,2011,29(5):665-669.

[102] 马叶香.网络百科全书的应用障碍与发展趋势[J].图书情报论坛,2007(2):30-32.

[103] 王丹丹.维基百科自组织模式下质量保证机制分析[J].情报科学,2009,27(5):695-698,703.

[104] 周庆山,王京山.维基百科信息自组织模式探析[J].情报资料工作,2007(2):29-32.

[105] 温宝.维基百科出版研究[D].武汉:武汉大学,2012.

[106] 于新国.开发利用开放存取网络工具书资源[J].公共图书馆,2009(3):61-64.

[107] 冯向春.传统工具书与网络工具书的比较研究[J].图书馆学刊,2007(1):109-111.

[108] 何宇杰.开放的百科全书:百度百科评价[J].科技信息,2009(31):379,396.

[109] 廖善恩."维基百科"与维客的受众需求[J].今传媒(学术版),2009(7):75-76.

[110] 黄莲芝.网络工具书探析[J].图书馆论坛,2007(5):89-91,143.

[111] 沙勇忠,阎劲松.维基百科:一种网络环境下的新型知识生产方式及其价值意蕴[J].情报资料工作,2006(4):20-24.

[112] 邓莉.中文维基类百科施引文献分布与词条著录研究[J].现代情报,2011,31(3):48-50,54.

[113] 罗志成,付真真.外部因素对维基百科序化过程的影响分析[J].图书情报知识,2008(3):28-33.

[114] 左美云,姜熙.中文知识问答分享平台激励机制比较分析:以百度知道、腾讯搜搜问问、新浪爱问知识人为例[J].中国信息界,2010(11):25-30.

[115] 常静,杨建梅.百度百科用户参与行为与参与动机关系的实证研究[J].科学学研究,2009,27(8):1213-1219.

［116］ NOV O. What motivates wikipedians？［J］. Communications of the ACM，2007，50(11)：60-64.

［117］ EMIGH W，HERRING S. Collaborative authoring on the web：a genre analysis of online encyclopedias［C］//Proceedings of the 38th Annual Hawaii International Conference on System Sciences，January 6，2005，Big Island，Hawaii. New York：IEEE，c2005：99a.

［118］ PONZETTO S P，STRUBE M. Knowledge derived from wikipedia for computing semantic relatedness［J］. Journal of artificial intelligence research (JAIR)，2007(30)：181-212.

［119］ OLLEROS F X. Learning to trust the crowd：some lessons from Wikipedia［C］//2008 International MCETECH Conference on e-Technologies (mcetech 2008)，January 23-25，2008，University of Quebec，Montreal，Quebec. New York：IEEE，c2008：212-216.

［120］ SANGER L. The early history of Nupedia and Wikipedia：A memoir［M］//DIBONA C，STONE M，COOPER D. Open Sources 2. 0：The continuing evolution［M］. Sebastopol：O'Reilly Media，2006：307-338.

［121］ 方雅丽. 美国自助出版研究［D］. 武汉：武汉理工大学，2017.

［122］ 侯鹏. 浅析英国自助出版及其对我国的启示［J］. 出版参考，2013(36)：37-39.

［123］ 朱凤. 自助出版商业模式研究：以美国为中心［D］. 上海：上海师范大学，2014.

［124］ 韩仁哲，王仕平. 论自助出版的泡沫化与法律规制［J］. 出版广角，2014(2)：56-57.

［125］ 叶文芳，丁一. 美国出版业的发展对我国出版体制改革的借鉴［J］. 科技与出版，2010(5)：49-52.

［126］ 刘俏. 自助出版平台社区研究：以企鹅集团图书国社区为例［J］. 长江大学学报(社科版)，2014，37(4)：199-201.

［127］ DILEVKO J，DALI K. The self-publishing phenomenon and libraries［J］. Library & information science research，2006，28(2)：208-234.

［128］ SCHIERMEIER Q. Self-publishing editor set to retire［J］. Nature，2008，456(7221)：432.

［129］ THOMLISON A，BÉLANGER P C. Authors' views of e-book self-publishing：the role of symbolic capital risk［J］. Publishing research quarterly,2015,31(4):306-316.

［130］ BAVERSTOCK A, STEINITZ J. What satisfactions do self-publishing authors gain from the process? ［J］. Learned publishing,2013,26(4):272-282.

［131］ BURDETT A N. Science communication：Self-publishing's benefits［J］. Science,2013,342(6163):1169-1170.

［132］ EGGERS D. 2012：the year of self-publishing［J］.Journal of social issues,2015,71(3):614-632.

［133］ SAFFLE M. Self-publishing and musicology：Historical perspectives, problems,and possibilities［J］. Notes,2010,66(4):726-738.

［134］ 雷少波,谭熠.网络自出版的兴起对传统图书编辑价值的挑战［J］.编辑之友,2014(8):23-27.

［135］ 冯静.豆瓣阅读的自出版模式及其文化意义［J］.编辑之友,2013(11):33-35.

［136］ 刘文欣.中国网络自出版现象考察［J］.编辑学刊,2013(5):17-22.

［137］ 王宁.数据决胜未来:京东自出版模式对传统出版企业的启示［J］.出版发行研究,2015(9):31-34.

［138］ 吴钢.自存储与期刊出版的版权冲突与协调［J］.出版发行研究,2009(2):58-61.

［139］ 刘筑云.开放存取与图书馆的参与［J］.情报探索,2009(6):82-84.

［140］ 余春.图书馆与信息科学开放存取仓储互操作性评价［J］.图书馆学刊,2011,33(2):4-7.

［141］ 王武,彭巧灵."出版平民化"的狂欢泡沫:析自助出版在中国普及的可行性和面临的困境［J］.编辑之友,2012(12):20-22.

［142］ 石晶晶.美国"自助出版"的现状及启示［J］.传媒观察,2013(4):18-19.

［143］ 郭奇.论博客出版对传统出版的影响与借鉴意义［J］.北京印刷学院学报,2008,16(3):22-25.

［144］ 丁新湍.自助出版研究［D］.保定:河北大学,2014.

[145] 陆璐,徐丽芳.高速发展的美国自助出版市场[J].出版参考,2015(1):25-26.

[146] 刘文欣.西方国家网络自出版问题分析[J].编辑学刊,2015(1):63-68.

[147] 沙琪.西方国家网络自出版平台发展[J].编辑学刊,2014(2):70-73.

[148] 刘蒙之.美国图书出版业"自出版"现象初探[J].编辑之友,2012(7):123-125.

[149] 刘蒙之.美国图书"自出版"模式的历史、现状与评价[J].燕山大学学报(哲学社会科学版),2012,13(4):141-143.

[150] 周敏,王阳."平台开放"走向"作者至上":自出版新路径探究——以美国图书出版系统 Pronoun 为例[J].科技与出版,2016(1):83-87.

[151] 宋嘉庚,李贞.美国网络自出版的发展态势探析[J].现代出版,2015(4):50-53.

[152] 宋佳益.网络自出版平台的新变革:Medium[J].科技传播,2015,7(13):80-81.

[153] 刘肖.网络自助出版模式研究:基于"长尾理论"的分析视角[J].出版发行研究,2007(11):42-45.

[154] 郑一卉.美国自助出版热潮评析[J].中国出版,2008(5):68-70.

[155] 马小琪.数字自助出版模式对我国传统出版业数字化转型的启示[J].出版发行研究,2013(6):52-55.

[156] 练小川.企鹅重金"协助"自助出版[J].出版参考,2011(34):47.

[157] 陈洁,陈佳.数字化时代自助出版现状与困境探究:基于中美两国出版市场的比较[J].出版广角,2013(18):32-35.

[158] 贺子岳,杜娟,夏凡.美国电子书自助出版研究[J].传媒,2015(7):46-49.

[159] 张国功.现代史上的"自助出版"[J].出版广角,2014(5):24.

[160] 付宁华.网络自出版的崛起对传统出版社的影响[J].编辑学刊,2013(4):84-86.

[161] WEBER S. ePublish:Self-publish fast and profitably for Kindle,iPhone,CreateSpace and print on demand[M]. Weber Books,2011.

［162］ MCCARTNEY J. A look ahead at self-publishing in 2016［J］. Publishers weekly,2016,263(3):42-44.

［163］ MCCARTNEY J. A look ahead at self-publishing in 2015［J］. Publishers weekly,2015,262(3):36-38.

［164］ HERTHER N K. Today's self-publishing gold rush: Complicates distribution channels［J］. Online,2013,37(5):22-26.

［165］ SELZER B. Thriving among giants: Self-publishing in the digital age［J］. American journal of public health,2015,105(10):1956.

［166］ CAMACHO J D. Is the e-reader mightier? Direct publishing and entry barriers［J］. Journal of scholarly publishing,2013,44(4):327-339.

［167］ DIGIROLOMO K. LJ's self-publishing survey［J］. Library journal, 2016(10):30.

［168］ LANDGRAF G. Solving the self-published puzzle ［J］. American libraries,2016,46(11/12):44-47.

［169］ 姚平.我国网络文库运营模式研究［D］.武汉:武汉理工大学,2015.

［170］ 亚历克斯·戈德费恩.社会化媒体时代的口碑营销:苹果 iphone、亚马逊 Kindle 在互联网时代风靡全球的营销秘密［M］.林小夕,赵金慧,译.北京:企业管理出版社,2013.

［171］ 徐建春.百度运营模式研究［D］.北京:北京交通大学,2013.

［172］ 张弛.论我国网络版权保护法律制度的完善:以百度文库侵权纠纷案为视角［D］.上海:复旦大学,2012.

［173］ 吴衡.基于消费者视角的品牌互动传播研究［D］.武汉:武汉科技大学,2006.

［174］ 顾永才.中小出版企业的专业化经营［J］.科技与出版,2014(5):31-34.

［175］ 张云瑾.网络文库用户自助分类模式的优化策略［J］.图书馆学研究,2014(3):46-50.

［176］ 谢水玲.基于知识类网站运作机制的教育资源库系统的优化策略研究［J］.中国信息技术教育,2013(Z1):200-202.

［177］ 孙飞亚,吴灿慧,宋瑞.互联网文档共享平台的著作权保护和信息传播促进作用:以百度文库为例［J］.决策与信息(中旬刊),2013(5):160-164.

［178］ 张丽波,马海群,周丽霞.避风港原则适用性研究及立法建议:由百度文库侵权案件说起[J].图书情报知识,2013(1):122-127.

［179］ 刘一鸣,贺文华.我国网络文库集约化经营研究[J].中国出版,2013(2):34-37.

［180］ 黄佳.基于文档分享网站的知识共享模式研究[J].知识经济,2013(1):57.

［181］ 宁白瑞普.浅论资料共享网络平台的版权侵犯问题:以百度文库为例[J].美与时代(下),2012(8):117-119.

［182］ 曾文蕙,黄丽怡,任碧然,等.我国文档分享网站商业模式探究:基于收费与免费的争论[J].商场现代化,2012(10):2-4.

［183］ 杨永恒,王永贵,钟旭东.客户关系管理的内涵、驱动因素及成长维度[J].南开管理评论,2012(2):48-52.

［184］ 张晓玲,罗倩.商业模式中客户价值主张生成的典型类型、障碍研究[J].东南大学学报(哲学社会科学版),2011,13(2):58-63.

［185］ 赵珊.百度文库侵犯著作权分析[J].新闻传播,2012(7):126-127.

［186］ 邓晓磊.文档分享网站对传统出版的影响及启示[J].出版参考,2011(5):16-17.

［187］ 刘的帝,杨志萍.网络文库的运行机制及其对图书馆的启示[J].图书馆学研究,2011(10):22-25,91.

［188］ 刘晨晨,徐一新.长尾理论视角下基于DCA的网络自助出版推荐系统[J].计算机应用系统,2011,20(7):26-30,105.

［189］ 陈璞.从百度文库侵权事件探讨网络传播中的著作权问题[J].新闻世界,2011(6):88-89.

［190］ 颜瑜.百度盈利模式研究分析[J].情报探索,2010(1):63-65.

［191］ 那伟栋.国内网络灰色文献资源导航[J].农业图书情报学刊,2010,22(12):83-87.

［192］ 陈薇.百度盈利模式和营销策略探索[J].才智,2009(23):244.

［193］ 魏龙泉.自助出版风靡美国的7个理由[J].出版参考,2005(18):35.

［194］ 姚辉.自助出版羽翼渐丰[N].中国图书商报,2000-11-10(6).

［195］ MAGRETTA J. Why business models matter[J]. Harvard business review,2002,80(5):86-92.

[196] SHAFER S M,SMITH H J,LINDER J C. The power of business models [J]. Business horizons,2005,48(3):199-207.

[197] STEWART D W,ZHAO Q. Internet marketing,business models and public policy [J]. Journal of public policy & marketing. 2000,19(2): 287-296.

[198] AMIT R,ZOTT C. Value creation in e-business[J]. Strategic management journal,2001,22(6/7):493-520.

[199] SUBER P. Removing the barriers to research: An introduction to open access for librarians[J]. College & research libraries news,2003,64(2): 92-94,113.

[200] CHESBROUGH H,ROSENBLOOM R S. The role of the business model in capturing value from innovation: Evidence from Xerox Corporation's technology spin-off companies[J]. Industrial and corporate change,2002,11(3): 529-555.

[201] LINDEMANN C, WALDHORST O P. A distributed search service for peer-to-peer file sharing in mobile applications[C]//Proceedings of the Second International Conference on Peer-to-Peer Computing,September 7, 2002,New York:IEEE:73.

[202] HADRO J. What's the problem with self-publishing[J]. Library journal,2013,138(7):34-36.

[203] CAROLAN S, EVAIN C. Self-publishing: opportunities and threats in a new age of mass culture[J]. Publishing research quarterly, 2013, 29(4): 285-300.

[204] CAROLAN S,EVAIN C. Shifting authority:(ex)changing roles in the publishing industry[J]. The international journal of the book,2013,10(4): 53-64.

[205] CHEN H T,HUANG Z G,LI X F,et al. Hybrid architecture for smart sharing document searching[C]//Current trends in high performance computing and its applications:Proceedings of the International Conference on High Performance Computing and Applications,August 8-10,2004,Shanghai, P. R. China. Berlin:Springer,2005:239-244.

［206］ BROWN B. Fortifying the safe harbors：reevaluating the DMCA in a Web 2. 0 world［J］. Berkeley technology law journal,2008,23(1):437-467.

［207］ LEU M C. Authenticate this：revamping secondary trademark liability standards to address a worldwide web of counterfeits［J］. Berkeley technology law journal,2011(1):591-621.

［208］ HO H Y, WANG L W, CHENG H J. Authors, publishers, and readers in publishing supply chain：the contingency model of digital contents production, distribution, and consumption［J］. Systems engineering procedia, 2011(2):398-405.

［209］ 盛振华,吴羽,江锦华,等. Info Sigs：一种面向 Web 对象的细粒度算法［J］.计算机研究与发展,2010,47(5):796-803.

［210］ 赵岩,王晓龙,刘秉权,等.融合聚类触发对特征的最大熵词性标注模型［J］.计算机研究与发展,2006,43(2):268-274.

［211］ DAWSON L. The role of self-publishing in libraries［J］. Library trends,2008,57(1):43-51.

［212］ DILEVKO J, DALI K. The self-publishing phenomenon and libraries［J］. Library& information science research, 2006,28(2):208-234.

［213］ OSTERWALDER A,PIGNEUR Y. An e-business model ontology for modeling e-business［C］//15th Bled Electronic commerce Conference eReality：constructing the eEconomy, June 17-19, 2002, Association for Information Systems,Bled,Slovenia. AIS eLibrary,c2002:75-91.

［214］ 邵恒媛.数字劳动视域下内容把关人工作的异化——基于今日头条人机协同审核机制的研究［J］.媒体融合新观察,2021(1):38-43.

［215］ 曾妍.移动阅读在图书馆实行的可能性分析［J］.图书馆建设,2009(2):70-72.

［216］ 岳蓓,刘宇,邹玥.3G 时代移动阅读终端探析［J］.科技情报开发与经济,2012,22(5):47-49.

［217］ 落红卫.移动阅读终端介绍及测试方法研究［J］.电信网技术,2010(7):54-57.

［218］ 董文鸳.浙江省大学生手机移动阅读行为现状的调研与分析［J］.图书馆杂志,2014,33(2):51-55.

[219] 肖韵,韩莹.用户学历与利用移动阅读服务关联分析:以中国大学生为例[J].科技情报开发与经济,2011,21(5):3-6.

[220] 李武.在校大学生手机阅读使用与满足分析:以上海市为例[J].图书情报工作,2011,55(14):15-19.

[221] 许广奎,周春萍.高校大学生手机阅读行为调查分析[J].图书情报工作,2012,56(14):82-85,92.

[222] 刘鲁川,孙凯,王菲,等.移动搜索用户持续使用行为实证研究[J].中国图书馆学报,2011,37(6):50-57.

[223] KANG Y Y, WANG M J J, LIN R. Usability evaluation of E-books[J]. Displays,2009,30(2):49-52.

[224] PATTUELLI M C, RABINA D. Forms, effects, function: LIS students' attitudes towards portable e-book readers[J]. Aslib proceedings, 2010,62(3):228-244.

[225] GIBSON C, GIBB F. An evaluation of second-generation ebook readers[J]. The electronic library,2011,29(3):303-319.

[226] SONG Y, LEE J. Mobile device ownership among international business students: A road to the ubiquitous library[J]. Reference services review,2012,40(4):574-588.

[227] LIU Z M. Reading behavior in the digital environment:Changes in reading behavior over the past ten years[J]. Journal of documentation,2005, 61(6):700-712.

[228] SIEGENTHALERE, WURTZ P, BERGAMIN P, et al. Comparing reading processes on e-ink displays and print [J]. Displays, 2011, 32 (5): 268-273.

[229] MARQUES S. E-textbooks usage by students at Andrews University: A study of attitudes, perceptions, and behaviors[J]. Library management,2012, 33(8/9):536-560.

[230] ONG C S, LAI J Y. Gender differences in perceptions and relationships among dominants of e-learning acceptance [J]. Computers in human behavior,2006,22(5):816-829.

〔231〕 DARROCH I,GOODMAN J,BREWSTER S,et al. The effect of age and font size on reading text on handheld computers〔C〕//IFIP Conference on Human-Computer Interaction. Berlin：Springer,2005：253-266.

〔232〕 HEDIN B,LINDGREN E. A comparison of presentation methods for reading on mobile phones 〔J〕. IEEE Distributed Systems Online,2007,8(6)：2.

〔233〕 ZHANG L Y,MA W. Correlation analysis between users' educational level and mobile reading behavior〔J〕. Library Hi Tech,2011,29(3)：424-435.

〔234〕 张颐武. 百度文学类贴吧重启：在版权保护中激活文学创作活力〔J〕. 中关村,2016(8)：100.

〔235〕 叶大翠. 网络玄幻长篇小说的生产、传播与消费：以起点中文网为例〔D〕. 贵州：贵州师范大学,2015.